일본 열도를 뒤흔든
한국의 골프여제들

일본 열도를 뒤흔든
한국의 골프여제들

일본 열도를 뒤흔든 **한국의 골프여제들**

초판인쇄 2021년 2월 15일 **초판발행** 2021년 2월 20일

글쓴이 오상민 **펴낸이** 박성모 **펴낸곳** 소명출판 **출판등록** 제13-522호

주소 서울시 서초구 서초중앙로6길 15, 2층

전화 02-585-7840 **팩스** 02-585-7848

전자우편 somyungbooks@daum.net **홈페이지** www.somyong.co.kr

값 25,000원

ISBN 979-11-5905-584-3 03690

ⓒ 오상민, 2021

일본 열도를 뒤흔든

한국의
골프
여제들

KOREAN GOLF QUEENS
SHAKING THE JAPANESE ISLANDS

오상민 지음

한국 여자골프 실종된 역사를 찾아서

한국 여자골프 역사엔 실종된 기록이 있다. 여자골프가 걸음마 단계였던 1980년대 초반 일본으로 건너간 1세대 선수들의 위대한 도전이다.

세계무대를 향한 그들의 도전은 숙명이었다. 당시는 한국여자프로골프협회KLPGA가 출범하기 전이어서 한국프로골프협회KPGA 여자프로부라는 더부살이 신세에 지나지 않았다. 투어 시스템은 갖춰지지 않았고, 기업 후원과 선수 수급은 턱없이 모자랐다. 여자 프로골퍼를 바라보는 시선도 곱지 않았다.

타지 생활도 역경의 연속이었다. 척박한 국내 무대를 떠나 어렵싸리 일본에 둥지를 꾸렸지만 일본인들의 노골적인 차별과 견제가 기다리고 있었다.

"조센징은 안 돼!"

가슴을 후벼 파는 언어폭력도 약소국 선수라는 이유만으로 참고 견뎌야 했다. 가족도 매니저도 후원사도 없는 물선 이국땅이었다. 그저 헝그리정신 하나로 황무지를 텃밭으로 일궈나갔다. 1세대 선수들이 흘린 땀과 눈물은 한국 여자골프가 세계 최강으로 성장하기까지 소중한 밑거름이 됐다.

그러나 우리 언론과 골프 팬들의 무관심 속에서 그들은 잊힌 영웅이 됐다. 1985년 구옥희의 일본여자프로골프JLPGA 투어 한국인 첫 우승과 1986년 미국여자프로골프LPGA 투어 첫 진출, 1988년 LPGA 투어 첫 우승 신화도 사실상 골프 팬들 기억 속엔 실종된 역사다.

또 다른 개척자 김만수, 골프 한류의 숨은 조력자 김애숙, 한국 선수들의 살림꾼 역할을 자처했던 이영미 등 1980년대 일본 무대를 누빈 1세대 선수들의 '우생순'은 기록 자체도 찾아보기가 어려운 실정이다.

1세대 선수들의 위대한 도전 역사가 실종된 자리엔 박세리의 맨발 투혼이 깊숙이 뿌리를 내렸다. 국내 골프 팬들은 1998년 박세리가 LPGA 투어 맥도널드 챔피언십 우승 전까지 골프에 대한 지식과 정보가 지금처럼 풍족하지 않았다. 일부 부유층과 정치인의 사교 활동이라는 인식이 팽배했다. 1980년대 1세대 선수들의 눈물겨운 투혼은 그들만의 리그에 불과했던 것일까.

1990년대 후반 혜성처럼 나타난 박세리는 언론의 스포트라이트를 등에 업고 영웅이라는 눈부신 날개를 달았다. 1세대의 위대한 도전 역사가 실종된 사회에서 박세리는 한국 여자골프의 선구자이자 해외 투어 개척자로 인식되어 버렸다.

골프를 좀 안다는 사람들도 마찬가지다. 박세리가 해외 진출 2세대라는 사실과 LPGA 투어 한국인 첫 우승 선수가 아니라는 사실을 잘 모른다. 관심도 없다.

2018년 12월에 있었던 일이다. 일본 미야자키현宮崎県에서 JLPGA 투어 시즌 최종전 투어 챔피언십 리코컵 취재를 마친 뒤 한국으로 돌아와 자칭 골프 마니아라는 한 노신사와 점심을 함께했다. 이야기 대부분은 골프였는데, 노신사의 엉뚱한 질문에 잠시 말문이 막혀버렸다.

"신지애는 요즘 어디서 뭘 하며 지냅니까?"

"……."

신지애는 그해 일본에서 JLPGA 투어 사상 처음으로 한 시즌 메이저대회 3승을 달성했다. 메르세데스랭킹(최우수선수 순위) 1위까지 차지한 터라 당혹감을 감추기가 어려웠다. 국내 골프 팬들이 JLPGA 투어에 얼마나 무관심한지를 잘 보여준다. 한때 여자골프 월드랭킹 1위였던 신지애지만 일본 무대 진출과 함께 잊힌 영웅이 되고 말았다.

이 같은 어리둥절한 경험은 처음이 아니었다. 김경태가 일본프로골프투어JGTO 개인 통산 두 번째 상금왕에 오른 2015년에도 비슷한 질문을 받았다.

"김경태는 요즘 뭐하나요?"

답변을 하는 데 약간의 시간이 필요했다. 머릿속에서 오만 가지 생각이 헤집고 지나갔다. 질문자는 골프업계 종사자였다.

국내 골프 팬 시선은 LPGA 투어에 쏠려 있다. 편식이 심하다. 일본 무대 활약 한국 선수들에 대한 의미 부여에 인색한 우리 언론의 책임이 크다. 1980년대 한국 여자골프의 실종된 역사를 찾아 나선 이유다.

수년간 일본 프로골프 대회장을 취재하면서 많은 사람과 만나고 이야기를 나누며 얼크러진 한국 여자골프의 세계무대 도전 역사 퍼즐을 맞춰갔다. 그 과정에서 역사의 그림자 위에 방치된 위대한 기록과 가슴 뭉클한 이야기들을 발견했다. 그렇게 완성된 퍼즐이 『일본 열도를 뒤흔든 한국의 골프여제들』이다.

이 책은 구옥희를 비롯한 일본 진출 1세대부터 원재숙, 신소라, 고우순, 한희원, 이지희로 이어진 2세대, 신현주, 전미정, 안선주, 신지애, 이보미, 김하늘, 안신애, 이민영, 배선우 등 3세대 선수들에 이르기까지 우리가 반드시 기억해야 할 한국 여자골프 JLPGA 투어 골프여제들의 이야기를 시대별로 정리했다. 일본 열도를 뒤흔든 대한민국 여자 프로 골퍼들의 울림 있는 이야기다.

본문으로 들어가기 전에 미리 일러둘 것이 있다. 이 책에서는 일본에 진출한 한국 선수들을 1세대부터 3세대로 나누고 있다. JLPGA 투어 제도 개혁에 따른 세대 구분법이다. 해외 진출 선수에 대한 세대 구분은 지금까지 명확한 기준점이 없었다. 박세리가 해외 진출 2세대니, 1.5세대니 하는 것도 논리 없는 일방적인 주장일 뿐이다. 반박하는 사람도 있을 것이다. 어차피 정답은 없다. 대한한국 여자골프 역사를 좀 더 다양한 관점에서 바라보는 사람이 늘어난다면 오히려 바람직한 일이다.

마지막으로 한 가지만 양해를 구하고 싶다. 이야기의 배경이 일본이다 보니 긴 일본어 지명과 대회장·대회 이름이 대단히 많다. 이로 인해 말이 늘어져 불편한 문장이 있다. 가능하면 사실을 토대로 현장감 있게 기록하기 위해 못난 글을 감수했다. 이해를 돕기 위해 일본어와 일본식 한자를 병용했으니 이 점 너그러운 이해를 바란다.

차례

1부

여자골프 1세대,
위대한 도전

한국 여자골프의 어머니, **구옥희**

일본 열도가 충격에 휩싸였다. 20년간 JLPGA 투어를 호령했던 구옥희가 급성심근경색으로 사망했다는 소식이 전해졌기 때문이다.

무더운 여름날이었다. 구옥희는 일본 시즈오카현静岡県 누마즈시沼津市 한 골프연습장에서 JLPGA 프로테스트를 준비하던 조카의 스윙을 봐주고 있었다. 그런데 몸이 좋지 않았다. 3~4일 전부터 컨디션이 좋지 않았는데, 그날은 더 심했다. 구옥희는 훈련하던 조카에게 "먼저 숙소로 돌아가서 쉬겠다"고 말했다.

인근 숙소로 자리를 옮긴 구옥희는 조카에게 전화를 걸어 "포도가 먹고 싶으니 돌아오는 길에 사오너라"라고 부탁했다. 그것이 지인들과 마지막 대화였던 것으로 추정된다. 그는 오후 4시 37분께 허망하게 세상을 떠났다. 2013년 7월 10일 57세 나이였다.

구옥희의 갑작스런 죽음은 일본 골프계를 충격에 빠트렸다. 일본 언론은 구옥희 사망 소식이 알려지자 일제히 애도의 뜻을 전했다. 『골프다이제스트 온라인』은 「한국 골프계 선구자 구옥희가 사망」이라는 제목으로 속보를 냈고, 『닛칸스포츠』와 『데일리 스포츠』, 『스포니치 아넥스』, 『파골프 플러스』도 구옥희의 충격적 사망 소식을 알렸다. 『니혼게이자이신문』은 「위대한 선구자 구옥희, 한류 프로 융성 이정표」라는 칼럼을 통해 생전 그가 쌓아올린 공적에 아낌없는 찬사를 보냈다.

그를 애도하는 마음엔 국경도 없었다. 당시 JLPGA 고문 히구치 히사코樋口久子는 "지금의 한국 선수 활약은 구옥희 덕이다. 정말 아까운 분이 돌아가셨다"[1]고 말했고, 2007년 JLPGA 투어 상금왕 우에다 모모코上田桃子는 "갑작스런 사망 소식에 말이 나오지 않는다. 강한 인상이 기억에 남는 분이다"[2]라며 애도의 뜻을 나타냈다.

장례식은 한국에서 치러졌다. 일본 여자골프 발전에 크게 기여했으니 (일본여자프로골프)협회장으로 치러야 한다는 의견도 있었지만 구옥희의 신원보증인이던 ㈜에스에스 회장 나카히라토 마치코中平等真知子는 "한국으로 보내주는 것이 옳다"고 말했다. 결국 시신은 냉동 보관된 채 한국으로 옮겨졌다.

그리고 두 달이 지났다. 영웅을 떠나보낸 일본 골프 팬들의 텅 빈 마음은 무엇으로도 채워지지 않았다.

"이렇게 보낼 순 없다."

그들은 너나할 것 없이 구옥희의 생전 활짝 웃던 얼굴을 다시 보고 싶어 했다. 2013년 9월 20일 일본 도쿄東京에서 진행된 구옥희 추모식은 그렇게 마련됐다.

미나토구港区 쉐라톤 미야코 호텔에서 열린 추모식에는 히구치 히사코를 비롯해 1999년 상금왕 무라구치 후미코村口史子, 통산 20승으로 두 차례나 상금왕에 오른 시오타니 이쿠요塩谷育代 등 장례식에 참석하지 못한 일본 선수들과 미디어, 업계 관계자, 재계 인사 행렬이 이어졌다.

화려하게 꾸며진 추모식장은 눈물바다였던 두 달 전 장례식장과 달리 화기애애했다. 일본에선 고인의 발목을 붙잡아선 안 된다는 이유로 추모식장에서 울거나 슬퍼하는 모습을 보이지 않는다.

대형 제단 위에는 푸른 잔디와 여러 종류 국화가 구옥희의 영정과 어우러졌다. 그 뒤로는 스크린이 설치돼 현역 시절 활약과 두 달 전 한국에서 치러진 장례식 풍경이 상영됐다. 한쪽 벽은 구옥희 사진전으로 꾸며 참가자들의 시선을 멈추게 했다.

추모식은 나카히라토 마치코가 사비를 털어 마련했다. 1985년 일본으로 건너간 김애숙은 선뜻 나서 행사 기획과 홍보를 맡았다. 추모식 참가자에게는 부조나 조화를 일절 받지 않았다.

2018년 10월 도쿄에서 만난 나카히라토 마치코는 "한국인은 구옥희를 자랑스럽게 여겨야 한다. 지금껏 구옥희만큼 신념이 강한 프로골퍼는 본 적이 없다"며 구옥희에 대한 애틋한 마음을 드러냈다.

구옥희는 1956년 8월 1일 경기도 연천군에서 태어났다. 일찍 부모를 잃고 세 명의 오빠 밑에서 자랐다. 투포환을 하다 경기도 고양시 123골프장에서 캐디로 일하며 어깨너머 골프를 익힌 것이 위대한 도전의 시작이었다. 경기도 성남시 남서울컨트리클럽에서 근무하던 한장상에게 찾아가 골프를 배우기도 했다. 한장상은 자서전 『군자리에서 오거스타까지』에 구옥희를 '독사 근성의 수제자'라고 소개했다.

"처음엔 키가 작아서 달갑지 않게 생각했다. 연습량이 엄청났다. 남자 프로도 못 따라갈 정도의 맹훈련을 했다. 나의 젊은 시절 연습량을 웃돌았다."[3]

1978년 5월에는 한국 여자골프 1기 프로테스트를 통과했다. 경기도 양주시 로얄골프장(레이크우드컨트리클럽 옛 이름)에서 이틀간 156타를 쳐 강춘자, 안종현, 한명현과 함께 합격했다. 한국인 첫 여성 프로골퍼의 탄생이었다.

그는 1979년 10월 쾌남오픈 첫 우승을 시작으로 무서운 존재감을 드러냈다. 1980년 열린 5개 대회를 전부 우승했고, 1981년 첫 대회 쾌남오픈까지 우승하면서 7개 대회 연속 우승 기록도 수립했다. 1981년과 1982년에는 총 10개 대회 중 8승을 쓸어 담았다. 국내 무대는 너무 좁았다.

그의 활약은 바다 건너 일본까지 알려졌다. 구옥희가 일본에 진출할 수 있었던 건 교토京都 출신 재일동포 도요야마 마사오豊山昌男(한국명 홍두창)의 힘이 컸다. 신한은행 1대 주주이자 교토에서 유통 관련 사업을 하던 재력가였다.

그는 구옥희를 비롯해 한국 여자 선수들을 JLPGA 투어에 데뷔시키기 위해 한국 여자골프 세계화 사업을 계획했다. 1981년 한국에서 구옥희를 처음 만난 도요야마 마사오는 이렇게 말했다.

"도 아교쿠涂阿玉 같은 대만 선수는 일본에서 맹활약하고 있는데, 한국 선수는 볼 수 없어서 아쉬웠다. 한국 사람은 손재주가 좋으니 일본이나 대만을 금세 따라잡을 거다."

도요야마 마사오가 말한 도 아교쿠는 투 아이유의 한자를 일본식으로 발음한 것이다. 지금부터는 투 아이유로 쓰겠다.

구옥희에겐 귀가 솔깃한 이야기였다. 한국에서 프로 데뷔 후 줄 곧 일본 진출 꿈을 키웠지만 갈 수 없었다. 몇몇 재일동포를 통해 일본 진출 방법을 알아봤는데, 매번 연락이 끊기면서 실망감만 쌓여가는 상황이었다.

동분서주하며 한국 선수들의 일본 진출 길을 모색하던 도요야마 마사오는 이듬해인 1982년 5월 14일부터 사흘간 도쿄요미우리컨트리 클럽에서 열린 월드 레이디스 골프 토너먼트에 구옥희와 강춘자, 안종 현을 초청하는 데 성공했다. 한국 여자프로의 해외 진출 첫발이었다. 일본 골프계에 구옥희라는 이름 석 자를 알리고 일본 진출 교두보를 마련한 대회이기도 했다.

한국 선수들의 눈에 비친 일본은 우리와 비슷하면서도 낯설었다. 도심 곳곳에 펄럭이는 일장기, 긴 봉을 들고 관공서 앞을 지키는 경찰관은 옛 일본 순사의 모습을 떠올리게 해 염오증을 일으켰다. 어딜 둘러봐도 깔끔하고 정리정돈이 잘 돼 있었지만 마음은 편하지 않았다. 말이 통하지 않아 더 불편했다. 이 모든 불편과 위화감을 잊게 한 건 완벽에 가까운 프로골프 투어 시스템이었다. 골프장은 말할 것도 없고 투어제도와 대회 운영, 선수에 대한 예우도 훌륭했다. 한국에서는 누릴 수 없는 호사였기에 꿈을 꾸는 것 같았다. 딴 세상이었다.

도요야마 마사오는 한국 선수들의 항공권과 비자, 숙소, 식사, 교통수단 같은 대회 출전에 필요한 모든 것을 마련해 일본 진출을 도왔다. 구옥희는 이때부터 JLPGA 투어 정식 데뷔 전까지 도요야마 마사오의 도움을 받으며 일본 프로테스트를 준비할 수 있었다.

JLPGA 프로테스트에 가장 먼저 합격한 한국 선수는 한명현이다. 1983년 상반기 프로테스트를 통과(JLPGA 44기)했다. 그해 하반기에는 구옥희, 강춘자, 정길자가 나란히 프로테스트에 합격(JLPGA 45기)하면서 1984년 정식으로 JLPGA 투어에 데뷔했다. 이들이 한국 여자골프 해외 진출 1세대이자 일본 진출 1세대다.

구옥희는 JLPGA 투어 데뷔 첫해 33개 대회에 출전했다. 우승은 없었지만 톱10에 8차례 진입하며 상금순위 13위를 차지했다. 1985년 3월에는 역사적인 첫 우승을 달성했다. 사이타마현埼玉県 란잔嵐山컨트리클럽에서 열린 시즌 세 번째 대회 기분紀文 레이디스 클래식이 그 역사적인 무대가 됐다. 최종 합계 4언더파(218타)로 유일한 언더파 스코어를 기록한 구옥희는 이븐파를 친 요시카와 나요코吉川なよ子를 4타 차 2위로 따돌렸다. 요시카와 나요코는 JLPGA 투어 통산 29승의 상금왕(1988년) 출신이다.

이어 열린 도하토東鳩 레이디스 골프 토너먼트에서도 정상에 올라 2주 연속 우승했다. 그해 1승을 더해 상금순위 3위를 찍었다. 구옥희 시대가 열렸다.

구옥희는 JLPGA 투어 통산 23승(메이저 3승)을 쌓아올렸다. 마지막 우승이었던 2005년 아피타 서클K 선쿠스 레이디스는 한국인 해외투어 최고령 우승 기록(48세 10개월 25일)이다. 통산 23번째 우승은 2017년 10월 전미정이 노부타 그룹 마스터스GC 레이디스에서 통산 24승을 달성하기 전까지 12년간 한국인 JLPGA 투어 최다승이었다.

상금왕엔 오르지 못했지만 1985년 일본프로스포츠 신인상을 받았고, 1996년엔 그린 적중률(정규 타수 이내에 볼을 그린에 올릴 확률) 1위, 1997년 버디 수 1위, 1998년 파세이브율(정규 타수 이내로 홀아웃할 확률) 1위, 1999년엔 평균타수와 그린 적중률 1위를 꿰찼다.

1986년엔 한국인 처음으로 LPGA 투어에 진출했다. 2년 뒤인 1988년 3월 스탠더드 레지스터 클래식에서는 한국인 첫 우승을 신고했다. 박세리가 첫 우승한 맥도널드 LPGA 챔피언십(1998년 5월)보다 10년 이상 빨랐다.

그의 무모했던, 아니 위대한 도전은 10년 뒤 박세리, 김미현 등 해외 진출 2세대 선수들의 LPGA 투어 도전에 훌륭한 길라잡이가 됐다. 한국 여자골프 황금기로 가는 초석을 놓았으니 무모했지만 위대한 도전으로 역사는 기억할 것이다.

구옥희는 JLPGA 투어 진출 1세대 한국 선수 중 단연 돋보였다. 데뷔 첫해부터 호쾌한 장타와 정확한 아이언샷을 구사하며 JLPGA 투어 지각변동을 일으켰다. 구옥희와 함께 투어를 뛰었던 일본 선수들의 말을 빌리자면 일본 여자 선수들에게선 찾아볼 수 없는 스윙이었다. 남자 선수를 보는 것 같았다. 아이언샷은 누구나 인정하는 명품이었다.

우선 장타자라는 이점이 있었다. 호리호리하면서도 단단한 몸을 지녔는데, 어릴 적 투포환선수로 활동해 타고난 순발력이 있었다. 퍼시먼(감나무) 헤드 드라이버로 평균 210야드를 날렸다. 향후 티타늄 헤드 드라이버로 교체한 뒤에는 230야드까지 보냈다.

롱 드라이브샷에 이은 고감도 아이언샷은 구옥희의 트레이드마크였다. 페어웨이에선 말할 것도 없고 러프 같은 위기 상황이라도 절묘하게 편에 붙여 파로 막는 일이 많았다. 경기를 잘 풀어가던 동반 플레이어라도 그런 상황이 계속되면 스스로 무너지기 일쑤였다.

멘탈에서도 승부사 기질을 발휘했다. 구옥희는 몇몇 선수로부터 슬로(늑장) 플레이어라는 질타를 받은 일이 있다. 일부는 면전에서 슬로 플레이에 대한 불편한 속내를 드러내기도 했다. 이유가 무엇이든 슬로 플레이에 대한 질타가 이어진 만큼 경기 중 흔들리는 모습을 보일 법도 했지만 그의 루틴(스윙 전에 실행하는 일련 동작)과 플레이 속도엔 조금도 변화가 없었다.

구옥희는 플레이에 대한 신념이 누구보다 강했다. 자신의 플레이에 유감을 나타내는 선수를 향해 '나는 단 한 번도 규칙을 어기지 않았다'며 정해진 규칙에 따라 플레이했을 뿐이라는 것을 강조했다.

일본은 신용을 중시하는 사회다. 한 번 슬로 플레이어로 낙인이 찍히면 언론과 관계자들로부터 부당한 대우나 차별을 받을 수도 있다. 슬로 플레이어라는 오해를 받고도 꿋꿋이 투어 생활을 할 수 있었던 건 다카무라 히로미高村博美 그룹의 힘이 컸다.

일본엔 호스트 이름을 딴 비공식 소속이 있다. 소속 선수들끼리 함께 대회에 출전하거나 운동을 하고 식사를 하면서 소외되는 선수가 없도록 서로 돕는 일본식 패거리 문화다.

구옥희는 일본 진출 전부터 인연을 맺은 다카무라 히로미와 어울렸다. 통산 8승의 상금왕(1990년) 출신이다. 구옥희보다 세 살이 많았지만 친구처럼 지냈다. 다카무라 히로미 외에도 시오타니 이쿠요, 통산 17승 다카스 아이코高須愛子, 통산 15승 야스이 준코安井純子, 통산 6승 기도 후키城戸富貴 같은 스타플레이어가 이 그룹 소속이었다. 그야말로 어벤져스 그룹이었다. 누구라도 다카무라 히로미 그룹 선수를 함부로 대할 순 없었다. 구옥희는 이들의 도움을 받아 운동 이외엔 특별히 신경 쓸 것이 없었다.

구옥희도 이들에게 잘했다. 우승이라도 하면 다카무라 히로미 그룹 선수들을 모두 한국으로 초대해 여행을 시켜주기도 했다. 모든 여행 경비는 구옥희가 지불했다.

그는 지독한 연습벌레였다. 밥을 먹고 잠을 자는 시간을 제외하면 거의 모든 시간을 연습에 쏟아 부었다. 식사 시간과 휴식 시간도 골프의 연장선이었다. 골프 이외엔 다른 어떤 취미도 생각도 없었던 것 같다. 집중력도 좋았다. 한 번 연습을 시작하면 3시간은 쉬지 않고 몰두했다는 게 투어를 함께 뛰었던 김애숙의 증언이다.

"구옥희 선배는 한번 연습을 시작하면 주변을 의식하지 않았다. 고개도 들지 않고 몇 시간을 퍼트 연습에만 매달렸다. 늘 이기고 싶었지만 이길 수 없는 선배였다."

그의 플레이에 결점이 있다면 퍼트였다. 명품 아이언샷 덕에 붙은 별명이 컴퓨터였지만 퍼트 실력은 아마추어만큼이나 서툴렀다. 평소 퍼트 연습에 가장 많은 시간을 할애하며 공을 들였는데도 퍼트 능력 향상은 영원히 풀지 못한 과제였다. JLPGA 투어 기록 시스템이 갖춰진 1990년 이후 라운드당 평균퍼트는 38위(30.6554개·1995년), 파온 홀(정규 타수 이내에 볼을 그린에 올린 홀) 평균퍼트는 14위(1.8514개·1995년)가 가장 좋은 성적이다.

짧은 거리 퍼트 실수가 많았다. 그중 몇몇 퍼트만 성공시켰어도 한국 여자골프엔 또 다른 역사가 만들어졌을지도 모른다. 1996년부터 2002년까지 그린 적중률 3위 밑으론 떨어진 적이 없을 만큼 샷이 정확했기에 퍼트 기록은 더 아쉽게 느껴진다.

이번에는 구옥희의 사생활을 들여다보자. 결혼은 하지 않았다. 국내는 물론이고 일본 무대 진출 후에도 따로 만난 남자는 없었던 것으로 알려졌다. 골프는 그의 인생 모든 것이었다.

'성공한 프로골퍼였지만 결코 행복하지 않은 인생'이라는 국내 다수 미디어의 평가가 이 때문에 나왔다.

구옥희와 생전 가까이 지냈던 일본인들의 생각은 달랐다. 하나같이 '옥희는 행복했던 사람'이라고 했다. 그들의 주장을 요약해보면 이렇다.

"구옥희는 골프를 하는 것만으로도 행복해했다. 여느 여성들처럼 결혼과 출산·육아를 통해 가정을 꾸리진 못했지만 가족만큼 든든한 다카무라 히로미 그룹 친구들이 늘 곁에 있었다. 구옥희만큼 성공해 많은 사람에게 사랑받은 선수는 역대 JLPGA 투어를 통틀어도 흔치 않다."

어느 쪽이 정답이라고 할 순 없으나 인복이 많았던 건 분명하다. 일본인 호스트 그룹은 한국인을 쉽게 받아주지 않았다. 문화와 언어 문제 때문이다. 한국 선수 대부분은 자기주장이 강해서 일본인 호스트 그룹에 어울리지 않는다고 말하는 사람도 있다. JLPGA 투어엔 2010년 이후에도 우에다 모모코 그룹 같은 패거리가 존재했지만 한국 선수가 속한 일본인 호스트 그룹은 없었다.

구옥희의 일본어 실력은 연구 대상이다. 30년 이상 일본 무대에서 활동했으나 일본어를 잘하진 못했다. 일상생활에서 꼭 필요한 말만 하는 정도였다. 말은 대부분 알아들었다. 표현이 서툴렀다. 시간이 지나도 크게 좋아지지 않았다. 일본어뿐 아니라 암기도 빠르지 않았다. 기억을 되짚어보면 한국어 표현도 그리 능숙하진 않았다.

일본 데뷔 초기에는 나카히라토 마치코의 집에서 숙식을 해결했다. 매일 얼굴을 마주하면서 제법 진지한 대화를 했을 법도 하지만 두 사람 사이에도 깊이 있는 대화는 없었다고 한다.

그렇다면 말수도 적고 일본어도 능숙하지 않았던 그가 어떻게 일본인 호스트 그룹에 들어갈 수 있었던 걸까.

구옥희는 일본 진출 전에도 국내에서 16승을 올려 주목받는 선수였다. 돋보이는 실력을 갖춘 만큼 일본인들도 존경 어린 눈으로 바라봤다.

더 중요한 건 말이 아닌 마음으로 친구를 사귀었다는 사실이다. 마음씀씀이가 좋았고, 서툰 일본어라도 설득력이 있었다. 말수가 적은 대신 생각이 깊었다. 말 한마디 한마디엔 상당한 가치가 느껴졌다. 사소한 말이라도 가볍게 듣고 넘길 수 없었다. 무엇보다 굳은 신념이 많은 일본 사람에게 믿음을 갖게 했다.

말과 행동엔 거짓이 없어 보였다. 그만큼 믿음이 가는 사람이었다. 연습을 할 때는 물론이고 대인관계에서도 꾀를 부리지 않았다. 상긋한 눈웃음에선 순수한 마음과 전형적인 내유내강의 성격이란 걸 동시에 느낄 수 있었다.

정작 국내에서는 구옥희에 대한 오해와 편견으로 인해 저평가된 부분이 없지 않다. 대인관계가 원만하지 않고 프로암 때도 도시락을 싸와 식사를 했다[4]는 지적도 있다.

그는 선천적으로 위장이 좋지 않아서 음식을 마음 놓고 먹지 못했다. 고기를 먹어도 소화가 잘 안 되는 기름기는 전혀 먹지 않았다. 소고기(특히 안심부위)와 페킹덕(베이징 오리구이) 같은 소화가 잘 되는 것만 골라 먹었다.

낯선 음식은 절대 먹지 않았다. 프로암에서 낯선 음식과 마주하고 당황했을 구옥희를 조금이라도 배려했다면, 자기 관리에 소홀할 수 없는 프로골퍼 입장을 조금만 이해했다면 이 같은 오해나 편견은 생기지 않았을 듯하다.

술은 아주 조금만 마셨다. 따뜻한 사케(일본 술의 총칭)를 작은 잔으로 3분의 1만 따라 마셨다. 찬 맥주는 전혀 마시지 않았다. 술을 못하는 건 아니었다. 찬 술이 몸에 들어가면 위장에 해롭다고 생각해서 최대한 절주했다.

후배 선수들과는 어느 정도 거리감이 있었다. 최정상급 선수인데다 말수가 적었고, 늘 다카무라 히로미 그룹 선수들과 어울렸다. 편하게 다가갈 수 없는 선배였다.

KLPGA 부회장이자 1988년 JLPGA 투어에 데뷔한 이영미는 "하늘 같은 선배였다. 말이 없고 표현력이 부족했지만 따뜻한 사람이었다"며 "(나와는) 굳이 말을 안 해도 무언의 대화가 통했던 것 같다"고 말했다.

그의 애제자였던 신소라는 "골프로 도를 닦는 분 같았다. 부상을 당해도 슬럼프가 와도 골프를 할 수 있어서 행복한 삶이라고 했다"며 잊혀가는 구옥희의 옛 기억을 떠올렸다.

구옥희가 JLPGA 투어에 데뷔한 1980년대는 일본의 오카모토 아야코岡本綾子, 대만의 투 아이이유가 맹위를 떨쳤다. 오카모토 아야코는 1981년 JLPGA 투어 상금왕에 오른 일본 여자골프 대표 레전드다. 투 아이이유는 통산 58승으로 7차례나 상금왕을 휩쓴 대만의 골프 영웅이다.

특히 투 아이이유는 구옥희의 재팬드림에 엄청난 자극제였다. 일본 무대 데뷔전이었던 1982년 월드 레이디스 골프 토너먼트에서 오카모토 아야코와 연장전 접전 끝에 우승 트로피를 거머쥐었다. 그 모습을 눈앞에서 지켜보며 전율을 느꼈다. 큰 신장과 단단한 몸을 가진 투 아이이유는 그해 9승을 달성해 JLPGA 투어 사상 첫 외국인 상금왕이 됐다. 구옥희의 목표는 더 분명해졌다. 연습벌레였던 그는 그 사건을 계기로 골프에 더 빠져들었다.

구옥희는 한국 여자골프 1세대이자 해외 진출 개척자다. 국내외 투어에서 통산 44승(한국 20승·일본 23승·미국 1승)을 올렸다. 국내에선 한 시즌 전 승(5승)과 최다 연승(7개 대회), 최고령 우승 기록(45세 8개월 3일)을 세웠다. 일본에선 한국인 최고령 우승과 메이저대회 최고령 우승 기록(2002년 일본여자프로골프선수권대회 코니카컵·46세 45일)을 남겼다.

기록에 남지 않은 위대한 업적도 많다. 해외 진출 첫 성공 선수로서 일본 진출을 꿈꿨던 후배 선수들에게 새로운 미래와 희망을 제시했다. 일본 기업의 한국 선수 후원에 물꼬를 트게 했다. 누구도 가지 못한 두 무대를 혼자의 힘으로 개척했다. 그는 역사가 기억해야할 한국 최고의 여자 프로골퍼. 2004년에는 KLPGA 사상 처음으로 명예의 전당에 헌액했다. 선수로서 더 이상 이룰 것은 없었다.

그럼에도 불구하고 구옥희가 대중에 널리 알려지지 않은 건 여러 가지 원인이 있다. 당시 골프는 스포츠보다 정치·경제 거물들의 비즈니스 수단에 가까웠다. 골프에 대한 사회적 인식은 따라주지 않았다. 1972년 한장상이 일본오픈에서 우승하자 전 대통령 박정희는 "아직은 골프가 일반 사람들에게 많이 알려지지 않아 훈장을 주지 못해 아쉽구먼……"이라며 격려만 했다고 한다.[5] 16년 뒤 구옥희가 LPGA 투어를 제패한 1988년에도 골프에 대한 정치·사회·정서적 분위기는 크게 바뀌지 않았다.

정부는 2013년 구옥희가 사망한 뒤 체육훈장 맹호장(2등급)을 추서했지만 그에 대한 평가는 박세리, 박인비 등 LPGA 투어 활약 선수들에 비해 미비하기 그지없다. KLPGA 공인대회에 박세리 인비테이셔널, 이벤트 대회로서 박인비 인비테이셔널이 있으나 구옥희 인비테이셔널은 없다.

그는 2006년 2월부터 2011년 3월까지 5년간 KLPGA 부회장을 맡았다. 2011년 4월부터 1년간은 회장을 역임했다. 이 시기는 구옥희 골프 인생에 커다란 흠집이다. 훌륭한 선수였지만 훌륭한 행정가나 리더가 되기엔 부족했다. 언론플레이도 하지 않았다. 주변에선 '제발 기자들에게 부드럽게 해라'며 설득하는 사람이 많았는데, 구옥희는 그때마다 묵살해버렸다.

당시 KLPGA는 내분으로 예정됐던 개막전(하이마트 여자오픈)이 취소되는 파행을 보였다. 전 회장 선종구가 KLPGA 집행부와 마찰을 빚으면서 갑작스럽게 사퇴했고, 구옥희가 회장으로 선출됐으나 절차상 하자로 무효가 되는 일도 겪었다.

리더십 결핍을 지나치게 확대 해석할 필요는 없다. 구옥희는 일본 열도를 뒤흔든 첫 번째 한국 여성 프로골퍼다. 한국인보다 일본인에게 더 사랑받은 불세출 골프 영웅이다. KLPGA 회장직에서 내려온 뒤에는 일본의 한 지인으로부터 일본 영주를 권유받았지만 '(한국인으로서) 명예의 전당까지 오른 내가 일본에 망명하는 것이 옳은 일인가'라고 되물으며 거절했다고 한다.[6]

구옥희가 어떤 신념으로 골프를 했는지 짐작할 수 있는 대목이다. 몸은 일본에 있어도 대한민국을 대표한다는 자긍심을 가지고 있었다. 우리에겐 잘 알려지지 않았지만 그것이 구옥희의 신념이었다. 그의 신념은 한국 여자골프 뿌리로서 패배를 모르는 승리 유전자를 탄생시켰다. 그가 피땀 흘려 일군 텃밭에선 박세리, 박인비, 신지애, 전인지, 박성현, 고진영이라는 또 다른 영웅이 탄생했다. 그를 '한국 여자골프의 어머니'라 부르는 이유다.

불멸의 연습생 신화, **김만수**

1987년 9월 일본 미야기현宮城県. 만추를 재촉하는 빗줄기가 거세게 몰아쳤다. 미야기군宮城郡 마쓰시마松島라는 작은 연안 지역은 매년 가을 비바람과 사투를 벌인다. 태평양과 면한 지리적 특성과 잦은 태풍으로 장마철보다 많은 강수량을 기록하는 시기다.

　담담한 표정으로 쏟아지는 비를 바라보던 스물한 살 여성 개척자는 만감이 교차했다. 그 비가 자신의 골프 인생과 한국 여자골프 역사를 바꿔놓을 것이란 생각은 추호도 하지 못했다. 그는 머릿속이 복잡했지만 전혀 내색하지 않았다.

　JLPGA 투어 시즌 28번째 대회 미야기TV컵 여자오픈 골프 토너먼트 최종 라운드를 앞둔 대회장 마쓰시마치선컨트리클럽 풍경이다. 담담한 표정의 여성 개척자는 구옥희가 아니다. 구옥희에 이어 1985년 JLPGA 투어에 입성한 김만수다.

　그는 한국 여자골프 해외 진출 역사의 숨은 개척자다. 1984년 7월 KLPGA 프로 자격을 취득했으나 국내에선 활동하지 않았다. 국내 대회에 출전한 건 1986년 동해오픈(8위)과 1992년 한국여자프로골프선수권대회(공동 7위)가 전부다. 골프 팬들이 그의 이름을 기억할 리가 없다. 관계자들조차 그의 이름을 기억하지 못한다. 김만수란 이름만이 역사의 그림자로 희미하게 남아 있을 뿐이다.

김만수는 미야기TV컵 여자오픈 골프 토너먼트 1라운드에서 1오버파를 치고도 단독 선두였다. 대회 2라운드에는 엄청난 양의 비가 쏟아지면서 경기가 중단돼 36홀(2라운드) 플레이로 축소됐다. 밤새 물 폭탄을 맞은 대회장은 곳곳이 물에 잠겨 정상 플레이가 어려웠다. 결국 대회 최종 3라운드가 예정된 일요일에 2라운드 플레이를 속개해 우승자를 가리게 됐다.

승리의 여신은 김만수를 향해 있었다. 궂은 날씨 속에서도 김만수의 샷은 크게 흔들리지 않았다. 반면 일본 선수들은 줄줄이 보기를 범하며 맥없이 무너져 내렸다. 그는 2라운드에서도 1오버파를 쳐 1·2라운드 합계 2오버파(146타)로 2위 마쓰다 게이코松田惠子를 2타 차로 따돌리고 우승 트로피를 품에 안았다.

기적 같은 일이었다. 김만수는 일본 지방 골프장 연습생 출신이다. 프로 데뷔 2년여 만에 우승 트로피를 손에 들 것이라곤 누구도 예상하지 못했다. 비록 36홀 승부였지만 모두가 같은 조건이었다. 샷은 물론이고 코스 매니지먼트도 훌륭했다.

일본 언론은 한국 여자골프의 또 다른 개척자 김만수 우승에 적잖은 의미를 부여했다. 자국 골프장에서 연수생을 선발·육성해 성장한 선수였기에 외국인 우승이지만 자국민 우승처럼 여겼다. 정작 김만수의 우승에 가장 기뻐해야 했을 한국에는 승전보조차 제대로 알려지지 않았다. 골프에 대한 사회·정서적 분위기가 지금 같지 않았다 해도 김만수의 우승 가치를 제대로 인지하지 못한 우리 언론에 책임이 있다.

일본 동북지방 명문 코스로 명성이 자자한 마쓰시마치선컨트리 클럽은 대체로 완만하지만 전장이 길고 페어웨이가 넓어 다이내믹한 플레이어가 좋아한다. 비거리와 방향성을 동시에 요구하는 전략적인 코스다.

김만수는 장타보다 정확한 샷이 특기였다. 장타자들은 세찬 바람에 샷 컨트롤이 쉽지 않았다. 궂은 날씨는 오히려 김만수에게 행운이었는지도 모른다.

미야기TV컵 여자오픈 골프 토너먼트가 열린 9월은 매년 비바람과 전쟁이다. 1989년에도 강우로 인해 36홀 플레이로 우승자를 가렸다. 1986년과 1988년에는 마지막 날 9홀 경기만 열려 45홀 플레이로 파행 운영됐다.

김만수는 우승상금으로 500만 엔(당시 환율 약 2,500만 원)을 받았다. 비슷한 시기 한국에서 열린 일간스포츠 오픈 우승상금은 300만 원이었다. 국내 대회 우승자보다 8배 이상 많은 금액이었으니 일본 무대를 동경하지 않을 수 없었다.

이 대회는 1973년 미야기TV 개국 3주년을 기념해 마쓰시마 국제 여자오픈이라는 이름으로 미야기현 마쓰시마국제컨트리클럽에서 처음 열렸다. 대회장은 수차례 바뀌었으나 미야기TV 본사 소재지 미야기현에서 줄곧 개최됐다. 1987년 김만수의 우승 후에도 원재숙(1994), 구옥희(1999·2000), 임은아(2010), 이나리(2013), 이지희(2016)가 저마다 가슴 뭉클한 이야기를 남기며 우승 트로피를 들었다. 1998년부터는 던롭이 메인타이틀 후원사로 참여해 미야기TV컵 던롭 여자오픈 골프 토너먼트라는 이름으로 치러졌다.

　김만수는 1965년 12월 9일 충남 공주에서 태어났다. 공주여고 2학년 때 골프를 시작해 입문 2년 만인 1984년 7월 KLPGA 프로가 됐다. 국내에서는 활동하지 않았다. 우물 안 개구리가 되고 싶지 않았다. 일찌감치 해외 무대에서 활약하겠다는 꿈을 품고 있었다. 롤 모델은 구옥희였다.

　KLPGA 투어는 김만수가 프로 무대에 뛰어든 1985년 10개 대회를 열었다. 대회마다 12~16명이 출전했다. 이귀남은 세 차례 우승해 시즌 최다승자가 됐다. 강연순, 김소영, 정길자는 두 차례, 강춘자는 한 차례 우승했다. 정길자는 시즌 상금 449만 5,000원을 벌어 개인 첫 상금왕에 올랐다.

　같은 해 JLPGA 투어에는 38개 대회가 열렸다. 대회당 80명 정도가 출전했다. 일본여자오픈엔 118명이나 나왔다. 상금왕에 오른 투 아이유는 6,563만 4,788엔(당시 환율 약 3억 2,000만 원)을 모았다. 국내 상금왕보다 무려 70배 이상 많은 금액이었다. 돈도 돈이지만 대회가 많았다. 투어 환경도 좋아서 프로골퍼로선 꿈같은 무대였다. 김만수는 단 1년이라도 프로답게 운동해보고 싶었다.

　그에게 기회가 찾아왔다. 프로 데뷔한지 얼마 지나지 않아 일본 도치기현栃木県 야이타矢板컨트리클럽에서 JLPGA 프로테스트를 목표하는 한국인 연수생을 선발한다는 소식이 대한골프협회를 통해 전해졌다. 연수생이 되기 위해선 오디션을 통과해야 했다. 오디션 장소는 육사골프장(태릉골프장 옛 이름)이었다. 일본 16개 언론사 기자들이 방한해 심사를 했다.

갓 프로에 입문한 김만수는 국내 36명의 지망생이 참가한 가운데 치러진 오디션에서 김애숙, 김선화, 이영귀와 함께 합격자 명단에 포함돼 일본행 비행기를 탔다. 그때가 1985년 2월이다. 만으로 스무 살도 안 된 어린 나이였다. 4명의 연수생 중에서도 가장 어렸다.

일본은 한국보다 골프 환경이 좋았다. 훌륭한 선수와 지도자도 많았다. JLPGA 투어는 1968년 출범해 우리보다 10년이 빨랐지만 실제론 20년 이상 앞서갔다.

히구치 히사코와 오카모토 아야코는 초창기 JLPGA 투어를 이끈 양대 산맥이다. 통산 11번이나 상금왕에 오른 히구치 히사코는 1977년 US여자프로골프선수권(KPMG 위민스 PGA 챔피언십 전신)에서 아시아인 첫 LPGA 투어 메이저대회 챔피언이 됐다. 2003년에는 세계 골프 명예의 전당에 헌액했다. JLPGA 투어 통산 44승 오카모토 아야코는 1981년 일본인 처음으로 LPGA 투어에 진출했다. 통산 17승을 올렸다. 1987년에는 외국인으로서 LPGA 투어 상금왕에 오른 첫 번째 선수가 됐다. 자국 투어는 말할 것도 없고 국제무대에서도 일본은 우리보다 20년 이상 앞서 있었다. 세계무대 도약을 위해선 반드시 일본을 뛰어넘어야 했다.

한국에선 일본의 투어 시스템과 스윙 기술을 배우려는 사람이 많았다. 하지만 선택받은 사람만이 갈 수 있었다. 재일동포나 일본 출장을 갔다 돌아온 사람들이 사다준 일본 골프 잡지를 보며 스윙을 익히던 선수도 있었다. 일본어는 몰라도 사진을 보면 이해가 쉬웠다. 그나마 1984년 일본에서 성공 데뷔한 구옥희 덕에 한국 선수의 일본 진출 길이 조금씩 열리고 있었다.

연수생 막내 김만수는 '어렵게 잡은 기회를 놓치지 않겠다'고 다짐했다. 연수 기간은 두 달 정도였다. 프로테스트까지 훈련할 수 있는 시간이 많지 않았다. 독하게 매달려야 했다. 오전 6시부터 체력 훈련과 9홀 라운드 후 어프로치 연습을 했다. 밤늦게까지 트레이닝과 스윙 연습을 이어갔다. 훈련은 밤 10시가 돼서야 끝났다. 골프장 업무를 병행해야 했기 때문에 더 고단한 일과였다. 손바닥이 갈라지고 피가 나는 건 당연했다. 골절만 없었을 뿐이지 온몸이 만신창이였는데, 누구도 아프다고 말하거나 쉬지 않았다. 죽기 아니면 까무러치기였다.

두 달이 지났다. 지옥 같았던 훈련도 끝이 났다. 모두가 웃을 순 없었다. 김만수는 그해 4월 열린 프로테스트에서 김애숙과 함께 합격해 JLPGA 투어 진입에 성공했다. 꿈을 이뤘다. 하지만 함께 고생했던 김선화와 이영귀는 테스트 벽을 넘지 못하고 한국으로 돌아왔다.

김만수는 프로테스트 합격 후에도 야이타컨트리클럽 소속으로서 일을 했다. 대부분 골프장 소재지 도치기현에 머물렀다. 대회 일정에 따라서는 가가와현香川県 자택에서 다니기도 했다. 가가와현은 시코쿠四国 동북부 세토나이카이瀬戸内海에 면한 현이다. 고즈넉한 풍경이 마음에 들었지만 교통이 불편해 시코쿠 지역에 둥지를 튼 한국 선수는 김만수뿐이었다.

JLPGA 투어는 매년 40개 가까운 대회가 열렸다. 그중에는 간토関

東지방에서 개최된 대회가 많아 늘 가가와현에 있을 순 없었다. 가가와 현은 도쿄까지 비행시간 약 1시간 20분, 자동차로 가면 8~9시간이 소 요된다. 1985년엔 도쿠시마쓰키노미야德島月の宮 레이디스 클래식 오픈 과 다이오초大王제지 엘르에어 여자오픈 골프 토너먼트만이 가가와현에 서 치러졌다.

데뷔전은 1985년 8월 시즈오카현에서 열린 후지산케이 레이디스 클래식이었다. 성적은 공동 15위였다. 대회 둘째 날은 데일리 베스트(2 언더파)를 기록하며 가능성을 엿봤다. 그해 상금순위는 100위(65만 7,000 엔)였지만 연간 수입은 국내 상금왕 정길자와 비슷했다.

1987년에는 35개 대회에 출전해 첫 우승 포함, 톱10에 세 차례 진 입했다. 상금순위는 24위였다. 이후 잦은 부상과 지독한 슬럼프로 고생 했으나 오뚝이처럼 일어섰다. 1998년과 1999년에는 2년 연속 상금순위 20위에 올랐다. 상금순위만 놓고 보면 개인 최고 성적이다.

김만수는 연습 때보다 실전에 강한 승부사였다. 신장은 163cm로 크지 않았고 비거리도 짧은 편이었지만 샷이 정확했다.

특히 티잉그라운드에서 쏘아 올리는 아이언샷이 위력적이었다. 1985년부터 2002년까지 18년간 JLPGA 투어에서 기록한 6개의 홀인 원이 그것을 뒷받침한다. 1989년 마루코 레이디스를 시작으로 1997 년·1998년 고요五洋건설 레이디스, 1998년 후지쓰富士通 레이디스, 1999 년 산토리 레이디스, 2001년 NEC 가루이자와輕井沢72 골프 토너먼트에 서 홀인원을 경험했다. 1998년 고요건설 레이디스에선 같은 대회 2년 연속 홀인원이라는 진기록을 수립했다.

통산 6개의 홀인원은 이마보리 리쓰今堀りつ, 기도 후키, 시오타니 이쿠요, 다카무라 히로미와 함께 최다 타이기록으로 남아 있다. 이지희는 2020년까지 4차례, 이영미, 김하늘, 황아름은 3차례의 홀인원 기쁨을 맛봤다.

그의 아이언샷은 끊임없는 노력의 결실이었다. 비거리가 짧은 만큼 아이언샷 연습에 정성을 들였다. 당대 최고의 아이언샷을 자랑하던 구옥희의 영향도 적지 않았다. 김만수는 1990년 이후에만 19개의 이글을 작성했는데, 대부분 아이언으로 공략했다. 1999년엔 이글 3개로 이 부문 1위였다. 1998년 5개(2위), 1993년에도 4개(3위)를 쳤다.

그는 1987년 첫 우승을 기점으로 물오른 샷 감을 발휘했다. 하지만 오름세는 오래 가지 않았다. 긴 슬럼프에 빠졌다. 1989년부터 약 4년간 부진의 늪에서 벗어나지 못했다. 1989년엔 35개 대회에서 19차례나 컷 탈락했다. 1990년부터 1991년에 걸쳐선 14개 대회 연속 예선 탈락하며 심한 절망감에 사로잡혔다. 그해 상금순위는 123위까지 추락했다.

포기는 없었다. 매 시즌 시드를 잃고 대기자 순번으로 밀려나 스텝업(2부) 투어를 오가는 상황이었지만 슬럼프 극복을 위해 칼을 갈았다. 끈질긴 노력이 결실을 맺은 건 1993년 무렵이다. 전체적으로 샷이 안정되면서 골프라는 게임이 새롭게 보이기 시작했다. 자신감도 돌아왔다.

1980년대 JLPGA 투어엔 퀄리파잉 토너먼트QT 제도가 없었다. 프로테스트를 통과하면 월례대회(18홀)를 거쳐 공인대회 출전 우선순위가 정해졌다. 상금 시드를 잃은 선수는 다음 시즌 3·4월 진행되는 월례

대회에서 포인트를 쌓아 상위권에 들어야 하반기 대회 출전권을 얻을 수 있었다. QT는 아니지만 그와 유사한 순위전을 매월 치른 셈이다.

김만수는 1990년대 중반부터 제 2의 전성기를 맞았다. 뒤늦게 퍼팅에 눈을 뜨면서 데뷔 초기 지긋지긋하게 따라다녔던 '뒷심 부족'이라는 꼬리표를 뗐다. 어떤 대회든 해볼 만하다는 확신도 생겼다. 1995년 22위였던 라운드당 평균퍼트는 1996년부터 매 시즌 톱10에서 벗어나지 않았다. 2000년에는 파온 홀 평균퍼트 4위, 라운드당 평균퍼트 1위를 차지했다. 3퍼트율(3퍼트 이상 기록할 확률)은 1995년부터 2001년까지 5위 안에 들었다.

체력과 뒷심 부족은 김만수의 치명적인 단점이었다. 1995년에는 물오른 경기력을 갖추고도 번번이 우승 문턱에서 좌절했다. 6월 야마구치현山口県 우베宇部컨트리클럽(우베72컨트리클럽 옛 이름) 만넨이케万年池 서코스에서 열린 일본여자오픈선 뒷심 부족으로 한국인 첫 우승 기회를 날려버렸다. 선두에 한 타 차 2위로 최종 4라운드를 출발해 15번홀(파5)까지 단독 선두였으나 16번홀(파3)과 17번홀(파4)에서 연속 보기를 범하며 시오타니 이쿠요에게 한 타 차 역전 우승을 허용했다.

1987년 이후 8년 만의 우승을 노리던 김만수의 꿈이 한순간에 무너져 내렸다. 챔피언 조에서 함께 플레이했던 시오타니 이쿠요도 인코스 들어 흐름이 좋지 않았다. 그 역시 생애 첫 메이저 타이틀이 걸린 대회였다. 시오타니 이쿠요는 잘 버텼고, 김만수는 경기 막판 고비를 넘지 못했다. 이날 언더파 스코어는 두 선수뿐이었다. 난코스에서도 빛나는 플레이를 펼쳤으나 막중한 부담감에 자멸하고 말았다. 시오타니 이쿠요는 그해 5승을 달성하며 개인 통산 두 번째 상금왕에 올랐다.

1968년 시작된 일본여자오픈은 그때까지 단 한 차례도 한국인 우승자가 탄생하지 않았다. 그래서 더 아쉬웠던 순간으로 기억된다. 이 대회 준우승은 한동안 김만수의 마음을 무겁게 했다. 은퇴 후에도 잊을 수 없는 대회로 손꼽는다.

이어 열린 도하토 레이디스 골프 토너먼트에서는 연장전 승부 끝에 준우승했다. 선두에 한 타 차 공동 2위로 최종 라운드를 시작해 오시로 아카네大城あかね, 시오타니 이쿠요와 어렵게 동타를 이뤄 플레이오프를 펼쳤다. 이번에는 오시로 아카네에게 우승을 내주고 말았다. 처음이자 마지막 연장 승부였다.

김만수는 그해 상금순위 21위에 올랐다. 개인 통산 두 번째 우승은 달성하지 못했지만 슬럼프에서 완전히 벗어나 JLPGA 투어 한국 선수 간판으로서 자리매김한 시즌이었다.

지금부터는 인간 김만수를 들여다보겠다. 건강하게 그을린 피부와 살짝 아래를 향한 눈꼬리, 굳게 다문 입술에선 부드러운 카리스마와 함께 신념이 느껴진다. 차분하고 선해 보이면서도 강한 인상이다. 털털한 시골 사람 같은 분위기도 있었다. 어디 하나 모난 곳이 없는 바른 생활 이미지였다.

체형은 마른 편이다. 음식은 가리는 것 없이 잘 먹었지만 선천적으로 살이 찌지 않는 체질이었다. 선수 시절 몸무게는 50kg이 조금 넘는 정도였다. 동료 선수들은 '바람이 불면 날아갈지도 모른다'는 농담을 자주했다.

호리호리한 몸으로 만들어낼 수 있는 비거리에도 한계가 있었다. 정확한 아이언샷과 퍼트로 단점을 충분히 만회했지만 30대 중반에 이르러서는 체력의 한계를 감당하지 못했다. 한때 지옥 같았던 슬럼프마저 극복했던 그였으나 부상 후유증과 슬럼프에 발목이 잡혔다.

성격은 무뚝뚝하면서 겸손하다. 남들 앞에 나서거나 자신을 드러내는 것을 좋아하지 않았다. 그의 이름이 널리 알려지지 않은 이유이기도 하다. 골프업계에서도 김만수란 이름을 기억하는 사람은 거의 없다. 이름만 듣고 남자 선수로 오해하는 경우도 많다. 워낙 차분한 성격인데다 미디어가 발달하기 전에 활동했던 세대였기 때문에 존재감을 드러내기가 쉽지 않았다.

스스로 존재감을 드러내기 위해 노력하지도 않았다. 그래서 그의 기록은 거의 남아 있지 않다. 당시엔 '프로골퍼는 공만 잘 치면 된다'는 생각을 가진 선수가 많았다. 김만수도 그런 생각에 치우쳐 있었던 것 같다. 미디어가 발달한 요즘엔 통하지 않는 말이다. 공만 잘 치는 선수는 미디어도 팬들도 외면한다. 그런 시대는 오래 전에 끝났다.

그런 점도 구옥희와 많이 닮았다. 구옥희도 언론 노출을 좋아하지 않았다. 기자들에게 친절하지도 않았다. 명성과 어울리지 않는 어눌한 모습을 감추려는 의도도 있었다.

구옥희는 자신과 비슷한 점이 많은 김만수에게 동정심 같은 걸 느꼈는지 연습 라운드를 자주했다. 1990년대 어느 날이다. 연습 라운드를 함께하던 구옥희가 김만수의 스윙을 보며 무거운 입을 열었다.

"몸 쓰는 스윙을 해봐. 넌 지금 팔로만 친단 말이야. 그러니 거리가 나겠어?"

김만수는 아무런 대꾸도 하지 않았다. 그걸 몰라서 안하는 게 아니었다. 어릴 적부터 체계적으로 스윙을 배우지 않아 기본기가 부족했다. 스윙을 감으로 익혔다. 구옥희의 조언을 받아들이기가 쉽지 않았다.

구옥희가 다시 입을 열었다.

"연습 부족이야. 더 연습해."

이골이 나게 들었던 말이었다. 구옥희는 김만수가 오랜 동안 슬럼프에 빠져 있을 때도 똑같은 말을 했다.

구옥희와 닮은 점 한 가지를 더 들자면 애국심이다. 20년 가까이 타지 생활을 하면서도 애국심이 남달랐다. 평소 정원 가꾸기와 등산을 즐겼다. 특히 화초 기르기에 관심이 많았다. 맨션(고급형 고층 아파트) 발코니에 고추를 심어 기르기도 했다. 쑥쑥 자라나는 고추는 향수병을 잊게 해줬다. 차분한 성격과도 잘 맞았다. 한국 선수들을 집으로 초대해 직접 재배한 고추를 썰어 넣은 된장찌개를 대접한 일도 있다.

한국 선수들은 끈끈한 동료애로 똘똘 뭉쳤다. 특별히 의지할 데가 없었기에 때때로 서로의 집으로 초대하거나 함께 모여 식사를 했다. 요란하게 수다를 떨었다. 여행을 떠나기도 했다. 사람 사는 재미가 있는 시기였다.

김만수와 함께 일본 열도를 누볐던 한국 선수들은 그의 따뜻했던 인간미를 잊지 못한다. 김애숙은 "일본에서 고생했던 기억이 가장 많이 남아 있다"며 "인간성이 참 좋았던 선수였다"고 말했다.

1992년 JLPGA 투어에 데뷔한 원재숙은 "말씀이 별로 없었던 선배였지만 한마디 한마디에 뼈대가 있었다. 유머 감각도 있었다"며 옛 기억을 떠올렸다.

원재숙과 같은 해 JLPGA 투어에 입성한 신소라는 "그릇 크기가 다른 분이었다. 내가 힘들어할 때마다 따뜻한 말 한마디로 위로해주셨다. 그 따뜻함은 지금도 잊히지 않는다"며 오래 품어 왔던 속내를 끄집어냈다.

KLPGA 투어 상금왕 출신이자 1990년대 JLPGA 투어에서 활동한 이오순은 "어려웠던 시절 서로 의지하며 힘을 북돋워준 사이였다"고 추억했다.

시행착오도 많았다. 일본 무대 데뷔 당시 일본어가 서툴렀던 김만수는 일본 기자들과 인터뷰를 어떻게 했을까. 구옥희는 자신의 일본 진출 길을 열어준 도요야마 마사오가 매니저 역할을 하면서 통역을 했다.

구옥희 이후 일본 무대를 밟은 한국 선수들은 매니저나 소속사가 따로 없었다. 언어 문제를 스스로 해결해야 했다. 물론 데뷔 초기부터 두각을 나타내 언론과 인터뷰를 하는 일은 흔치 않았다. 일본에서 1년 이상 생활하면 말은 어느 정도 알아듣는다. 인터뷰는 어떻게든 해결이 됐다. 읽는 것이 문제였다. 매 대회 공지하는 로컬룰을 읽지 못해 일본 친구들에게 설명을 듣고 출전한 적도 많았다. 일본 선수들이 잘못 가르쳐주거나 설명을 잘못 이해해 낭패를 본 일도 있다. 말과 글을 빨리 익히는 것 외엔 방법이 없었다. 아무런 준비도, 갖춰진 것도 없었다. 메마른 땅에 버려진 이주 농사꾼 같은 심정이었다.

김만수는 JLPGA 투어 한국 선수 네 번째 우승 주인공이다. 구옥희에 이어 두 번째로 우승컵을 든 한국인이기도 하다. 1980년대 JLPGA 투어에서 한국인이 거둔 5승 중 4승은 구옥희, 1승은 김만수의 손끝에서 만들어졌다.

그 1승은 일본 골프계에 큰 반향을 일으켰다. 야이타컨트리클럽 연수생 출신으로 정규 투어 데뷔 3년 차에 우승을 달성해 많은 사람을 놀라게 했다. '구옥희 이외에 일본에서 성공 가능한 한국 선수가 있겠냐?'던 일부 관계자들의 비아냥거림을 잠재운 사건이었다.

일본과 대만이 JLPGA 투어를 평정하던 1980년대에 구옥희 이외의 또 다른 한국인 에이스가 탄생했다는 점에도 큰 의미를 둘 수 있다. 투 아이유가 맹위를 떨친 1980년대는 대만 여자골프 전성기였다. 1985년 열린 38개 대회 중 대만은 14승(메이저 1승)을 챙겨갔다. 대만 선수가 1·2·3위를 휩쓴 대회도 있었다. 한국 여자골프가 세계무대를 휩쓴 모습과 꼭 닮아 있었다.

그에 반해 한국 선수 대부분은 JLPGA 투어 우승 문턱을 넘지 못했다. 구옥희와 함께 JLPGA 투어에 데뷔한 한명현, 강춘자, 정길자는 이렇다 할 활약을 펼치지 못하고 한국으로 돌아왔다. 한명현과 정길자는 2년간 활동하면서 단 한 차례도 톱10에 들지 못했다. 강춘자는 1984년부터 5년 동안 톱10에 진입한 대회가 한 차례에 불과했다. 상금순위도 1984년 72위가 최고 성적이다.

일본에서 돌아온 강춘자는 국내 투어 통산 10승을 거뒀다. 두 시즌은 상금왕에 올랐다. 정길자는 통산 12승으로 세 차례나 상금왕을 지냈다. 당시 한국과 일본의 경기력 차이가 어느 정도였는지를 짐작케 한다.

구옥희가 JLPGA 투어 진입 장벽을 무너트렸다면 김만수는 허물어진 장벽을 밀어내고 널찍한 진입로를 개척했다. 통산 1승이라도 그의 우승이 지닌 역사적·시대적 가치는 무게감이 달랐다. 일본 지방 골프장 연수생 신분으로 우승을 거머쥐면서 한국 선수에 대한 일본인들의 우려를 확신으로 바꿔놓았다. 한국에서 골프선수 꿈을 키우던 유망주들에겐 '나도 할 수 있다'는 자신감을 갖게 했다. 1990년대 황금기를 연 김애숙, 이영미, 원재숙, 신소라, 고우순에게도 상당한 자극제가 됐다.

그는 투혼의 아이콘이다. 불리한 신체 조건과 깊은 슬럼프 수렁에서도 결코 포기란 걸 몰랐다. 단점 보완을 위해 아이언샷과 퍼트를 갈고닦아 자신만의 색깔을 입힌 골프를 완성했다. 끊임없는 자기 개발과 억척스런 훈련으로 불가능이란 장벽을 뛰어넘었다.

2001년. 다시 불청객이 찾아왔다. 슬럼프다. 이번에는 더 독한 놈이다. 잦은 부상과 후유증을 틈타 스윙과 신체 리듬을 완전히 망가트렸다. 급격한 체력 저하까지 겹치면서 더 이상 선수 생활을 할 수 없게 됐다. 결국 2002년 시즌을 끝으로 일본에서 선수 생활을 마감했다.

온갖 역경 속에서도 자신보다 힘들어하던 동료 선수를 먼저 챙긴 김만수였다. 한결같았던 신념과 강인한 정신력엔 요즘 젊은 선수들에게서 좀처럼 찾을 수 없는 절실함이 서려 있었다. 다시없을 불멸의 연습생 신화다.

골프 한류의 숨은 조력자, **김애숙**

단발머리 중년 여성이 있다. 선글라스 때문에 눈이 보이지 않았다. 가려진 눈동자는 심하게 흔들렸을 것으로 짐작한다. 대기록을 목전에 둔 신지애를 먼발치에서 바라보던 김애숙이다. 2018년 11월 JLPGA 투어 시즌 마지막 대회이자 메이저대회 투어 챔피언십 리코컵 최종 4라운드에서 만났다. 그는 신지애의 일본 매니지먼트사 대표이자 JLPGA 투어 골프 한류의 숨은 조력자다.

경기 후 움직임이 분주해졌다. 몇몇 일본 기자는 김애숙에게 접근해 신지애의 눈부신 활약 비결을 물었다. 신지애는 이 대회에서 한 시즌 메이저대회 3승이라는 대기록과 개인 첫 메르세데스랭킹 1위를 확정지었다. 한 시즌 메이저대회 3승은 JLPGA 투어 사상 처음 있는 일이다. 김애숙은 신지애를 통해 선수 시절 못다 이룬 꿈을 하나둘 실현해나가고 있었다.

그는 일본 골프계 저명인사다. 오랜 선수 생활로 인지도가 쌓였다. 은퇴 후에는 지도자 겸 사업가로서 활동 영역을 넓혔다. 신지애 매니지먼트사 대표로서 골프 인생 제2의 황금기를 열었다.

2017년 3월에는 유창한 일본어 실력과 풍부한 경기 경험을 살려 골프 해설위원으로 데뷔했다. 티포인트 레이디스 골프 토너먼트(티포인트×에네오스 골프 토너먼트 전신)는 마이크를 잡은 첫 대회였다. 2018년 KLPGA 투어 메이저대회 한화클래식 때는 일본 아사히朝日TV 계열 케이블방송 CS아사히 생중계 해설을 맡기도 했다.

선수 출신 바바 유카리馬場ゆかり를 비롯해 다지마 소시田島創志, 미쓰하시 요시카즈三橋喜一, 고야마 다케아키小山武明 등 일본의 유명 프로골퍼가 나란히 자리한 2019년 티포인트×에네오스 골프 토너먼트에서는 객원 해설위원으로서 무거운 존재감을 드러냈다.

그의 말 한마디 한마디는 함께 자리한 4명의 해설위원을 압도했다. 관점이 다양할 뿐 아니라 핵심을 집어내는 능력도 좋았다. 결코 녹록치 않은 환경 속에서도 포기하지 않고 외길을 걸어온 결과가 그의 해설에 녹아내렸다. 2010년대 초반만 해도 일본에서 마이크를 잡게 될 것이란 생각은 못했다. 한국 여자골프가 세계 최강으로 발돋움하면서 김애숙을 바라보는 일본인들의 시선도 달라졌다.

그들은 김애숙이 경기를 어떤 관점에서 어떻게 바라보는지, 같은 선수라도 어떻게 평가하는지 궁금해 했다. 무엇보다 한국 여자 선수들의 훈련 비결을 알고 싶어 했다.

일본 언론은 2000년대 중반부터 한국 여자골프 선수들의 선전 비결을 다방면으로 분석하고 있다. 하지만 김애숙만큼 깊이 있고 현실적인 분석이 가능한 일본인 전문가는 없는 듯하다.

골프선수 출신이라도 해설위원은 쉬운 일이 아니다. 풍부한 지식과 현장 경험은 기본이고 군더더기 없는 언어 구사력과 냉철한 상황 분석력, 혼란스러운 상황을 침착하게 대처하는 순발력을 고루 갖춰야하기 때문이다. 모국어로 해설해도 다수의 시청자를 이해시키기는 쉽지 않다. 능숙한 일본어 실력과 풍부한 지식, 30년 이상의 현장 경험이 김애숙을 성장시켰다. 일본 골프계를 대표하는 전문가로 거듭났다.

골프 전문가로서 저널리스트 세미나에도 수차례 참가했다. 도쿄 다마가와玉川대학에선 7년간 골프 강의를 하면서 입지를 다졌다.

처음부터 인정받은 건 아니다. 1980년대 환영받지 못한 이방인에서 골프 해설위원이 되기까지 무려 33년이 걸렸다. 33년이란 세월 동안 숱한 좌절을 맛봤다. 그가 경험한 좌절과 환희의 순간이 한국 여자 골프의 위대한 역사이자 발자취다.

1963년 9월 6일 서울에서 태어난 김애숙은 골프 입문 전까지 서울체고 투포환선수였다. 중·고등학교 시절엔 전국대회에서 우승을 휩쓸었다.

김애숙은 운동을 그만두고 교육대학 진학을 꿈꿨다. 그러다 골프라는 생소한 스포츠를 알게 됐다. 서울컨트리클럽과 태광컨트리클럽을 전전하면서 프로골퍼 꿈을 키웠다.

그는 김만수와 함께 일본 도치기현 야이타컨트리클럽 연수생 오디션에 합격해 일본에 진출할 수 있었다. 프로골퍼는 아니었지만 호쾌한 스윙과 엄청난 장타력으로 심사위원들의 눈도장을 찍었다. 야이타컨트리클럽에서는 김만수와 동고동락하며 실력을 키웠다. 1985년 4월 JLPGA 프로테스트에 합격했다.

그해 하반기부터 정규 투어 2개 대회에 출전했다. 프로 데뷔는 그의 인생 시련의 시작이었다. 18세에 골프를 시작해 구력이 짧았을 뿐 아니라 한국 프로 무대를 거치지 않아 기본기도 없었다. 데뷔 첫해 출전한 2개 대회에선 전부 컷 탈락했다. 이듬해인 1986년에도 13개 대회 중 12개 대회에서 예선 탈락해 투어에서 생존 자체가 어려워보였다.

그는 대기만성형의 엄청난 노력파였다. 1987년 후지산케이 레이디스 클래식에서 프로 데뷔 세 시즌 만에 톱10(공동 10위)에 진입했다. 상금순위도 매년 꾸준히 끌어올려 데뷔 6시즌 만에 20위 이내(19위) 진입에 성공했다.

첫 우승까지는 무려 14년이 걸렸다. 1998년 오키나와현沖縄県 류큐琉球골프클럽에서 열린 개막전 다이킨 오키드 레이디스 골프 토너먼트가 첫 우승 무대다. 이 대회의 한국인 첫 우승이기도 했다. 무라이 마유미村井真由美, 오가네 히사코大金寿子와 연장전까지 가는 접전 끝에 우승컵을 거머쥐었다. 골프를 시작해 프로와 아마추어 대회를 통틀어 생애 첫 번째 우승이었다. 이 우승으로 시즌 상금순위를 13위(3,258만 346엔)까지 끌어올렸다. JLPGA 투어 최고 성적이다.

그는 1985년부터 348개 대회를 치르는 동안 우승과 인연이 없었다. 우승 기회는 여러 번 있었지만 살리지 못했다. 그 사이 81차례나 컷 탈락하며 고배를 마셨다. 1990년 주간 여성·JUNON 여자오픈에선 통산 11승 다니 후쿠미谷福美에게 한 타 차 역전을 허용하며 준우승했고, 1991년엔 미쓰비시三菱전기 레이디스 골프 토너먼트 마지막 날 데일리 베스트(3언더파)를 기록하며 선전했으나 선두 그룹에 한 타 차 공동 3위에 만족했다.

1993년 KOSE · JUNON 여자오픈은 기억하고 싶지 않은 대회일지도 모른다. 최종 라운드 16번홀(파4)까지 히라세 마유미平瀨真由美에 한타 차 단독 선두를 유지했지만 마지막 홀 더블보기로 통한의 역전패를 당했다. 구옥희와 마지막 조로 출발했는데, 18번홀(파5) 티샷이 오른쪽으로 휘어지면서 산으로 들어갔고, 세컨드 샷은 연못에 빠져 더블보기의 빌미가 됐다. 히라세 마유미는 통산 18승으로 상금왕 자리에 두 차례(1993 · 1994년)나 오른 일본 여자골프 레전드 중 한 명이다.

김애숙은 우승이 좌절될 때마다 꼼꼼하게 분석했다. 그러면서 언제 그랬냐는 듯 훌훌 털고 일어났다. 결국 프로 데뷔 349번째 대회에서 감격의 첫 우승컵을 품에 안았다. JLPGA 투어 데뷔 후 최장 기간(대회) 첫 우승 신기록이었다.

우승 직후 김애숙의 눈은 촉촉하게 젖어 있었지만 울진 않았다. 그토록 꿈꾸며 기다렸던 우승이었으나 막상 우승을 현실로 맞이하니 오히려 담담해졌다. 우승 인터뷰를 지켜보던 현지 갤러리들은 십수 년 사이 능숙해진 그의 일본어 실력과 말주변에 다시 한번 놀라움을 감추지 못했다.[1]

김애숙의 거짓말 같은 우승 기록은 12년 동안 깨지지 않았다. 2010년 8월 니토리 레이디스 골프 토너먼트에서 프로 21년차 기자와노부코鬼沢信子가 김나리와 연장전 승부 끝에 프로 데뷔 463번째 대회에서 첫 우승하면서 김애숙 기록을 뛰어넘었다.

결혼은 인생 변곡점이었다. 김애숙은 1995년 1월 스포츠 인스트

럭터이자 동갑내기 야마다 게이이치山田敬一와 결혼했다. 야마다 게이이치와 처음 만난 건 결혼 2년 전이다.

당시 미쓰비시 그룹은 골프 전문 트레이닝 시스템을 미국에서 처음 들여와 골프 전문 트레이닝 스포츠클럽을 운영하고 있었다. 야마다 게이이치는 미쓰비시 소속 트레이너로서 남자 골프선수를 전담했다. 김애숙의 골프 용품 계약사였던 브리지스톤스포츠는 야마다 게이이치에게 여자 선수 트레이닝을 요청해 두 사람의 운명 같은 만남이 이루어졌다.

둘의 결혼이 성사된 계기는 후지산富士山 등산이다. 평소 후지산을 좋아했던 김애숙은 여러 지인과 등산을 계획했지만 야마다 게이이치를 제외한 모든 사람이 취소하면서 둘만의 어색한 산행이 이루어졌다. 선수와 트레이너 이상도 이하도 아니었던 두 사람은 힘들게 산을 오르면서 서로에게 호감을 느꼈고, 2년간 열애 끝에 결혼에 골인하게 됐다.[2]

야마다 게이이치는 평소 김애숙을 '김프로' 또는 '김상(김씨)'이라 불렀으나 연애를 시작하면서 '아이짱'이란 애칭을 썼다.[3] 일본에선 김애숙의 이름 애愛를 '아이'로 읽는다. '아이'란 이름을 가진 선수를 친숙하게 '아이짱'이라 부르기도 한다. 일본 골프계에서 널리 알려진 아이짱은 미야자토 아이宮里藍와 스즈키 아이鈴木愛가 있다. 탁구 선수 후쿠하라 아이福原愛도 아이짱으로 불렸다.

아이짱이라는 애칭으로 인해 둘의 미묘한 관계를 눈치 챈 사람도 있었다. 당시 두 사람은 골프계 첫 번째 한일 국제결혼 커플로서 스포츠지 한 면을 통으로 장식할 만큼 큰 이슈였다.

김애숙은 남편을 만나기 전까지 미래가 불투명했다. 선수 생활을 마치면 한국으로 돌아가 지도자 생활을 한다는 막연한 계획뿐이었다. 그러나 일본인과 결혼하면서 한국으로 돌아갈 계획을 지워버렸다. 김애숙의 부친 김복용은 생전에 "여자가 집을 나가 외국 남자와 결혼하면 그곳에서 뼈를 묻어야 한다"는 말을 했다고 한다.

다행히 결혼 후 모든 것이 술술 풀렸다. 대회 성적이 안정됐고, 일본 사회에 완전히 융화되면서 또 다른 인생이 열렸다. 골프는 물론이고 일본 생활에도 다시 한번 눈을 뜨게 됐다. 그토록 바라던 첫 우승까지 이뤘다. 뜻하지 않은 부상으로 선수 생활을 접어야했지만 그의 곁엔 늘 좋은 사람이 많았다.

김애숙은 JGTO 통산 16승 스즈키 노리오鈴木規夫에게 스윙을 배웠다. 서울체고 동기이자 1988년 JLPGA 프로테스트에 합격한 김정수의 소개로 알게 됐다. 스즈키 노리오의 눈에 비친 김애숙은 공교롭게도 프로답지 못한 선수였다. 다이킨 오키드 레이디스 골프 토너먼트에서 김애숙이 퍼터를 발로 차는 모습을 TV로 본 후 '프로 자격이 없는 선수'라는 말을 했다고 한다.

실제로 김애숙은 야생마 같았다. 골프를 누군가에게 제대로 배운 적이 없던 그는 장타자였지만 구질이 안정되진 못했다. 게다가 경기가 뜻대로 풀리지 않으면 가끔씩 분을 참지 못하는 모습을 보였다.

이 사실을 알게 된 김애숙은 스즈키 노리오에게 찾아가 "난 골프도 매너도 모른다. 대체 프로다운 것이 무엇이냐"라고 따져 물었고, 그것이 계기가 돼 사제 간 인연을 맺게 됐다. 이후 스즈키 노리오는 김애숙의 스윙 코치이자 인생 스승이 됐다. 경기가 잘 풀리지 않을 때나 힘든 일이라도 생기면 늘 스즈키 노리오의 고향이자 오이타현大分県의 온천도시 벳푸別府를 찾았다.

스즈키 노리오 부부는 김애숙을 친딸처럼 대했다. 타지 생활에 지쳐 힘들어하던 김애숙에게 따뜻한 식사와 잠자리를 제공하며 말없이 김애숙 편이 되어주었다. 일본 생활에서 유일하게 웃을 수 있는 시간이었다. 일본인과 결혼을 망설이지 않은 것도 스즈키 노리오와 그의 가족 영향이 컸다고 한다.

김애숙은 1998년 첫 우승 전까지 패배감에 젖어 있었다. 짧은 거리 퍼트를 놓쳐 우승을 날려버린 어느 날이었다. 몸도 마음도 지쳐 있던 그는 경기를 마치고 곧바로 하네다 공항으로 향했다. 스즈키 노리오의 고향 벳푸에 가기 위해 오이타행 비행기에 몸을 맡겼다. 벳푸에 도착했을 땐 이미 어둠이 짙게 내려앉은 밤이었다. 이슬비까지 내리기 시작했다. 음산한 기운이 감돌았다.

스즈키 노리오는 늦은 밤 불쑥 찾아온 김애숙을 반갑게 맞이했다. 그러더니 인근의 한 골프장으로 데리고 갔다. 두 사람이 멈춰선 곳은 6번홀 그린이었다. 스즈키 노리오는 플래시를 비추면서 2m 퍼트를 치게 했다. 김애숙이 어드레스에 들어가자 플래시를 꺼버렸다.

"마음으로 공을 쳐라. 눈에 보이는 것과 승부하려 하니 불안감이 큰 것이다."

스즈키 노리오는 불빛이 사라지자 당황해하던 김애숙에게 이렇게 말했다. 김애숙은 발밑에 놓인 공도 제대로 보이지 않는 어둠 속에서 퍼팅을 시작했다. 눈을 감고 퍼트하는 것과 다르지 않았다. 스즈키 노리오의 지시대로 마음의 불을 켜고 퍼트했는데, 공이 떨어지는 소리가 났다. 뜨거운 눈물이 흘렀다.

"강해지고 싶습니다."

이슬비에 온몸이 젖어버린 김애숙은 울먹이며 말했다.

스즈키 노리오는 수건을 건넨 뒤 김애숙을 차에 태워 집으로 향했다. 아무 말 없이 따뜻한 밥과 국물을 챙겨 김애숙에게 건넸다. 김애숙이 식사를 마칠 때까지 아무런 말도 하지 않았다. 식사 후 무거운 입을 열었다.

"괜찮아. 넌 할 수 있어."

긴 침묵을 깬 스즈키 노리오의 마지막 한마디가 김애숙의 멍들어 있던 가슴에 촉촉하게 스며들었다. 그 한마디 위로가 김애숙을 패배의 늪에서 건져 올렸다. 힘든 일이 있을 때마다 따뜻했던 한마디를 떠올렸다. 1998년 첫 우승 때도 '괜찮아, 넌 할 수 있어'라는 말을 몇 번이고 되뇌며 정상에 올랐다.

인생을 바꾼 또 하나의 사건은 부상이다. 2004년 4월의 일이다. 시즌 두 번째 대회 사이슌칸再春館 레이디스 히노쿠니火の国 오픈이 열린 구마모토熊本공항컨트리클럽엔 봄비가 주룩주룩 내리고 있었다. 을씨년스러운 날씨다. 김애숙은 홀과 홀 사이에 놓인 내리막 나무계단을 내려가다 미끄러지면서 구르고 만다. 이 사고로 왼 무릎과 허리에 부상을 당했다. 왼 무릎은 힘줄이 꼬이면서 심하게 늘어났다. 수술을 할 수

없는 상태여서 반 깁스를 하고 두 달을 쉰 뒤 무리하게 대회에 출전했으나 허리와 왼 무릎 부상은 악화됐다. 더 이상 선수 생활을 할 수 없게 됐다.

받아들이기 힘들었다. 골프만을 위해 모든 열정을 쏟아낸 시간들이 환영처럼 스쳐지나갔다. 부상 부위보다 마음의 상처가 더 컸다. 하지만 방황은 길지 않았다. 또다시 훌훌 털고 일어나 은퇴 후를 준비했다.

JLPGA 투어 통산 6승 신현주와의 만남은 김애숙 골프 인생의 또 다른 전환점이었다. JLPGA 투어 진출을 위해 2004년 일본을 찾은 신현주를 가이드하면서 매니지먼트 업무에 눈을 떴다.

당시 김애숙은 현역 선수였다. 신현주를 매니지먼트 할 수 있는 입장이 아니었다. 더구나 구마모토에서 부상까지 당한 터라 제 몸 추스르기도 벅찼다. 지인에게 신현주를 부탁했으나 사실상 거절을 당하면서 이러지도 저러지도 못하는 처지가 됐다. 일본어는 물론이고 현지 정보에도 깜깜했던 신현주는 김애숙에게 매달리듯 부탁했다. 김애숙은 거절하지 못했다. 대회장 바깥일은 남편에게 도움을 청했고, 대회장 업무는 김애숙이 선수 생활을 하면서 매니저 역할을 수행했다.

2014년엔 신지애의 JLPGA 투어 데뷔와 함께 KPS라는 스포츠 매니지먼트 회사를 설립했다. 본격적인 사업 전선에 뛰어들었다. KPS는 '케이 피지컬 서포터K·Physical Support'의 약자다. 'K'는 코리아Korea로 오해하는 사람이 많은데, 실은 자신의 성 김Kim과 남편의 이름 게이이치Keiichi, 시아버지 이름 고지Kouji에 공통으로 들어가는 영문 머리글자 K를 땄다. 일본에서 한국인이 설립한 첫 번째 스포츠 마케팅 회사였다.

오랜 타지 생활 경험을 바탕으로 어린 후배들에게 작은 도움이라도 주고 싶은 마음에 시작한 일이었다. 그것이 제 2의 골프 인생으로 가는 전환점이 됐다.

JLPGA 투어 한국인 매니지먼트사는 일본 골프계에 신선한 바람을 불러일으켰다. 일본어와 현지 정보에 어두운 한국 선수들이 운동에만 전념할 수 있는 환경이 만들어졌다. 선수 출신 매니지먼트 대표라는 점이 선수와 선수 가족에게 큰 믿음을 줬다

JLPGA 투어에서 활약한 다수의 한국 선수는 김애숙의 손을 거쳐 갔다. 신현주, 신지애 외에도 안선주, 김하늘, 김영, 배희경, 강수연, 정재은, 강여진, 이 에스더(본명 이지현), 김소영, 배선우 등이 KPS 소속으로서 활동했다.

안선주를 두 차례나 상금왕에 오르게 한 숨은 공신이기도 하다. 안선주는 JLPGA 투어 데뷔 첫해였던 2010년부터 3년간 KPS에서 매니지먼트를 받았고, 2015년 JLPGA 투어에 데뷔한 김하늘도 KPS 소속이었다. 김애숙은 3년간 김하늘을 매니지먼트하면서 메이저대회 2승을 포함해 6승 기쁨을 함께했다.

김애숙은 선수 시절부터 비즈니스 수완이 좋았다. 운동만 알던 동료 선수들과 달리 돈 계산이 빠르고 선견지명도 있었다. 일본인과 결혼해 30년 넘게 일본에서 살면서 정서에도 많은 변화가 있었지만 비즈니스 수완은 예전과 다르지 않다는 게 선수 생활을 함께했던 지인들의 말이다.

2018년 가을 일본 도쿄 JR 에비스惠比寿역 근처에서 김애숙과 점심

을 함께한 일이 있다. 길지 않은 시간이었지만 일본 생활에 대해 진중한 이야기를 나눴다. 그가 깨우친 일본 사회는 이랬다.

"일본은 신용 사회다. 한번 인정받기가 어려워서 그렇지 일단 인정받으면 모든 것이 쉽게 풀린다. 어떨 땐 일본인들이 개미처럼 보인다. 일사불란하게 움직이는 모습도 그렇고 정보를 공유하거나 좋은 사람들을 서로 소개시켜 주면서 영역을 확대·보존해 나가는 것이 닮았다."

김애숙은 개미처럼 일하는 일본인들 사이에서 인정받기 위해 노력했다. 그러는 사이 그들의 정서가 몸에 밴 듯하다. 신용을 중시하고 상대방에 불편을 주는 언행을 최대한 자제하려는 모습은 영락없는 일본인 같다.

자기주장이 강하고 원칙을 중시하기 때문에 소속 선수들과 크고 작은 마찰을 불러오기도 했다. KPS 소속 선수 상당수는 김애숙과 의견 충돌을 경험했다고 한다. 개중에는 등을 지고 떠난 선수도 있다.

선수들의 마음을 전혀 헤아리지 못한 건 아니라고 본다. 선수 출신이긴 하나 일본인 정서에 가까운 한국인 사업자와 일본 정서가 익숙지 않은 어린 선수들 사이의 간극으로 해석하는 것이 좋을 듯하다.

2010년 JLPGA 투어 QT 출전부터 2018년 10월 은퇴까지 KPS 소속으로 활동한 강수연은 "평상시 오해를 많이 받지만 선배로서 좋은 분이다. 늘 선수 편에서 선수를 위했다. 타사 대표와는 많이 다르다"며 김애숙에 대해 감춰왔던 속내를 드러내기도 했다.

김애숙은 한국에서 널리 알려진 선수가 아니다. 국내 프로 무대를 거치지 않고 일본에서 프로로 전향했기 때문이다. 20년이 넘는 프로 생활에서도 단 1승밖에 기록하지 못했다. 하지만 포기를 몰랐던 열정과 인내력이 그를 빛나게 했다. 20년 이상 꾸준한 활약을 이어가며 일본 사회에서 '성실한 한국인', '정직한 한국인'이라는 이미지를 각인시켰다.

그는 구옥희의 활약에 힘입어 일본 진출 기회를 얻었지만 결코 환영받지는 못했다. 면전에서 이유 없이 험담을 늘어놓는 선수가 있는가 하면 일본 선수들끼리 한국 선수를 이지메(집단 괴롭힘)하는 경우도 있었다. 퍼트 실수에 박수치며 깔깔대는 갤러리도 있었다. 이유는 알 수 없으나 한국 선수에 대한 무시와 차별은 지방 대회장으로 갈수록 빈번하게 나타났다.

서러운 날의 연속이었다. 지금은 상상할 수 없는 풍경이지만 1980년대만 해도 한국인에 대한 차별은 공공연했다. 견디는 것 외엔 방법이 없었다. 구옥희는 다카무라 히로미 그룹 선수들과 어울리면서 집단 따돌림을 경험하지 않았다. 그러나 존재감이 약했던 후배 선수들은 가족도 후원사도 매니저도 없는 타지에서 헝그리정신 하나로 부당한 차별에 맞서야 했다.

눈물겨운 타지 생활은 김애숙을 더 단단하게 만들었다. 온갖 차별과 견제 속에서도 좌절하지 않았기에 일본 데뷔 14년 만에 정상에 설 수 있었다. 그 위대한 1승을 완성하기 위해 쏟아낸 땀과 눈물이 한국 여자골프 황금기의 밑거름이 됐다.

그는 사실상 JLPGA 투어 진출 선구자로서 경기장 안팎에서 일군 업적이 많다. 선수 매니지먼트가 없던 1990년대부터 JLPGA 투어 도전을 위해 일본을 찾은 한국 선수들의 가이드와 통역원 역할을 자처하며 재팬드림을 도왔다.

지도자로서도 자질을 발휘했다. 한국 선수뿐만 아니라 가나자와 시나金澤志奈, 호사카 마유保坂真由 같은 일본 선수들을 어린 시절부터 지도해 차세대 기대주로 키워냈다. 2016년 일본여자학생골프선수권을 제패한 가나자와 시나는 2017년 7월 JLPGA 프로테스트에 합격했고, 그해 9월 스텝업 투어 산요신문 레이디스컵에서 우승하며 이름을 알렸다. 12월 열린 신인전 가가전자加賀電子컵에서는 공동 6위를 차지했다. 이듬해 정규 투어에 뛰어들었다. 김애숙은 가나자와 시나가 프로로 전향하면서 연습량을 두 배로 늘렸지만, 가나자와 시나는 김애숙식 혹독한 훈련을 끝까지 견뎌냈다.

김애숙은 은퇴 후 지도자 겸 사업가로 변신해 더 인정받았다. JLPGA 투어 모든 선수를 통틀어도 좀처럼 보기 드문 경우다. 지도자 겸 사업가 겸 해설위원으로서 일본 골프계에 무거운 존재감을 과시하며 자신의 상품 가치를 높였다.

그가 은퇴 후를 진지하게 고민한 건 선수 시절 말기였다. 일본어 실력이 좋고 골프 지도에도 관심이 많아 티칭프로 자격(A급)을 취득했다. 이후 도쿄 시부야구渋谷区에 크라운네트라는 개인 골프연습장을 차렸다. 티칭프로 자격증이 없어도 골프 레슨은 할 수 있지만 외국인 신분인 데다 은퇴를 하면 팬들 기억 속에서 쉽게 잊힐 것이라 생각해 선수 생활을 하면서 착실하게 준비했다.

선수 매니지먼트 사업은 현역 시절 못다 이룬 꿈에 대한 재도전이었다. 신현주와의 운명적인 만남이 계기가 됐으나 선수 시절 꿈(상금왕)을 후배들을 통해 이루고 싶다는 욕심도 있었다. 안선주의 2년 연속 상금왕과 2018년 신지애의 메르세데스랭킹 1위, 2019년 역시 신지애의 60대 평균타수 달성은 그의 골프 인생 최고의 수확이다. 한국 여자골프 역사를 새롭게 쓴 안선주, 신지애, 김하늘, 배선우의 뒤에도 김애숙이 있었다. JLPGA 투어 골프 한류 숨은 조력자 김애숙의 보이지 않는 힘이다.

한국 여자골프 살림꾼, **이영미**

2007년 9월 일본 아이치현愛知県에서 있었던 일이다. 미나미아이치南愛知 컨트리클럽 미하마美浜코스에선 시즌 26번째 대회 먼싱웨어 레이디스 도카이東海 클래식 공식 연습 라운드가 진행되고 있었다.

　일본의 프리랜서 카메라맨 사에구사 스스무三枝進와 대회장으로 향했다. 한국 선수들의 플레이 사진 촬영과 인터뷰 일정이 빼곡하게 잡혀 있었다. 일본 대회장에선 사진 기자에게 전동카트를 내주지 않는다. 원하는 선수의 만족스런 사진을 얻으려면 그만큼 발품을 들여야 한다. 당시 70대 고령 사에구사 스스무에겐 고역이었다.

　그는 가쁜 숨을 몰아쉬면서도 계획했던 사진을 전부 카메라에 담았다. 어느덧 점심때가 됐다. 선수들을 쫓아다니느라 땀범벅이 되어버린 사에구사 스스무는 클럽하우스로 향하지 않았다.

　"드라이빙레인지에서 몇 장 더 찍어볼까?"

　그가 말했다. 부탁한 사진과 인터뷰는 이미 마친 상황이었다. 점심을 먹고 쉬다가 퇴근을 해도 수당을 받는 데는 문제가 없었다. 당시 매거진 발행인이던 나로선 미안하면서도 고마운 마음이 솟구쳤다. 덕분에 돈 주고도 볼 수 없는 귀한 풍경을 목격하게 됐다.

드라이빙레인지는 비교적 한산했다. 몇몇 선수들만이 샷 연습을 하고 있었다. 잠시 뒤 흥미로운 풍경이 펼쳐졌다. 연습장 끄트머리에 파라솔이 설치된 테이블이 있었다. 한 선수가 테이블 위에 점심을 차리고 있는 게 아닌가. 찬합에선 정성을 담아 말아낸 김밥과 각종 전이 먹음직스러운 자태를 뽐냈다. 보온병에선 곰탕처럼 뽀얀 국물이 모락모락 김을 피웠다. 얼핏 봐도 한국 음식이다. 음식 냄새가 후각을 강하게 자극했다.

"자, 먹고 합시다!"

밥상을 차리던 선수가 낮고 부드러운 어조로 말했다. 한국 선수 서너 명은 연습을 멈추고 정성껏 준비한 음식 앞에 마주앉았다. 동료 선수들의 점심을 차리던 여성은 다름 아닌 이영미였다.

그는 JLPGA 투어 한국 선수들의 살림꾼이자 분위기 메이커였다. 도쿄 시부야의 한 맨션에서 살았는데, 도쿄 인근 사이타마현이나 지바현千葉県에서 대회가 열리면 도시락을 싸가 한국 선수들과 나눠 먹곤 했다. 2000년대 후반까지만 해도 이 같은 풍경을 목격할 수 있었다. 지금은 상상조차 할 수 없는 풍경이다. 다음 날 신문에 나올 수도 있다.

이영미는 1963년 2월 27일 강원도 철원에서 태어났다. 1985년엔 KLPGA 투어에 데뷔했다. 비슷한 시기 김만수도 프로로 전향했지만 국내 투어에서 뛰지 않고 먼저 일본으로 떠났다. 이영미는 2년간 국내 대회에 출전하면서 기회를 엿봤다.

JLPGA 프로테스트는 모든 외국인에게 열려 있었다. 언어와 비자가 문제였다. 특히 비자 발급은 행정 절차가 까다로워서 말이 통하지 않는 외국인이 스스로 해외 투어를 개척하는 건 불가능에 가까웠다.

이영미에게 기회가 찾아온 건 1987년이다. 통일교회계 기업이자 식품·음료 제조업체 일화一和의 후원을 받으면서 JLPGA 프로테스트에 응시했다.

이영미가 JLPGA 투어에 데뷔한 1988년 일본에선 연간 37개(메이저 대회 3개 포함) 대회가 치러졌다. 이벤트(비공인) 대회 10개를 포함하면 총 47개 대회가 열렸다. 체력 안배를 하면서 일정에 맞는 대회를 골라 출전할 수 있었다. 상금 규모도 15억 1,949만 3,000엔(당시 환율 약 75억 원)이나 됐다.

일본 사회는 버블경제기 정점을 향해 달려가고 있었다. 1989년 1월에는 일왕 히로히토裕仁가 사망하고, 그의 아들 아키히토明仁가 새 일왕이 됐다. 헤세平成시대가 시작됐다. 새로운 기대와 활력이 넘쳐났다. 마침 구옥희의 맹활약까지 이어졌다. 이런저런 호재 속에서 국내 대회 우승이 없던 이영미도 기업 후원을 받고 일본 무대에 설 수 있었다. 같은 기업의 후원을 받은 김정수는 이영미보다 1년 늦은 1988년 JLPGA 프로테스트에 합격했다.

이영미는 일화로부터 연간 계약금 600만 엔(당시 환율 약 3,000만 원)을 받았다. 1980년대 후반 웬만한 대회 우승상금이었다. 계약은 매년 같은 조건으로 갱신됐다. 무려 18년간 계약이 이어졌다. 당시 일본의 경제·사회적 상황을 고려하면 파격적인 대우였다. 일화 내부에서도 이영미의 파격적 계약 조건에 반발하는 사람이 많았다.

일화는 1986년 가수 조용필을 보리 탄산음료 맥콜 CF모델로 기용했다. 1988년에는 매출 1,400억 원을 기록하며 승승장구했다. 일본에

서는 고려인삼 제품이 날개 돋친 듯 팔려나갔다.[1]

이영미는 1987년 JLPGA 프로테스트를 통과했다. 이듬해부터 정규 투어에서 뛰었다. 1992년에는 기분 레이디스 클래식 첫 우승 포함, 2승을 올리며 상금순위 4위를 차지했다. 기분 레이디스 클래식은 1985년 구옥희가 한국인 첫 우승을 차지한 대회여서 의미가 남달랐다. 대회장도 구옥희가 우승한 란잔컨트리클럽이었다.

기분은 도쿄 긴자銀座에 본사를 둔 어류 가공식품 유통·판매 전문 기업이다. 이 대회에서 히라카타 히로미平形ひろみ와 연장전 접전 끝에 우승을 차지, 일본 진출 이후 줄곧 이어졌던 후원사 조건 논란에 마침표를 찍었다.

이어 열린 도하토 레이디스 골프 토너먼트에서는 2주 연속 우승을 노렸다. 결과는 실패였다. 2라운드까지는 단독 선두였다. 궂은 날씨와 서툰 일본어가 문제였다. 최종 3라운드는 우천으로 9홀(인코스)만 치러졌는데, 13번홀(파4) 트리플보기로 LPGA 투어에서 복귀한 오카모토 아야코에 역전을 당하고 말았다.

13번홀에서 룰을 위반해 2벌타를 받은 것이 결정타였다. 이영미의 규칙 위반을 지적한 사람은 챔피언 조에서 함께 경기하던 오카모토 아야코였다. 대회장 지바현 교호教京컨트리클럽은 1990년 개장한 신생 골프장이었다. 잔디 컨디션은 말할 것도 없고 배수 상태도 좋지 않았다. 이영미는 일본어가 능숙하지 않아 로컬룰을 완벽하게 이해하지 못했다. 규정도 모호했다. 다잡았던 우승을 억울하게 헌납한 기분이 들었다.

일본 언론은 두 가지 시선으로 이 사건을 바라봤다. '골프 규칙도 완벽하게 숙지한 여왕'이라며 오카모토 아야코를 치켜세운 미디어가 있는 반면 규칙을 알고도 신인급 동반 선수에게 조언하지 않았다는 이유로 '여왕의 침몰'이라고 보도한 언론사도 있었다.

이영미는 경기 후 인터뷰에서 '규칙을 제대로 숙지하지 못한 내 책임'이라며 패배를 깨끗하게 인정했다. 그러나 자신에게 불리한 발언을 했다고 오해한 오카모토 아야코는 이영미를 라커룸으로 불러 '기자들 앞에서 말조심하라'며 예민한 반응을 보였다. 이후 두 사람 사이는 차가워졌지만 오해가 풀리면서 친한 선후배가 됐다.

찜찜한 벌타로 2주 연속 우승을 놓쳤으나 흔들리진 않았다. 그해 7월에 열린 스탠리 레이디스 골프 토너먼트에서 요시카와 나요코를 4타 차로 따돌리고 와이어 투 와이어(1라운드부터 줄곧 1위로 우승)를 장식했다. JLPGA 투어 조연에서 주연으로 우뚝 섰다.

그의 골프 인생 정점은 1998년이다. 5월 도토東都자동차 레이디스 프로골프 토너먼트에서 우승했고, 시즌 최종전 JLPGA 메이지明治유업 컵(투어 챔피언십 리코컵 전신)에서는 핫토리 미치코服部道子, 히고 가오리肥後かおり, 다카스 아이코, 하라다 가오리原田香里, 무라구치 후미코 같은 당대 최고 선수들을 모조리 따돌리고 정상에 올라 일본 여자골프 최고의 별이 됐다. 한국 선수가 이 대회에서 우승한 건 1991년 구옥희에 이어 두 번째였다.

일본에서 최고 선수가 됐지만 미국 진출 계획은 세우지 않았다. 장시간 이동에 대한 부담이 컸다. 폐소공포증 비슷한 증상이 있었다. 비행기를 장시간 타지 못했다. 전철, 버스 같은 대중교통도 마찬가지였다. 일본 데뷔 초기에는 자차 없이 대중교통을 이용하며 대회장을 다녔는데, 그 이유와도 무관하지 않았다.

이영미의 일본 투어 성공은 특유의 뚝심 있는 플레이가 있었기에 가능했다. 그에겐 남다른 승부사 기질이 있었다. 부담감이 많은 큰 대회나 마지막 날에 더 강했다. 상위권 선수와 맞대결에서도 주눅이 들거나 밀리지 않았다. 특히 아이언샷을 잘 쳤다. 짧은 아이언으로 그린을 공략하는 기술은 일본 언론도 호평을 아끼지 않았다.

아이언샷 훈련 방법은 독특했다. 경기 시작 전 매일 긴 아이언(1·2번)으로 스윙 연습을 했다. 긴 아이언은 부드러운 스윙을 해야 좋은 샷이 나온다는 원리를 연습에 활용한 것이다. 실제로 1·2번 아이언을 짧은 아이언처럼 부드럽게 치는 날은 늘 타수가 좋았다. 긴 아이언으로 부드러운 샷이 나올 때까지 연습을 하다 코스로 나갔다.

실전에서 1·2번 아이언을 사용한 건 아니다. 클럽 세팅엔 3번 아이언까지 넣었다. 3번 아이언으론 약 200야드를 쳤다. 200야드 남은 상황에서는 늘 3·4번 아이언으로 핀을 공략했다.

페어웨이우드는 잘 다루지 못했다. 긴 아이언 연습을 많이 하다 보니 페어웨이우드 연습에는 소홀했다. 그 때문에 거리를 내야 하는 페어웨이에서도 긴 아이언을 들 때가 많았다. 남자 같은 플레이였지만 코스 공략은 단조로운 면이 없지 않았다.

캐디는 대부분 하우스 캐디(특정 골프장 소속 캐디)와 호흡을 맞췄다. KLPGA 투어 통산 4승을 차지한 심의영이 일본까지 건너가 캐디를 맡기도 했지만 전속은 아니었다.

1998년 5월 열린 도토자동차 레이디스 프로골프 토너먼트에서는 골프를 잘 모르는 지인에게 백을 맡긴 뒤 골프 규칙과 에티켓을 일일이 가르치면서 플레이했음에도 우승을 차지해 화제가 됐다. 통산 7승 나가타 후사코永田富佐子, 하라다 가오리와 2라운드까지 공동 선두를 이뤘으나 마지막에 웃은 선수는 이영미였다. 그는 우승 인터뷰에서 (골프 규칙을 잘 모르는) 캐디를 신경 쓰느라 스코어보드를 볼 여유조차 없었다[2]고 털어놨다.

1999년까지 통산 8승을 기록하며 골프 인생 정점을 찍은 이영미는 갑작스런 드라이버 입스Yips로 위기를 맞았다. 일본 진출 후 처음이자 마지막 시련이었다. 티샷 자체가 두려울 만큼 상태가 심각했다. 성적은 곤두박질쳤다. 2008년까지 QT을 거치면서 정규 투어와 스텝업 투어를 오르내렸다. 재기를 노렸다. 역부족이었다. 2010년 10월 구마모토에서 열린 스텝업 투어 루트인컵 아소阿蘇 그랜드브리오 레이디스(공동 30위)를 끝으로 일본에서 선수 생활을 접었다.

골프를 오래 하다 보면 겪게 되는 증상 중 하나가 입스다. 스윙 전 극도의 불안 증세를 보이며 근육 경련이나 무호흡 증상이 발생하기도 한다. 주로 퍼팅 시에 나타난다. 드라이브샷과 같이 큰 동작을 할 때 찾아오기도 한다. 이 현상은 여러 가지로 해석할 수 있다. 그중 하나는 생각과 몸의 역할을 구분하지 못하고 몸이 반응해야 할 때 생각이 간섭하면서 발생한다.[3] 루틴 속도를 지키고, 좋았던 기억을 끄집어내는 등 극복과 예방법은 여러 가지가 있다. 이영미에겐 아무 것도 통하지 않았다.

이번에는 이영미의 성격과 사생활을 엿볼 차례다. 앞서 이야기한 드라이빙레인지 도시락만 생각하면 활달하고 사교성이 좋을 것 같지만 그렇지는 않았다. 내성적인 편이다. 낯가림도 심했다. 일본 데뷔 초기만 해도 낯가림이 워낙 심해서 처음 만난 사람과는 말 한마디 하지 못했다.

그로 인해 오해도 많이 받았다. 이영미의 캐디를 경험한 사람들은 하나같이 그를 어려워했다. 말이 없고 인상이 강해서 화가 나있는 걸로 오해하기 쉬웠다. 경기 중에는 먹잇감을 쫓는 맹수의 얼굴 같기도 했다. 이영미의 경기 모습을 TV로 본 어린 조카로부터는 '호랑이 얼굴 같다'는 말까지 들었다고 한다.

낯가림 많던 성격은 일본어 실력이 좋아지면서 조금씩 개선됐다. 하루는 대회장에서 자차를 타고 숙소로 이동하던 중 한 일본인 갤러리가 걸어서 내려가는 모습을 발견했다. 차를 세워 목적지를 물었다. 자신과 반대 방향이었다. 차를 세워놓고 그냥 지나칠 순 없었다.

"저도 그쪽으로 가요. 괜찮으면 타세요."

일본인은 연신 미안하단 말을 반복했다. 그러면서도 기쁜 마음이 표정으로 나타났다. "방향이 같아서 다행이네요"라며 안심하는 모습도 보였다. 그날 이후 일본인은 이영미의 든든한 팬이 됐다. 매 대회 이영미 경기를 관전했는데, 먼발치에서 바라만 보다 조용히 돌아가는 일을 반복했다고 한다.

음식은 일본 요리보다 한식을 좋아한다. 기회가 될 때마다 한국 선수들을 집으로 초대해 한국 음식을 만들어 함께 먹었다. 떡볶이 같은 매운 음식이 단골 메뉴였다. 한국 음식이 그리운 선수들에겐 다사로운 한 끼였다. 베푸는 걸 좋아하는 이영미의 성격을 엿볼 수 있다.

집에 혼자 있을 때도 요리를 즐겨했다. 특별히 요리를 잘해서가 아니라 일본 음식이 입에 맞지 않았다. 생선회나 초밥은 좋아했지만 대부분 일본 음식은 조미료 때문에 거부감이 있어서 집에서 한국식 매운 음식을 해먹는 일이 많았다.

1990년대 JLPGA 투어에는 한국 선수가 많지 않았다. 가족 같았다. 동료의 우승이라도 서로 기뻐했다. 우승한 선수는 일주일간 한국 선수들에게 밥을 사는 무언의 약속도 있었다. 생활이 어려운 선수들에겐 상금을 나눠줄 수도 있었으나 프로골퍼로서 자존심이 허락하지 않는 일이었다. 돈 대신 식사를 함께하며 우정을 쌓았다.

대회장에선 통역원 역할을 자처했다. 일본어가 서툰 후배 선수들을 위해 늦게까지 남아 통역을 해준 일도 많았다. 2000년 이후 한국 선수가 크게 늘면서 더 바빠졌다. 매니지먼트가 없던 시절이어서 한국 선수들의 유대감은 지금보다 끈끈하고 견고했다.

이 같은 풍경은 오직 한국 선수들 사이에서만 관찰할 수 있는 독특한 문화였다. 전 세계 어떤 나라에서도 선배가 후배를 위해 희생하거나 봉사하지 않는다. 이영미는 자신의 연습 시간까지 줄여가며 후배들을 챙겼다. 이영미뿐만 아니라 모든 1세대 선수가 한마음이었다. 그 거룩한 희생이 지금의 한국 여자골프를 뒷받침했다.

타지에서 매니지먼트 없는 생활은 고단했다. 먼저 일본에 정착한 구옥희가 있었지만 하늘 같이 높은 존재였다. 마음 편히 접근할 수는 없었다. 가깝고도 먼 선배였다. 구옥희의 따뜻한 마음을 알게 된 건 선물로 받은 골프 장갑을 도둑맞으면서다.

구옥희는 1985년 일본에서 미즈노와 후원 계약을 맺은 뒤 한국으로 돌아와 10명이 넘는 후배에게 일일이 골프 장갑을 선물했다. 당시로선 큰 선물이었다. 표현은 서투르지만 후배들을 생각하는 마음이 어느 정도였는지 미루어 짐작할 수 있다.

이영미는 구옥희로부터 선물 받은 장갑이 아까워서 사용하지 못했다. 연습장 개인 사물함에 보관해뒀다. 어느 날 사물함을 열어보니 장갑이 없었다. 도둑을 맞았다. 이 이야기를 일본 진출 후 구옥희에게 했더니 특유의 눈웃음을 보이며 오히려 친근하게 대해줬다고 한다. 이영미는 당시 구옥희의 온화한 미소가 잊히지 않는다고 했다. 따뜻하고 정이 많은 사람이란 걸 그때 처음 알게 됐다.

JLPGA 투어 데뷔 초기엔 대회장까지 찾아가는 일도 쉽지 않았다. 자차가 없어 전철을 타고 골프장 근처까지 가서 택시를 이용했다. 그런 과정에서 도움을 준 사람이 동갑내기 김애숙이다. 이영미보다 먼저 일본에 둥지를 튼 김애숙은 통역은 물론이고 현지 정보를 공유하며 투어를 함께 뛰었다.

두 선수는 대회장을 같이 다니면서 친해졌다. 다투는 일도 많았다. 의견 충돌로 심하게 다툰 뒤에는 '다시는 안보겠다'는 생각으로 돌아섰는데, 그때마다 '이건 아니다'라는 생각에 금세 화해를 하고 다시 만났다.

이영미가 일본에서 뜨거운 활약을 펼친 1990년대 한국 여자골프는 이제 막 걸음마를 뗀 단계였지만 빠르게 성장했다. 1990년 KLPGA

투어는 9개 대회 총상금 약 5억 4,000만 원 규모였다. 대회마다 40여명의 선수가 출전했다. 9년 뒤인 1999년에는 14개 대회에서 약 25억 6,000만 원을 걸고 100명이 넘는 선수가 우승을 다퉜다. 프로골프 투어로서 모습을 갖춰갔다.

어린 유망주들도 속속 모습을 드러냈다. 절대 강자 없는 춘추전국시대로 접어들었다. 고우순은 1989년부터 4년간 상금왕에 올랐지만 1993년부터 일본으로 눈을 돌려 패권 다툼이 더 치열해졌다. 고우순이 빠진 KLPGA 투어에선 이오순, 박성자, 김순미, 강춘자, 한명현, 정길자가 왕좌를 놓고 경쟁했다. 박세리와 김미현은 1990년대 중반부터 아마추어 신분으로 프로 대회에 모습을 드러내 무서운 진가를 발휘했다.

국내 무대에서 활약하던 대부분의 한국 선수는 해외 진출을 꿈꿨다. 구옥희에 이어 김만수, 김애숙 이영미, 김정수가 일본 투어에 자리를 잡으면서 해외 진출을 갈망하는 선수는 더 많아졌다.

1990년대 중반 국내 최강자 이오순도 일본 진출을 꿈꿨지만 시기를 놓쳐 고민하고 있었다. 그때 해결사로 나선 사람이 KPGA 코리안투어 최다승(43승) 보유자 최상호다. 그는 이오순에게 '국내 시장은 너무 작으니 후배들을 위해서라도 해외 투어에 도전하는 게 좋지 않겠냐'며 일본 진출을 종용했다. 그것이 계기가 돼 늦은 나이에 일본 무대에 도전하게 됐다.

이영미는 1990년대 일본에서 활동한 한국 여자골프 선수 중 가장 성공한 프로골퍼라 해도 과언이 아니다. 2010년까지 20년 넘게 JLPGA 투어에서 활약하며 구옥희, 김만수에 이어 한국인 세 번째 우승자로 이름을 올렸다. 1990년대에만 8승을 장식하며 한때 구옥희에 이어 가장 많은 우승을 거둬들였다.

JLPGA 투어 데뷔 후에도 국내 투어를 병행하면서 3승을 따냈다. 1989년 한주엘레쎄 오픈에서 첫 우승했고, 1994년 동일레나운 레이디스 클래식, 1996년 한주엘레쎄 여자오픈에서 1승씩을 보탰다.

이영미는 2016년 3월 KLPGA 부회장으로 선출돼 선수 겸 단체장으로서 종횡무진 활약했다. 상대적으로 침체된 국내 챔피언스(시니어) 투어 활성화를 위해 집행부라도 선수로서 대회에 참가했다.[4] 국내외 투어에서 전부 우승을 경험한 선수가 KLPGA 부회장 이상의 직급을 맡은 건 구옥희에 이어 두 번째다. 2008년부터는 KLPGA 시니어 투어에 출전해 9차례나 우승컵을 거머쥐었다.

골프 행정가로서도 능력을 인정받았다. 20년 이상 국내외 투어를 통해 얻은 풍부한 경험과 인맥으로 시니어 투어 활성화에 기여했다. 2019 시즌 KLPGA 챔피언스 투어는 12개 대회 총상금 13억 원 규모로 치러졌다. 10년 전인 2009년(5개 대회 총상금 2억 원)과 비교하면 괄목할 성장임에 틀림없다.

그의 리더십을 한마디로 표현하면 솔선수범이다. 2019년 5월 강원도 횡성군 알프스대영컨트리클럽에서 열린 KLPGA 챔피언스 투어 FX렌트 인비테이셔널은 솔선수범 리더십이 빛을 발했다.

이 대회엔 1990년대 한국 여자 골프 주역이 한자리에 모였다. 이영미를 비롯해 1992년부터 3년간 KLPGA 투어 상금왕에 오른 이오순, 1999년과 2000년 상금왕 정일미, 국내 투어 3승 이선희 등 한 시대를 풍미한 여자 프로골퍼들이 추억의 명승부를 재현했다.

무엇보다 KLPGA 챔피언스 투어 사상 첫 인터내셔널 대회로 치러졌다. JLPGA 투어 통산 7승 니시다 지에코西田智慧子, 통산 5승 쩡슈펑曽秀鳳 등 1990년대 아시아 골프계 주역 외국 선수를 초청해 골프 팬들의 추억을 1990년대로 소환했다.

결과는 대성공이었다. 골프 팬들 관심 밖이었던 챔피언스 투어에 이전에 없던 긴장감이 흘렀다. 이틀간 손에 땀을 쥐는 명승부가 펼쳐졌다. 양·질 모두 기존 챔피언스 투어 대회 수준을 훌쩍 뛰어넘었다는 것이 객관적인 평가다. 챔피언스 투어 흥행에 가능성을 확인한 것이 가장 큰 수확이다.

이영미와 대회 후원사, 운영사가 머리를 맞대고 오랜 시간 고민한 결과였다. 사실 이 대회는 역대 KLPGA 챔피언스 투어 최고 상금(총상금 2억 원)으로 기획됐음에도 흥행 가능성은 높지 않았다. 선수 섭외부터 구체적인 대회 운영까지 진두지휘한 이영미 리더십이 위력을 발휘했다고 볼 수 있다.

구옥희와 비교해도 대조적인 면이 많다. 구옥희는 선구자로서 상징성이 강했다. 하지만 실무 능력은 떨어졌다. 표현력도 부족했다. 소통도 어색해서 주변 사람을 살갑게 챙기지 못했다.

그에 반해 이영미는 낯가림이 심했으나 주변 사람들과 소통하려 노력했다. 상황에 따라서는 애교도 불사하는 반전 매력의 소유자다. 권위의식도 없다. 선후배 간 규율은 엄격하게 지키되 지시나 강요보다 솔선수범으로서 리더십을 발휘했다.

오랜 타지 생활이 그를 성장시켰다. 많은 승수를 쌓으며 돈과 명예를 얻었고, 풍부한 현장 경험으로 투어 운영에도 눈을 떴다. 다음은 이영미가 귀국 후 KLPGA 행정을 맡기 전 내게 들려준 이야기다.

"JLPGA 투어는 경기위원들이 인상적이다. 권위 있는 모습이 잊히지 않는다. 대부분 경험이 많은 선수 출신이다. 실력이 있다. 신뢰도도 높다. 그들의 말은 곧 법칙이다. 우리도 경기위원들 실력을 키워야 한다. 경기위원의 권위는 곧 투어의 권위다."

이영미는 KLPGA 행정을 맡으면서 경기 운영 시스템에 하나둘 손을 댔다. 그러나 아직도 갈 길이 멀어 보인다. 한국 여자골프는 경기력에서 세계 최강이지만 경기위원은 여전히 아쉬운 수준이다. 2019년 10월 경기위원의 오판으로 벙커샷 논란에 휩싸인 김아림 사건만 봐도 KLPGA 투어 경기 운영 수준이 어느 정도인지를 짐작할 수 있다. 경기위원들만의 문제가 아니다. 협회에서 중역을 맡고 있는 이영미도 그에 대한 무거운 책임감을 느껴야 한다.

그는 현역 시절 한국 여자골프 전성시대로 가는 징검다리 역할을 톡톡히 했다. 전성기를 훌쩍 넘긴 2000년대에는 어린 후배들이 일본에 정착할 수 있도록 물심양면으로 도왔다.

강자만이 살아남는 냉철한 승부의 세계에서도 인간미가 넘쳤던 그였다. 경기에만 임하면 독사 같은 눈빛과 칼날처럼 예리한 아이언샷으로 일본 톱 플레이어들의 간담을 서늘하게 했다. 뜨거운 도전 정신과 굳은 신념을 어린 후배들에게 뿌리 깊게 심어줬다. 그 신념은 투혼이라는 이름으로 다시 태어나 한국 선수들의 승리 유전자를 지배하고 있다.

Why?

일본인은 왜 도시락에 집착하나

도시락은 일본인들 생활 속에 깊숙이 녹아 있는 대표적인 식문화다. 일본에선 도시락이라는 뜻의 벤토^{弁当} 앞에 존경이나 공손·친숙함 따위를 나타내는 표현 '오^ぉ'를 붙여서 오벤토^{ぉ弁当}라고 부른른다. 돈(오카네), 술(오사케), 차(오차), 손님(오캬쿠상) 같은 단어가 비슷한 예다. 도시락이 일본인들 일상에서 얼마나 소중한 부분을 차지하는지를 엿볼 수 있다.

프로골프 대회장에서도 도시락은 빠질 수 없다. 대회 운영에 관여하는 대부분의 관계자는 아침과 점심을 도시락으로 해결한다. 대회장이 도심에서 떨어져 있고, 한 번 대회장에 입장하면 외출이 쉽지 않다. 클럽하우스 식당은 선수 이용 편의를 위해 관계자들 출입을 제한한다. 점심시간이라도 업무 특성상 자리를 비울 수 없는 사람이 많다. 코스 안 갤러리 플라자 이용도 사실상 어렵다. 그들에게 도시락은 선택이 아닌 필수다.

대회 기간 내내 선수들을 밀착 취재하는 기자들도 예외는 아니다. 기자실은 클럽하우스 2층이나 클럽하우스 주변에 마련되는데, 아침과 점심을 도시락으로 준비하는 대회가 대부분이다. 클럽하우스 식당에서 선수들과 뒤엉켜 식사를 하는 국내 프로골프 대회장 풍경은 찾아볼 수 없다. 식사 공간도 선수들의 사적 영역으로 보기 때문이다.

만약 선수와 기자가 같은 공간에서 식사를 한다면 어떤 일들이 일어날지 상상해 보라. 의도와 상관없이 서로 마주할 수밖에 없는 불편한 분위기가 연출된다. 서로 친분이 있다고 해도 원치 않는 장소에서 마주치거나 어색하게 인사를 해야 하는 상황이 선수 입장에선 편할 리가 없다. 도시락에는 불편한 속내를 감추지도 드러내지도 못하는 선수들의 미묘한 마음까지도 헤아린 속 깊은 배려가 담겨 있다.

도시락은 기자들에게도 합리적이다. 선수와 선수 가족이 붐비는 점심시간에 큼직한 테이블 하나를 혼자서 차지하거나 점심시간이 훨씬 지난 시간에 혼자서 식사하는 것을 꺼려하는 사람도 있다. 도시락은 시간과 장소에 구애받지 않고 끼니를 해결할 수 있어 취재를 하거나 기사를 작성하는 데도 효율적인 면이 많다.

일본 내 모든 프로골프 대회장에서 도시락이 제공되는 건 아니다. 효고현兵庫県 마스터스골프클럽에서 열리는 노부타 그룹 마스터스GC 레이디스는 기자들이 클럽하우스 식당을 이용하도록 했다. 아침은 뷔페식, 점심은 런치 메뉴를 선택할 수 있다. 하지만 기자들만을 위한 별실이 있어서 선수들과 마주칠 일은 없다.

2세대
코리아 군단의
반란

미완의 골프 천재, **원재숙**

2016년 8월 전남 영광컨트리클럽. 16년 만의 우승컵을 거머쥐고 포효하는 선수가 있었다. KLPGA 챔피언스 오픈(시니어 투어 대회) 6차전에서 우승한 그는 무거운 짐을 내려놓은 듯 깊은 한숨을 내쉬었다.

"챔피언스 투어를 통해 우승이 얼마나 어려운 것인지를 다시 느꼈다."

결코 가볍지 않은 우승 소감이다. 그는 1990년대 JLPGA 투어를 호령한 원재숙이다.

이날 그가 받은 우승상금은 1,080만 원이다. 한때 일본에서 상금왕을 다투던 그가 우승상금 1,080만 원 규모 대회에서 뜨거운 감동에 젖어버린 이유는 무엇일까.

그는 2007년 JLPGA 스텝업 투어를 끝으로 일본 생활을 정리하고 한국으로 돌아왔다. 2008년에는 KLPGA 투어에서 활약했고, 2009년과 2010년에는 드림(2부) 투어에서 뛰었다. 2011년부터는 챔피언스 투어에 출전했지만 우승과는 인연이 없었다.

그랬던 원재숙의 손에 다시 한번 우승 트로피가 들렸다. 머릿속에는 지난 세월이 주마등처럼 스쳐갔다. 화려했던 시절과 힘들었던 기억, 재기를 위해 몸부림치던 시간이 가슴을 뭉글하게 했다. 비록 정규 투어가 아닌 챔피언스 투어였지만 프로골퍼로서 우승 가치와 후원사의 소중함을 뼈저리게 느꼈던 시간이었다.

프로 데뷔 전 원재숙은 세상에 부러울 것도 두려울 것도 없는 엘리트 선수였다. 서울 정신여고 2학년이던 1986년 한국여자아마추어 골프선수권대회를 비롯해 전국의 크고 작은 대회를 휩쓸었다. 한국 여자 아마추어 골프 최강자로 군림했다. 이화여대 2학년을 마친 뒤에는 일본 나고야名古屋 주쿄中京대학 교환학생으로 파견되는 행운을 잡았다. 주쿄대학이 골프부를 창단해 자매결연 교류 중이던 이화여대에서 원재숙을 추천했다. 그때가 1990년이다.

JLPGA 투어 진출 선구자들과 달리 일본에 무혈입성한 원재숙은 그해 열린 각종 아마추어 대회를 석권해 일본 골프계를 뒤집어놓았다. 일본여자아마추어골프선수권대회와 일본학생골프선수권대회를 차례로 제패한 것이다.

1959년 시작된 일본여자아마추어골프선수권대회는 일본 여자 아마추어 일인자를 가리는 최고 권위 여자 아마추어 골프대회다. 핫토리 미치코, 오야마 시호大山志保, 요네야마 미도리米山みどり, 미야자토 아이, 미야자토 미카宮里美香, 가쓰 미나미勝みなみ 같은 당대 최고 선수들이 우승했다. 한국 선수 우승은 원재숙이 유일하다.

일본학생골프선수권대회는 1935년 간토학생골프선수권이라는 이름으로 시작됐다. 1953년 일본골프협회가 주최하면서 일본학생골프선수권대회라는 대회명을 갖게 됐다. 남자부 우승은 도쿄 니혼대학日本

大学에 재학 중이던 마루야마 시게키丸山茂樹가 차지했다.

원재숙은 일본여자아마추어골프선수권대회 우승으로 JLPGA 투어 오픈 대회 출전 자격을 얻었다. 일본여자오픈을 포함해 4개 대회에 출전했다. 상위권에 이름을 올리지는 못했다. 일본 코스와 분위기를 익히는 데 만족했다. 아마추어로서 일본 프로 무대를 밟은 첫 번째 한국인이라는 데 의미가 있었다.

그해 9월 22일 중국 베이징에선 제 11회 아시안게임이 개막했다. 원재숙은 신소라, 염성미, 이종임과 여자골프 한국 대표팀으로 출전해 단체전과 개인전 금메달을 획득했다.

대한골프협회는 아시안게임을 앞두고 국가대표 훈련 일정을 확정한 뒤 선수들을 소집했다. 원재숙은 참가하지 않았다. 일본에서 교환학생 신분이었고, 아마추어 대회와 JLPGA 투어 오픈 대회에 출전하느라 훈련 일정을 맞추지 못했다. 시간을 전혀 내지 못할 만큼 바빴던 건 아니다. 일본 생활이 좋았다. 일종의 반항심도 작용했다. 결국 단 한 차례도 연습을 하지 못한 채 중국 베이징으로 떠났지만 금메달 두 개를 목에 걸고 돌아왔다.

원재숙은 패배를 몰랐다. 한국인을 위에서 아래로 내려다보던 일본인들도 원재숙 앞에선 꼬리를 내렸다. 20대 초반 어린 나이였지만 골프 실력이 출중한 데다 일본어를 잘했다. 불합리한 것을 보면 참지 못하는 불같은 성격이었다. 쉽게 대할 수 있는 상대가 아니었다. '골프는 한국보다 한수 이상 위'라고 자부하던 일본인 자존심에 커다란 흠집을 냈다.

1969년 6월 21일 서울에서 태어난 원재숙은 서울 정신여중 1학년 이던 13살 때 테니스를 하다 골프선수로 전향했다. 아마추어 시절 골프 천재로서 주목받던 그는 일찌감치 해외로 눈을 돌렸다. 일본 주쿄대학 교환학생 파견이 일본 진출 교두보가 됐다.

주쿄대학에 교환학생으로 가기 전까지는 일본에 대해 깊이 알지 못했다. 일본에 갈 생각도 없었다. 처음엔 안 가겠다고 고집을 부렸다. 부모님 설득으로 우여곡절 끝에 가게 됐다. 프로 대회보다 유학 생활 이 하고 싶었다. 그런데 일본 프로 대회를 보고 깜짝 놀랐다. 그의 눈앞 에 펼쳐진 JLPGA 투어 대회장은 신선한 충격이었다. 시설과 운영 시스 템이 믿기 힘들 만큼 훌륭했다. 대학을 졸업하면 미국에 가려던 생각도 버렸다. 더 이상 미국을 꿈꿀 필요가 없었다.

주쿄대학에서 4학년 1학기까지 다닌 원재숙은 1991년 한국으로 돌아와 남은 학기를 이화여대에서 마쳤다.

1992년에는 한국과 일본에서 차례로 프로에 데뷔했다. 한국에선 4개 대회에 출전했다. 우승은 없었지만 한국서산여자오픈 골프선수권 대회 3위, 한주여자오픈 골프선수권대회 공동 2위에 오르며 상금순위 2위를 차지했다. 그해 8월 JLPGA 프로테스트를 1위로 통과해 하반기 출전권을 따냈다. 10월 시가현滋賀県에서 열린 다카라宝 인비테이셔널이 데뷔전이었다. 성적은 공동 12위로 데뷔전치고 나쁘지 않았다. 무엇보 다 일본 코스에 대한 자신감이 있었다.

원재숙은 준비된 신인이었다. 교환학생 신분으로 체류하면서 코 스를 익혔다. 일본어와 문화는 더 이상 적응이 필요 없었다. 본격적인 데뷔 시즌인 1993년에는 32개 대회에 출전해 NEC 가루이자와72 골프 토너먼트 공동 2위, 미쓰코시三越컵 레이디스 오픈 공동 4위, 요넥스 레이디스 오픈 공동 5위 등 톱10에 6차례 진입하며 상금순위 32위, 평균 타수 28위를 차지했다.

　무난한 데뷔 시즌을 보내며 확신을 얻은 원재숙은 1994년 훨훨 날아올랐다. 첫 우승을 포함해 한 시즌 3승을 달성했다. 첫 우승 무대는 군제컵 월드 레이디스 챔피언십이었다. 군제Gunze는 오사카大阪에 본사를 둔 일본 섬유 제품 메이커다.

　이 대회는 한국 여자골프 역사와 깊은 인연이 있다. 구옥희, 강춘자, 안종현이 한국 여자골프 사상 처음으로 국제무대에 모습을 드러낸 월드 레이디스 골프 토너먼트가 전신이다. 2007년까지 살롱파스 월드 레이디스 골프 토너먼트라는 이름으로 열렸고, 이것을 대신해 2008년 메이저대회로 창설된 것이 월드 레이디스 챔피언십 살롱파스컵이다. 매년 5월 초 골든위크(4월 말부터 5월 초까지 공휴일이 몰려 있는 황금연휴 기간)에 열려 많은 갤러리가 대회장을 찾는다.

　1973년 제1회 대회부터 2007년 제35회까지 도쿄요미우리컨트리클럽에서 열렸다. 1964년에 정식 개장한 이 코스는 일본의 골프장 설계 거장 이노우에 세이이치井上誠一가 조성한 도쿄 도심 명문이다. JGTO 골프 일본시리즈와 요미우리국제오픈, 캐나다컵 골프 세계선수권 같은 굵직한 대회를 잇달아 개최하면서 더 유명세를 탔다. 일본 토너먼트 코스 중 마지막 18번홀이 파3로 조성된 유일한 골프장이라는 점이 독특하다.

　원재숙도 그 역사적인 무대에 섰다. 참가 선수 중 유일하게 언더파(1언더파 287타)를 기록하며 우승컵을 거머쥐었다. 캐디는 어릴 적부터 한국에서 알고 지낸 남자 후배가 맡았다. 후배는 어린 나이에 일본으로 유학을 떠나 어느새 대학생 신분이었다. 대회장에서 멀지 않은 곳에 살고 있었고, 마침 골든위크와 맞물려 편안하게 백을 멨다. 원재숙도 모처럼 마음 편하게 플레이를 할 수 있었다. 마음의 안정은 좋은 결과로 나타났다.

2위는 모리구치 유코森口祐子였다. 원재숙과는 3타 차나 났다. 그는 JLPGA 투어 통산 41승으로 영구시드를 획득했지만 단 한 차례도 상금왕에 오르지 못했다. 영구 시드권자 중 유일하게 상금왕에 오르지 못한 선수다.

3주 뒤 사이타마현에서 열린 도토자동차 레이디스 프로골프 토너먼트에서도 우승컵을 거머쥐었다. 상금순위는 1위로 올라섰다. 일본 언론은 투 아이유 이후 처음으로 외국인 상금왕 탄생에 주목하기 시작했다.

원재숙은 9월 미야기TV컵 여자오픈 골프 토너먼트에서 다시 한번 정상에 올라 역시 시즌 3승을 거둔 시오타니 이쿠요와 뜨거운 상금왕 경쟁을 펼쳤다. 세 차례의 우승 외에도 지요다 레이디스 골프 토너먼트, 겐쇼엔健勝苑 레이디스·도고道後, 미쓰비시전기 레이디스 골프 토너먼트에서 모두 3위를 마크했다. 눈부신 활약이었다.

그러나 예상치 못한 일이 일어났다. 1993년 상금왕 히라세 마유미가 8월 이후에만 4승을 챙기며 2년 연속 상금왕을 확정지었다. 시즌 종반 들어 샷 감을 잃어버린 원재숙은 상금순위 3위에 만족했다. 경기

흐름을 완전히 잃어버린 상황에서 상금왕을 지나치게 의식한 결과였다. 시즌 막판 열린 도레이東レ 재팬퀸스컵(토토재팬 클래식 전신)에서는 스코어 오기로 실격을 당하는 어처구니없는 상황까지 벌어졌다. 한국인 첫 상금왕 도전은 힘없이 멈춰서고 말았다.

원재숙의 맹활약은 JLPGA 투어 한국 선수들의 승부욕에 불을 지폈다. 한 시즌 3승은 구옥희(1985년)에 이어 한국인 두 번째였다. JLPGA 투어 사상 한 시즌 가장 많은 우승을 차지한 선수는 후도 유리不動裕理다. 2003년에 10승이나 했다.

원재숙은 JLPGA 투어 통산 6승을 달성했다. 그가 단기간에 일본 무대에서 엄청난 활약을 펼칠 수 있었던 비결은 크게 세 가지로 요약할 수 있다.

첫 번째는 절묘한 아이언샷이다. 160cm로 작은 신장이었지만 볼 콘택트 능력은 투어 최강 수준이었다. 특히 아이언샷을 잘 쳤다. 감이 좋을 땐 핀 2~3m 지점에 떨어트린 뒤 퍼트로 마무리하며 버디를 쓸어 담았다.

어릴 적부터 볼을 다루는 솜씨가 빼어났다. 골프뿐만 아니라 공으로 하는 운동은 전부 잘했다. 집중력도 좋았다. 많은 시간을 연습에 할애할 필요가 없었다. 짧은 시간에 집중해서 연습을 했다. 컨디션이 좋지 않을 땐 아예 골프채를 놓고 휴식을 취하거나 다른 일을 했다. 컨디션이 좋지 않은데도 무리해서 운동을 하면 오히려 스윙이 망가진다고 생각했다. 매일 장시간 훈련하면서 스트레스를 받을 일도 없었다. 골프가 아닌 다른 운동을 할 때도 많았다. 주변에선 그런 행동을 특이

하게 보기도 했다.

두 번째는 익숙한 환경이다. 교환학생 신분이던 1990년에는 많은 일본 선수와 교분을 쌓았다. 그 덕에 JLPGA 투어 데뷔 첫해는 신인이라도 환경이 낯설지 않았다. 아마추어 시절 함께 운동했던 친구들이 하나둘 프로로 전향해 이방인 같지 않은 투어 생활을 할 수 있었다.

골프 실력만큼이나 일본어도 잘해서 선수 시절 TV 골프 해설위원을 맡기도 했다. 한국인이 일본에서 TV 골프 해설위원으로서 마이크를 잡은 건 원재숙이 처음이다. 외국인이지만 몇 안 되는 대학 졸업 톱랭커였던 만큼 일본에서도 해설위원으로서 적임자라고 평가했다.

마지막 세 번째는 담력이다. 어려운 코스나 압박감이 최고치에 달하는 최종 라운드에서 더 빛나는 경기를 할 만큼 담력이 좋았다. 1996년 효고현 재팬메모리얼골프클럽에서 열린 We Love KOBE 산토리 레이디스 오픈 골프 토너먼트에선 나흘간 합계 13언더파(275타)를 쳐 톱랭커 하라타 가오리原田香里를 5타 차 2위로 밀어냈다. 이 대회 한국인 첫 우승이었다. 대회 3라운드에서는 8언더파(노보기)를 몰아치는 저력을 보였다. 275타는 JLPGA 투어 4라운드(72홀) 최소타 타이기록이었다. 챔피언 조에서 맞붙은 하라타 가오리는 통산 7승으로 일본을 대표하는 선수였으나 원재숙은 개의치 않았다.

산토리 레이디스 오픈 골프 토너먼트는 메이저 버금가는 특급 대회다. 당시 이 대회는 1995년 1월 17일 발생한 한신 · 아와지阪神淡路 대지진으로 인해 2년 만에 열렸다. 한신 · 아와지 대지진은 6,400여 명이 사망하고 1,400억 달러의 경제적 손실을 입힌 초대형 재난이다.

1990년부터 이 대회를 개최(1991년 제외)한 아리마有馬로열골프클럽은 코스가 갈라지고 축대가 무너지는 피해를 입었다. 영업에는 지장이 없었다. 하지만 막대한 피해를 입은 지역민 앞에서 정상 영업은 할수 없다고 판단했다. 영업을 일시 중단하고 지역민에게 전면 개방해 저렴한 식사를 제공했다.

재팬메모리얼골프클럽은 아리마로열골프클럽을 대신해 2년간이 대회를 맡았다. 1997년부터는 보수 공사를 마친 아리마로열골프클럽에서 다시 열렸다.

2000년 골프5 레이디스 프로골프 토너먼트에서는 JLPGA 투어 마지막 우승을 장식했다. 첫 우승과 더불어 가장 드라마틱한 우승이었다. 2라운드까지 5언더파를 쳐 선두에 한 타 차 공동 2위를 마크한 원재숙은 마지막 날 이븐파를 기록하며 우승 트로피 주인이 됐다. 15번홀(파3)에서 나온 거짓말 같은 홀인원이 결정적이었다.

마지막까지 우승을 다투던 후쿠시마 아키코福嶋晃子는 17번홀(파4)에서 트리플보기를 범해 한꺼번에 3타를 까먹었다. 그래도 결과는 알수 없었다. 원재숙도 흐름이 좋지 않았다. 홀인원 이후 남은 3홀에서 전부 보기를 쳤다. 만약 한 홀이 더 남아 있었다면 어땠을까. 경기 후 인터뷰에서 '어떻게 이겼는지 모르겠다'고 할 만큼 얼떨떨한 상황에서 우승이 확정됐다. 원재숙이 이길 운수였다.

1997년 5월 카토키치 퀸스 골프 토너먼트 우승 이후 3년 이상의 긴 공백을 깨고 달성한 우승이었다. 1998년엔 상금순위 50위로 간신히 시드를 지켰고, 1999년에도 33위에 머무를 만큼 골프 인생 내리막길을 걷던 그였다. 여러 정황을 보아도 동시대 함께 뛰었던 선수들보다 뛰어난 승부 근성과 담력의 소유자라는 걸 느낄 수 있다.

이 대회를 끝으로 더 이상 우승과 인연이 닿지 않았다. 특기였던 쇼트게임과 퍼트가 흔들렸다. 성적은 곤두박질쳤다. 너저분한 스코어 카드를 볼 때마다 좌절감이 밀려들었다. 아마추어 시절부터 슬럼프라는 것을 몰랐던 원재숙으로선 극복하기 힘든 난관이었다. 지나친 자신감과 자만심이 부른 결과였는지도 모른다. 언제든 마음만 먹으면 우승할 수 있다는 자신감이 있어서 성적에 상관없이 즐긴다는 생각으로 경기에 임했다. 성적이 따라주지 않으면서 초조한 마음에 연습량을 늘렸다. 늘어난 연습량은 오히려 스윙을 망가트리는 결과를 가져왔다.

이듬해인 2001년엔 성적 부진으로 시드를 잃었다. 2002년부터는 정규 투어와 스텝업 투어를 오르내리며 재기를 노렸지만 떨어진 경기력은 회복되지 않았다.

지금부터는 인간 원재숙을 분석해보겠다. 일본 아이치현 오부시 大府市에 살았다. 주쿄대학이 있는 나고야 남쪽 위성도시다. 집 가까운 곳에는 큼직한 골프연습장이 있었다. 그곳에서 운동을 했다. 장학생 대우를 받아 모든 비용은 주쿄대학에서 부담했다. 처음엔 학교에서 기숙사 생활을 하려 했으나 민박집 주인 부부와 인연이 닿아 홈스테이를 하게 됐다. 일본 생활에 빠르게 적응할 수 있었던 원동력이다.

민박집 주인 부부는 원재숙이 운동하던 골프연습장 운영자이기도 했다. 두 사람은 원재숙을 가족처럼 대했다. 주인 부부 사이엔 원재숙 또래 딸이 있었다. 미국 유학을 마치고 돌아와 영어를 잘했다. 그와 서툰 영어로라도 대화할 수 있어서 다행이었다. 유용한 정보를 얻었다. 일본어를 익히는 데도 큰 도움이 됐다.

JLPGA 투어에서 1년을 뛴 뒤에는 도쿄에서 살았다. 상당수 대회가 간토 지방에서 열려 교통 불편을 느꼈다. 나고야에서 도쿄까지 자동차로 운전해서 가면 4시간 정도가 걸린다. 항공편도 많지 않았던 시절이어서 나고야에 있을 이유가 없다고 판단했다. 결단력이 빠르고 주저 없이 실행에 옮기는 성격이란 걸 엿볼 수 있다.

대회장에선 몇몇 골수팬이 원재숙을 열렬히 응원했다. 대회 당일뿐만 아니라 프로암이나 연습 라운드 때도 대회장에 찾아와 응원을 하는 팬이 있었다. 연습장에서 샷 연습을 할 때는 "원짱!"이라며 목청껏 소리를 지르거나 "이번 주는 우승이야!"라며 힘을 불어넣기도 했다.

다음 글을 읽어보면 원재숙의 성격이나 팬들을 대하는 태도가 어땠는지 알 수 있다.

"한참 잘 쳤을 때로 기억한다. 교포인지 일본에 오래 산 한국인인지는 잘 모르겠는데, 대회장에 자주 온 팬이 있었다. 복장이 아주 독특해서 특별히 기억을 한다. 그땐 팬 관리나 서비스 같은 걸 전혀 할 줄 몰랐다. 대회장에서 내 이름을 크게 부르면 부끄럽다는 생각이 앞섰다. 한번은 저녁 식사 초대를 받은 일이 있었다. 한국 선수를 전부 데리고 오라고 했는데 사양했다. 선배들은 그런 걸 잘했지만 나는 그러지 못했다."

선수와 팬 사이에 놓인 장벽이 높지 않은 시절이라 해도 저녁 식사까지 초대할 정도면 평범한 팬은 아니었던 것 같다. 흔히 있는 일은 아니다.

원재숙이 맹위를 떨친 1990년대 중반만 해도 한국 선수는 많지 않았다. 1세대 구옥희, 김만수, 김애숙, 이영미, 김정수, 2세대 원재숙, 신소라, 고우순, 이오순 정도였다. 분위기는 좋았다. 대회를 마치고 1박 2일 여행을 떠난 적도 있다. 도쿄 메구로目黒에서 재일교포가 운영하던 한 야키니쿠焼肉(일본인이 즐겨 먹는 한국식 고기구이의 총칭) 전문점은 한국 선수 단합대회장이라 할 만큼 자주 모여 회포를 푼 곳이다. 원재숙도 그런 분위기가 좋았다.

　　가끔씩 크고 작은 충돌도 있었다. 스윙이나 연습 방법, 라이프 스타일에 미묘한 세대 차이 같은 게 있었다. 원재숙은 선배들 앞에서도 싫은 감정을 감추지 않았다. 올차고 다부졌다. 그의 공격적인 화법은 선배 선수들마저 움쭉하게 했다.

　　음식은 스키야키(고기와 채소 따위를 넣고 자작하게 끓인 일본식 전골요리)와 샤브샤브를 좋아했다. 한국에선 맛보기 힘든 요리여서 신기하기도 했다. 생선회는 일본에 가기 전까지 전혀 먹지 못했다. 벳푸를 방문했을 때 복어 회를 먹고 회 맛을 처음 알게 됐다. 벳푸는 규슈九州 오이타현을 대표하는 온천도시다. 복요리도 유명하다. 다양한 복요리를 맛볼 수 있다. 그중 회는 복어껍질과 파를 싸서 먹는 것이 특징이다.

　　일본 문화가 그의 성격과 잘 맞았던 건 아니다. 처음엔 잘 맞는다고 생각했다. 알면 알수록 답답한 것이 많았다. 일본어는 공부를 할수록 어려웠다. 일본 생활에도 권태기가 왔다.

　　1994년 3승을 달성한 뒤에는 미국 진출 계획을 다시 꺼내들었다. 그 선택이 눈물의 씨앗이었다.

그의 스윙 코치는 비디오였다. 스윙 동작을 비디오카메라로 찍어 분석하면서 이상적인 스윙을 만들었다. 그런 상황에서 미국 진출을 꿈꿨다. LPGA 투어 경험이 있는 일본 선수들과 함께 운동하며 필요한 정보를 얻었다. 일정도 방법도 무리였다. 체력 저하로 육체·정신적 피로가 쌓이면서 슬럼프가 찾아왔다. 결국 LPGA 투어 QT 파이널 라운드에서 고배를 마셨다.

2000년에는 교통사고까지 당했다. 그는 프로 데뷔 전부터 일본에서 혼자 운전을 하며 다닐 만큼 용감했다. 매니저도 내비게이션도 없던 시절이지만 일본어를 빨리 익혔고 모르는 길도 물어물어 잘 찾아다녔다.

스윙 감을 찾지 못해 힘들어하던 어느 날이었다. 새벽에 대회장을 찾아가다 빗길에 미끄러져 큰 사고를 당했다. 차는 형체를 알아보지 못할 만큼 심하게 찌그러졌다. 원재숙은 무사했다. 골절도 없었다. 불행 중 다행이었다. 한 달 정도 휴식을 취하니 안정을 찾을 수 있었다. 하지만 이전 스윙 감각은 되돌아오지 않았다. 몸의 밸런스는 완전히 무너져 있었다.

원재숙은 2세대 원조다. 1세대 선수들과는 출발점부터 달랐다. 아마추어 시절 엘리트 코스만 밟고 성장한 덕에 1세대 선수들의 고단한 과정도 겪지 않았다. 그러나 20대 초반 어린 나이에 매니지먼트, 스윙 코치, 트레이너, 후원사, 가족도 없는 타지에서 홀로서기를 한 점은 1세대 선수들과 크게 다르지 않았다.

그는 전형적인 천재형 골퍼였다. 많은 시간을 연습에 할애하지 않아도 몸이 알아서 반응할 만큼 스윙에 대한 센스가 좋았다. 믿기지 않는 말이지만 한때 '골프가 세상에서 가장 쉬웠다'고 했다. 지나친 자신감이 자만심을 불러왔다. 자만심은 곧 성적 부진과 슬럼프로 이어졌다. 패배를 몰랐던 그였기에 슬럼프 수렁은 더 깊게 느껴졌다.

화려했던 원재숙의 골프 인생에는 영광과 상처가 뚜렷하다. 원재숙이 프로 데뷔 전 국내 체육계는 주먹구구식 스포츠 행정에 우격다짐 코칭 시스템이 만연했다. 정치 신념을 내세운 국가 지상주의와 정신력만을 강요해 군사 훈련을 방불케 하는 체력 단련, 운동에 모든 것을 걸고 주변 요소는 대부분 포기해버리는 성과 지상주의가 엘리트 체육을 지배했다.[1] 스포츠 공화국이라는 비난 속에서도 선수들의 경기력은 믿을 수 없을 만큼 빛나는 성과를 냈다. 원재숙 역시 주니어 시절부터 두각을 나타내며 국제무대를 휩쓸었다.

화려했다. 골프를 쉽게 했다. 하지만 그게 다는 아니었다. 1세대 선수들의 겸손과 끈기는 부족했다. 엘리트 체육이 지닌 야누스의 얼굴이다. 어릴 적부터 탄탄대로만을 달려온 엘리트 선수는 슬럼프에 취약한 특성이 있다. 단 한 번의 슬럼프에 맥없이 포기해버리는 선수도 여럿 봤다. 늘 혼자서 문제를 해결해왔던 원재숙은 더 지독한 슬럼프에 시달렸다. 슬럼프는 혼자서 해결하는 것보다 가급적 주위의 많은 사람에게 도움을 받는 것이 좋다. 공교롭게도 원재숙 주위엔 아무도 없었다. 친구는 많았지만 슬럼프를 드러내놓고 이야기할 만한 사람은 없었다.

JLPGA 투어 데뷔 첫해에는 일본 기업 후원 제안을 거절한 일도 있다. 나고야에 본사를 둔 주쿄TV는 1992년 원재숙이 프로테스트를 1

위로 통과하자 메인 후원사 계약을 제안했다. 주쿄TV는 나고야에 살면서 주쿄대학을 다닌 원재숙을 지역 출신 선수로서 후원하고 싶다는 뜻을 전했다. 원재숙은 거절했다.

반항심이 많고 야생마 같았던 그는 돈 몇 푼 때문에 후원사에 구속되고 싶지 않았다. 실력이 있는 만큼 대회에 나가면 상금은 얼마든지 벌 수 있다고 생각했다. 일본 생활에서 받은 첫 번째이자 마지막 후원 제안이었다. 결코 흔치 않은 기회였으나 그것이 프로골퍼로서 신념을 지키는 일이라고 생각했다. 그는 일본에서 선수 생활을 마칠 때까지 어떤 일본 기업에게도 후원을 받지 않았다.

기업의 후원 제안 거부는 선수의 고유 권한이다. 반드시 잘못됐다고 단정할 수는 없다. 그러나 당시 원재숙은 자신의 신념만 앞세운 채 기업과 미디어, 골프 팬에게도 가까이 다가갈 생각이 없었던 것이 아닌지 의심케 한다.

원재숙은 자신의 어긋난 신념을 뒤늦게 깨달았다. 다음은 2019년 5월 인터뷰에서 그가 한 말이다.

"솔직히 말하면 후회를 했다. 지금도 후회하고 있다. 그땐 돈 버는 걸 쉽게 생각했다. 잘될 때는 몰랐는데 슬럼프가 오면서 많이 힘들었다. 의지할 사람도 없어서 많은 생각을 했던 시기다."

2000년 7월 골프5 레이디스 프로골프 토너먼트에서 마지막 우승 후 다음 우승까지 16년을 기다렸다. 우승상금 1,080만 원의 가치를 알기까지 걸린 시간이기도 했다. 오직 실력만으로 일본 열도를 뒤집어놓은 미완의 골프 천재다.

'1990년대 이보미' 신소라

일본 아이치현 도요타시豊田市에 짙은 어둠이 내려앉았다. 유난히도 고요한 밤이다. 주쿄골프클럽 이시노石野코스가 자리한 시골 마을 호유초芳友町는 고요함을 넘어 적막감마저 감돌았다. 쓸쓸한 초여름 밤을 밝히던 인근 호텔의 은은한 불빛도 하나둘 꺼져갔다. 늦은 밤까지 은은한 불빛을 잃지 않고 도요타시의 적막한 어둠을 밝히던 객실도 있다. 팅팅 부은 무릎을 움켜잡고 눈물을 흘리던 한 여인의 방이다. 여인은 1990년대 일본 열도를 매료시킨 미녀 골퍼 신소라다.

2002년 5월 마지막 주말의 일이다. JLPGA 투어 시즌 7번째 대회 주쿄TV·브리지스톤 레이디스 오픈 2라운드를 마친 신소라는 쉽게 잠자리에 들지 못했다. 밤이 깊어질수록 무릎 통증은 심해졌다. 험악하게 부어오른 무릎을 보면서 눈물을 훔친 지도 1시간이 훌쩍 지나버렸다. 최종 3라운드만을 남겨놓은 시점에서 선두 오야마 시호에 4타 차 공동 5위였다. 시즌 내내 부진했던 터라 간절함은 더했다.

"하루만 견딜 수 있게 해주세요."

나지막한 기도엔 절실함이 흘러넘쳤다. 기도의 힘이었을까. 아픈 무릎을 애처로이 바라보며 흘렸던 서글픈 눈물은 다음 날 환희의 눈물로서 신소라의 볼을 타고 흘러내렸다.

간절한 바람은 선물처럼 눈앞에 펼쳐졌다. 마지막 날 데일리 베스트(5언더파)를 기록하며 역전 우승을 이루고야 말았다. JLPGA 투어 개인 통산 두 번째 우승이자 마지막 우승이었다.

신소라는 1999년 1월 미국 전지훈련 기간 중 발생한 카트 사고로 오른 무릎을 심하게 다쳤다. 이 사고로 두 달간 목발생활을 했다. 그해 개막전에는 출전하지도 못했다. 시즌 두 번째 대회 사이슌칸 레이디스부터는 3개 대회 연속 예선 탈락했다. 부상 후유증은 오랫동안 신소라를 괴롭혔다. 모처럼 우승 기회를 잡은 2002년 주쿄TV · 브리지스톤 레이디스 오픈에서는 부상 후유증으로 걷기조차 힘든 상황이었다.

대회 최종 라운드에선 신소라의 플레이 모습이 오랜 만에 TV 화면에 비쳐졌다. 그때를 기억하는 일본 골프 팬들은 이구동성으로 '신소라의 우승은 생각지도 못했다'고 했다. 긴 슬럼프를 겪으면서 다년간 우승과 인연을 맺지 못했고, 최종 라운드에서 힘없이 무너진 일이 많았다는 이유에서다.

신소라의 마지막 날 플레이를 현장에서 지켜보며 가슴을 졸이던 선수도 있었다. 구옥희다. 2라운드에서 한 타가 모자라 예선 탈락했지만 애제자 신소라를 응원하기 위해 먼발치에서 숨죽여 경기를 바라봤다.

구옥희는 체력이 약한 신소라를 늘 걱정했다. 온전한 몸이 아니란 것도 알고 있었지만 늘 차갑고 모질게 대했기에 마음이 더 쓰였다. 신소라는 자신의 플레이를 지켜보던 구옥희를 발견하고 더 힘을 냈다.

"이제 다 왔다. 힘내라."

구옥희의 짧고 강렬한 한마디 응원이 감동으로 밀려왔다. 구옥희의 따뜻한 기운을 받은 신소라는 버디 7개를 쏟아내는 동안 보기는 2개로 막아내 1996년 도토자동차 레이디스 프로골프 토너먼트 이후 꼭 6년 만의 우승을 달성했다. 오른 무릎 통증이 재발하면서 연습조차 할 수 없는 상황이었으나 오직 정신력만으로 우승을 만들어냈다.[1]

신소라는 1972년 12월 21일 서울 연희동에서 태어났다. 상도여중 1학년이던 1985년에 골프를 시작해 2년 만인 1987년 국가대표 상비군이 됐다. 1989년부터 3년간은 국가대표로 활약하며 각종 아마추어 대회를 휩쓸었다.

신소라의 가족은 모두 골프를 좋아했다. 신소라도 자연스럽게 골프를 접했다. 처음엔 취미로 즐겼다. 그러다 골프의 매력에 빠져들었다. 어느 날 부모님께 선수가 되겠다고 말씀드렸다. 그날 밤 신소라의 집은 뒤집어졌다.

부모님의 강한 반대에도 불구하고 선수 생활을 시작했다. 그때부터 거침없는 우승 행진이 이어졌다. 1987년과 1988년 한국 주니어 골프 선수권대회를 연속으로 제패했고, 세화여고 3학년 땐 한국여자오픈과 서울여자오픈, 아시아골프서키트 말레이시아 여자오픈에서 아마추어 우승을 거머쥐었다. 같은 해 가을에는 원재숙, 염성미, 이종임과 베이징 아시안게임에 출전해 여자골프 단체전 금메달을 합작했다. 단국대학교 일어일문학과 1학년에 재학 중이던 1991년에는 신한동해오픈 골프선수권대회(아마추어)와 아시아 태평양 아마추어 국가대항전 퀸시리 키트컵(단체전), 아시아 태평양 주니어 골프선수권대회(개인전), 라일앤

스코트 여자오픈골프선수권대회에서 모두 우승해 KLPGA 우수선수상까지 수상했다.

프로골퍼의 꿈을 키운 건 1988년 구옥희의 LPGA 투어 우승 소식을 접한 뒤다. 그 전에는 프로골프 투어라는 게 있는지도 몰랐다.

1992년 9월에는 JLPGA 프로테스트에 합격했다. 미국 유학을 놓고 고민하다 도요야마 마사오의 제안으로 일본에 건너갔다.

대한골프협회는 1989년 국가대표팀을 출범했는데, 원재숙, 신소라, 권오연, 염성미, 이종임, 조마리가 1기로 선발됐다. 결국 국가의 지원을 받으며 체계적으로 훈련한 엘리트 선수가 해외 무대로 진출한 건 신소라와 원재숙이 처음이었다. 프로테스트도 원재숙이 1위, 신소라가 2위로 통과해 일본 골프계에 비상한 관심을 불러 모았다. 미국에서 한국 여자골프 황금시대를 연 박세리와 김미현도 두 선수의 일본 진출을 보면서 프로골퍼 꿈을 키웠다. 김미현은 신체 조건과 플레이 스타일이 비슷한 신소라를 롤 모델로 삼을 정도였으니 둘의 해외 진출이 한국 여자골프 역사에 또 다른 이정표를 남겼다 해도 과언이 아니다.

신소라는 도요야마 마사오 소개로 히구치 히사코의 남편 오쓰카 가쓰시大塚克史가 경영하는 오피스 차코Office Chako라는 회사에 들어갔다. 그곳에서 매니지먼트를 받게 됐다. 차코는 히구치 히사코의 애칭이다. 사실상 히구치 히사코가 신소라 에이전시였다.

그는 신소라를 딸처럼 대했다. 신소라는 신인 시절 히구치 히사코의 도쿄와 지바(세컨드하우스) 집에서 숙식을 해결하며 투어 생활을 했다. 그러다보니 히구치 히사코가 신소라의 후견인인 것처럼 비쳐지기도 했다. 언론과 기업으로부터 더 많은 관심을 받게 됐다.

데뷔전은 1992년 10월 도치기현 가라스야마조鳥山城컨트리클럽에서 열린 가라스야마조&고모쿠 클래식이었다. 이틀간 13오버파(157타)를 쳐 예선 탈락했다. 아마추어 무대에서 펄펄 날던 그였지만 프로 대회 코스는 달랐다. 가라스야마조컨트리클럽은 1973년 문을 연 27홀 코스로 이노우에 세이이치의 또 다른 걸작이다. 2012년 일본프로골프선수권대회, 2016년 일본여자오픈이 이곳에서 열렸다.

신소라가 맥없이 예선 탈락한 진짜 이유는 따로 있었다. 가방을 잃어버려서다. 한국에서 짐을 싸들고 일본에 도착한 그는 클럽하우스에 큰 가방을 놓고 1라운드 경기를 했는데, 돌아와 보니 가방이 없었다. 가방 안에는 일본에서 몇 년을 생활하고도 남을 큰돈이 들어 있었다. 가방이 없어진 것보다 돈을 잃어버린 사실이 더 충격이었다. 닭똥 같은 눈물이 흘러내렸다.

히구치 히사코는 '하루만 더 기다려보자'며 신소라를 안정시켰다. 다행히도 다음 날 누군가가 가방을 잘못 들고 갔다며 골프장 클럽하우스에 반납하고 돌아갔다. 가방 안엔 짐은 물론이고 돈도 그대로였다. 해프닝으로 끝났지만 신소라에겐 지옥 같았던 데뷔전으로 기억될 만하다.

정식으로 투어에 뛰어든 1993년에는 냉탕과 온탕을 오가는 경기를 펼쳤다. 그 속에서 가능성을 인정받았다. 나스오가와那須小川 레이디스 프로골프 토너먼트에서 공동 8위에 올랐고, 도토자동차 레이디스 프로골프 토너먼트 공동 6위, 고세도 아넷사 골프컵에선 공동 7위를 차지했다.

　이듬해인 1994년에는 함께 데뷔한 원재숙의 첫 우승이 성장 촉진 제가 됐다. 3라운드까지 원재숙에 한 타 앞선 단독 선두였으나 마지막 날 줄 보기를 범해 공동 19위까지 밀려났다. 뒷심 부족과 멘탈의 허점을 정나라하게 드러낸 대회였다. 이후에도 미쓰코시컵 레이디스 오픈 공동 4위, 후지쓰 레이디스에선 마지막까지 우승 경쟁을 펼치다 선두에 한 타 차 준우승해 뒷심 부족이라는 치명적 단점을 극복하지 못했다.

　첫 우승 무대는 1996년 5월 사이타마현 도토한노東都飯能컨트리클럽에서 열린 도토자동차 레이디스 프로골프 토너먼트였다. 선두에 4타 차 공동 10위로 마지막 날 경기를 시작한 신소라는 후반에만 5타를 줄이는 집중력을 발휘하며 짜릿한 역전승을 만들어냈다. 한국과 일본을 통틀어 프로 무대에서 거둔 첫 번째 우승이었다. 준우승은 오카모토 아야코였다.

　그가 달성한 두 차례의 우승은 기계로 찍어낸 듯 닮은 점이 많다. 5월 마지막 주 일요일에 열린 최종 라운드에서 5언더파(67타)를 친 4타 차 역전 우승이었다. 마지막 18번홀(파4)에서 버디를 잡고 2위를 한 타 차로 따돌렸다는 점까지 똑같다. 대회장만 달랐을 뿐이지 거짓말처럼 똑같은 상황이 연출됐다.

　신소라는 2006년까지 일본에서 활동했지만 더 이상 우승과 인연을 맺지 못했다. 2005년부터는 스텝업 투어를 병행하며 재기를 노렸으나 체력의 한계를 극복하지 못했다. 2006년 12월에는 갑작스러운 결혼 발표로 세상을 떠들썩하게 했다. 체력 한계를 극복해야 하는 극한 상황에서 평범한 여자가 되고 싶은 욕망이 더 강하게 작용한 듯하다.

신소라는 정확한 샷으로 정평이 있었다. 신장 162cm에 몸무게 50kg의 작은 몸으로 통산 2승을 올릴 수 있었던 비결이다. 스윙도 비거리보다 정확성에 초점을 맞춰 왼발에 체중을 실었다.

한때 마루야마 시게키를 지도한 나이토 유지内藤雄士는 신소라 스윙에 대해 "인사이드아웃 스윙궤도를 그리는 드로우 히터의 전형"이라면서 "균형 잡힌 스트롱 그립과 축 늘어트린 오른쪽 어깨에서 드로우 샷을 치기 좋은 자세란 걸 느낄 수 있다"[2]고 분석했다.

그는 또 신소라의 정확도 높은 샷과 유연성에 상관관계가 있다고 했다. 다운스윙에서 가슴을 펴고 그립 끝을 오른쪽 허리 아래까지 끌고 내려가는 모습과 임팩트 직전까지 오른팔을 굽혔다가 힘껏 펴주는 동작이 신소라 특유의 유연성에서 나온다는 것[3]이다.

신소라의 샷 감이 가장 빛난 시즌은 첫 우승한 1996년이다. 그린 적중률 21위, 파세이브율 23위로 상금순위 21위를 차지하며 2,822만 517엔(약 2억 8,000만 원)의 상금을 벌었다. 같은 해 KLPGA 투어 상금왕 박세리의 시즌 상금 2억 4,268만 9,090원보다 많은 금액이었다. 같은 21위(2,645만 원)와는 10배 이상 차이가 났다. 그래도 1980년대 중반과 비교하면 KLPGA 투어는 빠른 속도로 변해가고 있었다.

JLPGA 투어는 그해 36개 대회를 치렀다. 한국 선수들은 6승을 합작했고, 대만은 3승에 머물렀다. 잉글랜드는 2승, 뉴질랜드는 1승을 챙겼다. 대만은 구옥희가 데뷔한 1984년 14승(메이저 1승)을 차지할 만큼 막강했지만 1990년대 들어 분위기가 바뀌었다. 원재숙, 신소라 같은 유망주가 일본 무대에 데뷔하면서 일본과 대만의 양강 구도였던 아시아 골프 판도가 뒤집어졌다. 대만은 투 아이유 이후 스타가 나오지 않았다. 2000년대 중반 청야니曾雅妮가 등장하면서 술렁였으나 그도 오래 가진 못했다.

신소라의 첫 우승은 잃어버린 자존감을 찾아줬다. '이제 겨우 몸값을 했다'는 비아냥거림도 들려왔다. 많은 스포트라이트 속에서 여러 기업에게 후원을 받았으나 성적이 따라주지 않았기 때문이다.

체력이 문제였다. 가녀린 몸과 약한 체력은 연중 40개 가까운 대회를 소화해야 하는 프로 무대에서 큰 결점이었다. 잦은 부상과 슬럼프도 그를 괴롭혔다. 선천적으로 심장이 약해서 스트레스에 잘 견디지 못했다. 성격도 민감했다. 잠자리가 바뀌면 숙면을 취하지 못해 피로가 쌓이는 일이 많았다. 감정이 풍부하고 눈물도 많아서 멘탈 게임에서 재미를 보지 못했다.

오름세도 그리 오래 가지 않았다. 이듬해인 1997년부터 극심한 슬럼프에 빠져들었다. 한 시즌에 12차례나 예선 탈락을 당했다. 장기였던 고감도 샷도 말을 듣지 않았다. 상금순위는 61위까지 추락했다. 시드마저 잃었다.

그런 상황에서 신소라의 손을 잡아준 사람이 대선배 구옥희였다. 신소라는 그해 12월부터 구옥희로부터 레슨을 받으며 스윙을 고쳤다. 이듬해 미국으로 전지훈련을 다녀오면서 스윙 감각이 돌아왔다.[4]

1998년은 21개 대회 밖에 출전하지 못했지만 스윙 교정 효과를 톡톡히 봤다. 던롭 레이디스 오픈에서 공동 7위에 올랐고, 이어 열린 일본여자오픈에서는 3위를 차지하며 슬럼프 수렁에서 벗어났다. 상금순위는 38위까지 올려놓았다. 시드도 되찾았다.

구옥희는 평소 신소라에게 "모든 부진 원인은 연습을 게을리 했기 때문"이라고 지적했다. "프로골퍼인 이상 아픈 것도 핑계"라고 했다. 경기를 망쳐 침울해 있을 때면 "네 손모가지로 친 것 아니냐"며 강하게 꾸짖었다.

구옥희는 신소라의 아버지 신긍선을 오빠라고 부를 만큼 가까운 사이였다. 신소라가 일본에 데뷔하기 전부터 스스럼없이 크고 작은 도움을 주고받았다. 그렇다고 처음부터 신소라에게 마음을 열어준 건 아니다. 신소라가 구옥희에게 스윙을 배우고 싶다고 했을 땐 "네가 골프를 알아?"라며 매몰차게 거절했다고 한다.

구옥희를 스승으로 모신 뒤에도 어려움이 많았다. 스윙뿐만 아니라 트레이닝까지 지도를 받았는데, 오리걸음 같은 얼차려를 연상케 하는 훈련도 자주했다. 신소라의 체력이나 신체 리듬을 전혀 고려하지 않은 일방적인 훈련법이었다.

구옥희의 지도력 자체를 의심한 건 아니다. 체계성 없는 우격다짐으로 보일 수도 있으나 1만 시간의 법칙을 누구보다 많이 경험한 선수였다. 하루 3시간씩 10년, 또는 하루 6시간씩 5년을 연습해야 어느 분야든 생각한 대로 몸이 움직이는 경지에 이를 수 있다[5]는 진리를 통산 23승으로 증명해보였다.

구옥희와 같은 집에서 살기도 했다. 구옥희 메인 후원사이자 신소라의 서브 후원사였던 L&G(건강 관련 제품을 판매하던 일본 유통회사)가

사택을 제공해 함께 있었다. 도쿄 와세다早稻田대학 인근 고급 맨션이었다. 월세가 40만 엔이나 했다. 구옥희와는 방을 따로 썼지만 불편이 이만저만이 아니었다.

구옥희는 평소 TV를 전혀 보지 않았다. 쉬는 날도, 쉬는 시간도 없었다. 그는 "남들 쉴 때 다 쉬고 남들과 똑같이 하면 어떻게 남들보다 잘할 수 있냐"며 자신의 라이프 스타일을 강요해 정신 피로가 쌓였다. 2년 정도 함께 생활하다 구옥희가 인근 다른 사택으로 옮기면서 따로 살게 됐다.

구옥희는 신소라를 똑순이라고 불렀다. 신소라가 은퇴 후 방송 활동을 하던 2012년 겨울 신소라의 집에 찾아간 일이 있다. 지병을 앓던 신소라의 아버지에게 "빨리 건강 회복하세요"라는 말을 한 뒤 신소라와 식사를 같이 했다.

"우리 똑순이 맛있는 거 뭐 사줄까?"

구옥희는 그날 신소라에게 유난히 다정다감했다. 그러더니 얼른 말을 바꿨다.

"이번엔 네가 한번 사줘봐라."

의외였다. 신소라는 순간 두 가지 감정이 강하게 밀려왔다. 구옥희가 누군가에게 '밥을 사라'는 말을 하는 걸 들어본 적이 없었다. 뭔가 이상했다. 그런 미심쩍은 감정도 잠시, 기쁜 마음이 밀려왔다. 지금껏 느껴본 적 없는 구옥희의 인간미가 눈물이 날 만큼 좋았다.

"뭐 드시고 싶으세요?"

신소라는 맞장구치듯이 빠르게 반응했다. 구옥희가 다시 말을 바꿀 수도 있다는 생각을 했기 때문이다.

"유황오리 먹으러 가자."

구옥희는 생각할 틈도 없이 재빠르게 답했다. 처음부터 유황오리를 먹으러 갈 생각이었던 것 같다. 안타깝게도 그것이 구옥희와 마지막 식사가 됐다.

구옥희는 은퇴한 지 6년이나 지난 신소라에게 "너무 빨리 은퇴해서 아쉽다. 감각과 소질은 네가 나보다 낫다. 체력이 문제였다. 운동을 다시 시작하면 내가 봐주겠다"며 신소라의 재기를 권했다고 한다. 신소라는 거절했다.

신소라는 일본에서 은퇴 후 한국으로 돌아와 방송 활동을 시작했다. 어려웠지만 재미가 쏠쏠했다. 2005년부터 3년간 J골프(JTBC골프 전신) 해설위원을 맡았고, 2012년부터 7년간은 같은 채널 레슨 프로그램 〈라이브 레슨 70〉에 출연했다.

2018년 4월 〈라이브 레슨 70〉에서는 '고관절의 V라인'이라는 생소한 레슨 방식으로 카메라 앞에 섰다. 작은 얼굴에 큰 눈과 짙은 눈썹, 웃을 때마다 돋보이는 큰 눈망울과 위를 향한 입꼬리까지 전체적으로 차분하고 선해 보이는 인상이 시청자 눈길을 끌었다. 작지만 군더더기 없는 몸매와 좋은 비율까지 지녀 채널을 고정시키는 마성도 지닌 듯하다.

무엇보다 치밀하게 준비한 레슨이 돋보였다. 해외 무대에서 쌓은 풍부한 경험을 레슨 속에 녹여냈다. 잦은 부상과 슬럼프, 불리한 신체 조건 속에서도 골프 인생 화려한 꽃을 피워냈기에 그의 골프 레슨엔 결코 가볍지 않은 고뇌의 흔적이 묻어 있었다.

그는 고관절의 V라인을 의식하면서 스윙을 연습하면 백스윙과 다운스윙 때 아마추어 골퍼에게서 자주 발생하는 실수를 방지할 수 있다고 강조했다. 정확한 고관절의 V라인을 만들기 위한 연습 방법도 소개했다. 세상 어디에서도 볼 수 없던 이 레슨은 구옥희 스윙 이론과 자신만의 요령을 접목시켜 고안해낸 방법이다. 선수 생활을 그만둔 뒤 누구에게도 골프 레슨을 하지 않았기 때문에 방송 전까지 세상에 알려지지 않은 내용이었다.

신소라는 한국인 원조 미녀 골퍼다. JLPGA 투어 데뷔와 함께 많은 일본 남성 골프 팬을 얻었다. 실력과 미모를 동시에 갖췄고, 커리어 우먼을 연상케 하는 패션 스타일은 일본 남성들 취향을 저격했다. 당시 JLPGA 투어엔 신소라처럼 빼어난 실력과 미모를 동시에 갖춘 선수는 없었다.

신소라의 JLPGA 투어 데뷔는 신선한 바람이었다. 튀는 외모 덕에 아이돌스타 대접을 받기도 했다. 신소라의 파급력을 한마디로 표현하면 '1990년대 이보미'다. 2010년 이후 골프 한류의 전주곡이었다.

롯데로부터 후원을 받은 첫 번째 골프선수라는 점도 흥미롭다. 1993년부터 2004년까지 12년간 롯데 메인 계약 선수로서 활동했다. 롯데의 기업 이미지와 신소라가 잘 어울린다는 게 후원 이유였다. 신소라는 전 롯데 회장 신격호와 같은 매울 신辛 자를 쓰는 영산靈山 신 씨다. 물론 그것이 신소라를 후원한 이유는 아니었다.

신격호는 신소라를 후원하면서 뜻밖의 행운을 누렸다. 당시 일본 총리였던 호소카와 모리히로細川護熙는 신소라의 열렬한 팬이라는 사실을 공개적으로 밝히고 자필 편지를 보내 남다른 관심을 드러내기도 했다. 그는 신소라에게 레슨을 요청했는데, 신소라는 "선수로서 레슨은 할 수 없다"며 정중하게 거절했다. 대신 매년 휴식기에 라운드를 약속하면서 요미우리골프클럽에서 신소라와 신격호, 호소카와 모리히로가 3인 라운드를 펼치게 됐다.

롯데는 지바현에 미나요시다이滿吉台컨트리클럽이라는 자회사 골프장이 있었지만 호소카와 모리히로의 접근 편의성을 고려해 도쿄 이나기시稲城市 요미우리골프클럽에서 라운드 약속을 잡았다.

신격호는 일본에서 골프장 회원권을 200개나 소유했던 것으로 알려졌다. 그만큼 골프 비즈니스를 중요하게 여겼다. 골프장 매점에 롯데 껌과 초콜릿을 빠짐없이 진열하기 위해 전 임직원에게 골프를 하게 했다.[6]

신소라의 눈에 비친 신격호는 재벌 총수답지 않게 검소한 사람이었다. 사용하던 물건을 쉽게 바꾸지 않았다. 골프장갑도 늘 낡은 것을 오랫동안 꼈다. 취향이 독특해서 평소 사용하던 제품이 아니면 쳐다보지도 않았다. 말로는 표현하기 힘든 그만의 독특한 스타일이 있었다. 라운드 중에는 "예전엔 저 벙커를 넘겼는데……"라며 짧아진 비거리를 아쉬워하곤 했다고 한다.

신소라는 롯데의 상징이었다. 미나요시다이컨트리클럽 클럽하우스에는 신소라의 대형 사진이 걸려 있었다. 골프장 방문객 대부분이 그의 사진에 시선을 빼앗겼다. 그 사진을 보고 신소라 팬이 되어버린 일본인도 적지 않았다. 롯데는 신소라와 계약하면서 달력과 전화카드 따위에도 신소라 사진을 넣어 홍보했다. 1995년 8월에는 미나요시다이컨트리클럽에서 JLPGA 공인대회 롯데 레이디스 골프 토너먼트를 개최했다.

그의 일본 생활은 평탄하지 않은 꽃길이었다. 성적에 비해 후원 기업이 많아 겉으론 화려해 보였지만 늘 병을 달고 살았다. 부상에서 자유로운 시기도 없었다. JLPGA 투어 첫 우승을 계기로 순풍을 탔으나 그것도 잠시였다.

1997년 6월 일본여자오픈 기간에는 아침에 샤워를 하다 갑자기 상반신이 마비되는 증세를 느꼈다. 상태 심각성을 느껴 도쿄에서 정밀검사를 받았는데, 목 디스크 증상이었다. 평소 목통증이 있어도 참고 운동을 지속하면서 병을 키웠다. 그해 3년 연속 유지했던 시드를 잃었다.

2001년 4월에는 메니에르병Meniere's disease에 걸려 현기증과 구토 증상이 나타났다. 그러면서도 대회 출전을 강행했다. 항상 그랬던 것은 아니지만 걸을 때 땅이 흔들리는 느낌을 자주 받았다. 피로가 쌓일수록 증상은 더 심했다. 운전 시에는 생명의 위협을 느낄 때도 있었다. 휴식 이외엔 별다른 치료 방법이 없었다. 은퇴 후에도 증상은 완전히 사라지지 않았다.

신소라는 투혼의 아이콘이다. 많은 남성 팬이 따랐고, 후원사가 줄을 섰지만 부상과 지병 속에서 굴곡진 투어 생활을 했다. 작은 몸과 약한 체력도 문제였다. 그것을 이겨내기 위해 자신만의 고감도 드로우 샷을 개발했다. 집에서도 퍼터를 손에서 놓지 않을 만큼 쇼트게임과 퍼트 연습에 공을 들였다. 온갖 악재를 이겨낸 유일한 방법이었다.

국내 골프 팬들은 1990년대 일본에서 일어난 미녀 골퍼 선풍을 알지 못한다. 1993년을 제외하고 KLPGA 투어에 거의 출전하지 않아 신소라라는 이름 자체가 널리 알려지지 않았다. 하지만 잦은 부상과 악재 속에서도 굴하지 않았던 15년간의 투혼과 시대를 초월한 골프 한류는 한국 여자골프 역사가 기억해야 할 빛나는 기록이다.

한국인 첫 일본여자오픈 챔피언 **고우순**

2002년 여름. 국제축구연맹FIFA 한일 월드컵 열풍이 일본 열도를 강타했다. 만나는 사람마다 축구 이야기다. 월드컵 폐막 후 수개월이 지난 뒤에도 축구는 여전히 중요한 화두였다.

월드컵 특수는 2002 FIFA 한일 월드컵이 준 또 다른 선물이었다. 곳곳에서 행복한 비명이 터져 나왔다.

모든 사람이 웃은 건 아니다. 일본 여자골프계는 분위기가 많이 달랐다. 축구 열기에 밀려 찬밥 신세로 전락했다. JLPGA 투어 한 시즌 역대 최소 관중이라는 역풍을 맞았다. 시즌 유료 입장객 26만 6,151명으로 대회당 8,585명이 입장했다. 이 역시 역대 최저 기록이다.

심각한 흥행 부진 속에서 한국 여자골프 선수들은 또 다른 역사에 도전했다. 시즌 마지막 대회이자 메이저대회 투어 챔피언십 리코컵에 출전한 고우순의 이야기다.

시즌 최강이라 자부하는 26명이 격전지 미야자키현 하이비스커스골프클럽에 차례로 모습을 드러냈다. 하얀색 상의에 하얀색 모자를 눌러쓴 고우순은 대회 마지막 날 챔피언 조에서 히고 가오리와 티잉그라운드에 나란히 섰다.

시즌 중 우승자와 상금순위 20위 이내 선수만이 참가자 명단에 이름을 올렸다. 출전자 26명이 전부 우승 후보다. 사실상 왕중왕전이다. 일본여자프로골프선수권대회 코니카컵에서 우승한 구옥희와 일본 여자오픈 우승자 고우순은 더 주목받았다. 당시 메이저대회는 3개뿐이었다. 이번 대회마저 한국 선수가 우승한다면 메이저대회 한국인 3연승, 그러니까 한 시즌 메이저대회를 한국 선수가 싹쓸이하게 된다.

가능성은 충분했다. 고우순은 3라운드까지 6언더파(207타)를 쳐 4언더파(209타)를 친 히고 가오리에 2타 앞선 단독 선두였다. 마지막 라운드는 혈전이었다. 난코스 속에서 두 선수 모두 고전을 면치 못했다. 아웃코스에서 2타씩을 잃은 두 선수는 인코스 9홀에서 모든 것을 걸어야 했다.

고우순은 방어적인 플레이를 하지 않았다. 두둑한 배짱을 앞세운 공격적인 플레이로 2타를 줄여 일본 최고 선수 중 한 명이었던 히고 가오리의 추격을 뿌리쳤다. 시즌 두 번째이면서 통산 8번째 우승이 완성되는 순간이었다. 메이저대회 2연승이자 한국 선수 메이저대회 3연승이라는 데 큰 의미가 있었다. 한국인의 한 시즌 메이저대회 싹쓸이가 현실이 된 것이다. 구옥희가 일본에 첫발을 내디딘 1982년 이후 20년 만의 쾌거였다.

그는 역대 한국 여자 프로골퍼를 통틀어 골프에 대한 열정이 가장 뜨거웠던 선수 중 한 명이라고 감히 말할 수 있다. 2002년 통산 8승 장식 후 선수로서 내리막길에 접어들었지만 골프에 대한 열정은 조금도 쇠퇴하지 않았다.

정규 투어 출전권을 잃은 뒤에도 스텝업 투어와 레전드 투어에 참가해 투혼을 불태웠다. JLPGA 레전드 투어는 만 45세 이상 여자 선수가 출전하는 시니어 골프대회 총칭이다. 2004년에 처음 시작됐다. 레전드 투어라는 명칭은 2008년에 정해졌다. 정규 투어만큼 활성화되진 못했다. 2010년 열린 레전드 투어 대회는 2개에 불과하다. 2019년에도 7개 대회밖에 열리지 않았다.

그는 레전드 투어 데뷔 첫해부터 월척을 낚았다. 2011년 10월 이시카와현石川県 가타야마즈片山津골프클럽 하쿠산白山코스에서 열린 메이저대회 레전드 챔피언십 정상에 올랐다. 2002년 투어 챔피언십 리코컵 이후 9년 만의 우승이었다. 2013년에는 후쿠야컵 마담오픈에서 우승을 추가해 레전드 투어 통산 2승째를 장식했다. 그의 나이 49세였다.

쉰을 훌쩍 넘긴 나이에도 정규 투어 복귀를 꿈꿨다. 2005년 상금 시드를 잃은 이후 2018년(54세)까지 QT에 출전하며 투혼을 불살랐다. 2018년 11월 2일 사이타마현 고다마골프클럽에서 열린 B지구 세컨드 QT에서는 3라운드 합계 17오버파(95위)를 쳐 탈락했다. 서드 QT 진출 커트라인(48위)과는 거리가 멀었다.

당연한 결과였다. 50대 중반에 20대 어린 선수들과 경쟁하는 것 자체가 무리였다. 힘도 유연성도 체력도 따라주지 않았다. 고우순 자신도 그것을 모를 리 없다. 그런데도 QT 출전을 포기하지 않던 이유는 무엇일까. 오직 골프에 대한 열정 때문이다. 그는 골프가 특기이자 유일한 취미라고 했다. 그저 필드에 서는 것이 즐거운 일이라며 도전 자체를 즐겼다.

1964년 경북 경주에서 태어난 고우순은 경주 근화여중 2학년이던 14살 때 골프에 입문했다. 경기도 동두천 미팔군에서 근무하던 삼촌 덕에 골프채를 쥐어볼 수 있었다. 우연한 계기로 시작한 운동이 한국 여자골프 역사를 바꿔놓았다. 1985년부터 KLPGA 투어에서 활약하며 통산 17승을 올렸다. 1989년부터는 4년 연속 상금왕을 지냈다.

그는 골프 시작 전부터 일본 문화에 관심을 가졌다. 일본에 건너가 성공한 사람들의 이야기를 접하면서 뜨거운 열정이 샘솟았다. 프로 입문 후에는 목표가 더 뚜렷해졌다. 일본 진출이다. 한국에서 이룰 것을 다 이룬 뒤 비장한 각오로 현해탄을 건넜다. 1993년 8월 JLPGA 프로테스트 합격과 함께 일본 프로골프 무대를 누비게 됐다. 함께 프로테스트를 봤던 문필선은 테스트를 통과하지 못하고 한국으로 돌아왔다.

당시 프로테스트는 12오버파 이내만 치면 합격이었다. 1등을 해도 13오버파 선수는 불합격이다. 테스트 당일 날씨에 따라 합격자 수는 큰 차이를 보였다. 단 한 명의 합격자도 나오지 않은 경우가 있는가 하면 50명이 무더기로 합격한 해도 있었다. 결국 1997년부터는 스코어에 상관없이 20명만 선발했다.

고우순은 그해 하반기부터 스텝업 투어에 출전해 11월 RNC 레이디스 하리마컵에서 우승을 달성했다. 한국인이 스텝업 투어에서 우승한 건 고우순이 처음이다.

1994년 JLPGA 정규 투어에 정식 데뷔한 고우순은 시즌 네 번째 대회 기분 레이디스 클래식 정상에 올랐다. 한국인 JLPGA 투어 데뷔 최단 기간 우승이었다. 정식 데뷔 시즌 우승도 고우순이 처음이다.

대회장은 사이타마현 히키군比企郡에 자리한 란잔컨트리클럽이었다. 고우순은 유일하게 언더파 스코어를 제출했다. 란잔컨트리클럽은 1985년 구옥희가 이 대회에서 첫 우승한 역사적인 코스다. 1992년 이영미도 이 코스에서 데뷔 첫 우승을 달성했다. 한국 여자골프 해외 진출 역사에서 선구자 역할을 했던 세 명의 레전드가 모두 이 골프장에서 첫 우승을 달성했으니 한국 여자골프와 인연이 깊은 코스임에 틀림없다.

그때부터 고우순의 기록 생산이 시작됐다. 같은 해 11월 도레이 재팬퀸스컵에서 시즌 2승째를 달성했다. 이 대회는 LPGA 투어 겸 JLPGA 투어 공인대회여서 구옥희에 이어 한국과 일본, 미국 투어 대회를 전부 우승한 두 번째 선수가 됐다.

고우순은 이 대회 최종 라운드에서 한 타를 줄여 베시 킹Betsy King 과 연장전 끝에 우승 트로피를 손에 넣었다. 그해 상금순위는 12위를 차지했다. JLPGA 신인상과 일본프로스포츠 신인상도 받았다. JLPGA 신인상 수상은 한국인 JLPGA 투어 도전사에서 처음 있는 일이었다.

일본프로스포츠 신인상은 일본프로스포츠협회JPSA가 매년 말 시상하는 스포츠 종목별 신인상이다. 프로야구와 프로축구, 남녀 프로골프 등 다양한 종목에서 수상자를 발표한다. JLPGA 최우수 신입 회원에게 주는 JLPGA 신인상과는 다르다.

이듬해 도레이 재팬퀸스컵에서도 우승해 일본에서만 LPGA 투어 2승을 달성했다. 한국인이 LPGA 투어 2승 고지를 밟은 건 처음이었다. 박세리의 LPGA 투어 첫 우승보다 3년이나 빨랐다.

1997년 개막전 다이킨 오키드 레이디스 골프 토너먼트에서는 3

라운드 합계 10언더파(206타)로 구옥희와 동타를 이뤘으나 연장전 승부 끝에 우승했다. 승패를 떠나 사상 첫 한국 선수들의 플레이오프였다는 점이 이채로운 볼거리였다.

다이킨 오키드 레이디스 골프 토너먼트는 매년 오키나와 류큐골 프클럽에서 열리는 개막전이다. 1988년부터 시작된 오키나와 유일의 프로골프대회다. 오키나와는 미야자토 아이, 미야자토 미카, 모로미자 토 시노부諸見里しのぶ, 히가 마미코比嘉真美子, 황금세대(1998~1999년 태어난 일본 골프 유망주들) 아라카키 히나新垣比菜 같은 스타 골퍼를 배출했다. 그 때는 3라운드로 치러졌는데, 2016부터 총상금이 2,000만 엔(약 2억 원) 늘어나면서 4라운드로 바뀌었다.

그의 골프 인생 클라이맥스는 2002년이다. 앞서 설명했듯이 한 시즌 2승을 전부 메이저대회로 장식하며 상금순위 3위, 평균타수 4위 에 올랐다.

그해 일본여자오픈에는 로레나 오초아Lorena Ochoa, 로라 데이비스 Laura Davies가 참가했다. 일본 언론의 스포트라이트가 집중됐는데, 두 선 수 모두 고우순의 상대가 되지 못했다. 고우순은 나흘간 14언더파(278 타)를 쳐 2위를 3타 차로 따돌리고 우승했다. 14언더파는 역대 JLPGA 투어 72홀(파73) 최소타였다.

최종 라운드에서는 로레나 오초아와 챔피언 조 앞 조로 출발했 다. 8번홀(파5·483야드) 이글이 역전 우승의 발판이 됐다. 세컨드 샷을 그린 바로 앞쪽에 떨어트린 뒤 어프로치로 컵에 꽂아 넣어 로레나 오초 아의 멘탈을 무너트렸다.

당시 21세였던 로레나 오초아는 일본여자오픈이 해외 투어 데뷔 무대여서 더 주목받았다. 그는 대회 첫날과 둘째 날 단독 선두를 지켰지만 고우순의 관록과 노련미에 밀려 공동 3위에 만족했다.

고우순은 그해 JLPGA로부터 메이저대회 2승 공로를 인정받아 한국인 처음으로 감투상을 받았다.

고우순이 일본에서 성공할 수 있었던 비결은 크게 세 가지로 압축할 수 있다.

첫 번째는 놀라운 성실성과 철저한 자기 관리다. 그가 일본에 데뷔했을 땐 우리 나이로 서른이었다. 결코 적지 않은 나이였지만 특유의 악바리 근성이 살아 있었다. 대회 기간 중 아무리 피곤해도 퍼팅 연습을 거르지 않았다고 한다. 철두철미한 자기 관리와 인내력의 승리였다. 2002년 마흔 가까운 나이로 최고의 샷을 뽑낼 수 있었던 것도 철저한 자기 관리 덕이다.

두 번째는 장타력이다. 고우순은 알아주는 장타자였다. 전성기 드라이브샷 평균 비거리는 약 250야드로 JLPGA 투어 톱3였다. 공식 기록은 남아 있지 않지만 장타자치고 페어웨이 안착률도 나쁘지 않았다. 가리는 코스 없이 꾸준히 좋은 성적을 낼 수 있었던 비결이다.

스윙 자세는 약간 독특했다. 어드레스 시 스탠스 폭이 넓지 않았다. 장타 비결은 체중 이동보다 몸의 회전축을 활용한 보디턴이었다. 컨디션에 따라서 스윙이 미묘하게 변하는 단점을 보완하기 위해 보디턴 스윙으로 바꿨는데, 이후 불필요한 움직임을 억제할 수 있었다[1]는 게 그의 설명이다.

세 번째는 퍼팅이다. 그는 역대 JLPGA 투어 모든 선수를 통틀어 퍼트를 가장 잘했던 선수로 손꼽힌다. 퍼트 관련 기록이 그것을 입증한다. 1996년과 1999년, 2001년, 2005년에는 라운드당 평균퍼트 1위를 차지했고, 2000년에는 파온 홀 평균퍼트 1위에 올랐다. 3퍼트율도 2001년, 2003년, 2005년에 1위를 달성했다.

그는 퍼팅 연구에 많은 시간을 할애했다. 한 번 연습을 시작하면 5시간을 쉬지 않고 할 때도 있었다. 고개도 들지 않고 3시간씩 퍼팅 연습을 했던 구옥희와 용호상박을 이뤘다. 단순히 반복 연습만 한 것은 아니다. 연구·분석하면서 자신만의 색깔을 입힌 퍼팅 스트로크를 개발했다.

그에게 퍼팅을 잘할 수 있는 방법을 알려 달라 했더니 헤드업을 하지 않는 게 가장 중요하다고 했다. 또 오른손으로 거리감을 느끼면서 연습을 하는 것이 짧은 시간에 큰 효과를 볼 수 있는 비결이라고 소개했다.

첫 우승 시점도 좋았다. 정식 데뷔 시즌 네 번째 대회에서 우승을 차지하면서 그에 대한 대우가 달라졌다. 경제적, 정신적으로도 안정이 됐다. 다음은 고우순이 인터뷰에서 밝힌 말이다.

"데뷔 시즌 첫 우승 트로피를 생각보다 빨리 거머쥐면서 일본 생활이 편해졌다. 도레이 재팬퀸스컵에 출전하기 전에는 내 실력을 테스트해본다는 생각이었는데, 뜻밖의 우승을 차지했다. 그 우승이 투어 생활에 큰 자신감을 줬다."

승승장구하던 고우순에게도 슬럼프가 있었다. 1998년 요통과 견비통(어깨와 팔이 저리거나 아픈 증상)을 겪으면서 성적 부진으로 이어졌다. 견비통이 심한 날엔 대회 출전은 고사하고 연습조차 제대로 하지 못했다. 매년 30개 이상의 많은 대회에 출전하면서도 제대로 된 휴식을 취하지 않아 근육과 관절에 무리가 왔다.

그런 상황에서도 우승 기회는 찾아왔다. 그해 7월 열린 도요東洋수산 레이디스 홋카이도北海道에서 있었던 일이다. 2라운드까지 2위에 3타 차 단독 선두를 달리던 고우순은 통산 6승을 눈앞에 뒀다. 하지만 최종 3라운드 후반 4홀을 남기고 3타를 잃어 오바 미치에大場美智恵에게 한 타 차 역전을 당했다. 이 역전패를 계기로 슬럼프는 더 깊어졌다.

극심한 슬럼프 속에서도 그가 할 수 있는 건 연습뿐이었다. 늘 그랬듯이 대회 출전과 연습을 기계처럼 반복했다. 그 끈질긴 노력이 개인 통산 6승으로 이끌었다. 2000년 히구치 히사코·기분 클래식에 출전한 고우순은 둘째 날 3타를 줄여 공동 선두가 됐다. 마지막 날 5언더파를 쳐 다케다 히사코武田久子를 4타 차 2위로 밀어내고 3년 6개월 만에 정상에 올랐다.

샷 감이 완전히 돌아온 건 아니었다. 예전과는 뭔가 달랐다. 찜찜했다. 그는 샷이 가장 좋았던 때의 스윙 동작을 비디오로 돌려봤다. 얼핏 봐선 달라진 점을 찾기 어려웠다. 반복해서 돌려봤다. 한 시간 이상 돌려보니 보였다. 미묘하게 힘이 들어간 스윙이었다. 이후 힘을 뺀 스윙을 의식했더니 오히려 비거리가 늘어나면서 샷 감도 돌아왔다. 2002년 메이저대회 우승을 두 번이나 할 수 있었던 것도 이 같은 끈질긴 노력 덕이다. 이듬해는 일본여자오픈 2연패와 상금왕을 목표했지만 일본

여자오픈 13위, 상금순위는 6위에 만족했다.

일본여자오픈 이야기가 나온 김에 한 가지 짚고 넘어갈 게 있다. JLPGA 공식 사이트를 살펴보던 한 지인이 흥미로운 질문을 던졌다. "일본여자오픈 위에 적힌 공식전公式戦이 무슨 뜻이냐"는 것이다. 일본에서는 일본여자오픈 같은 메이저대회를 공식전이라고 표기한다. 공식전이 메이저대회라는 뜻으로 통용된다. 골프뿐만 아니라 다른 스포츠도 마찬가지다. 메이저대회가 아닌 정규 대회는 비공식 대회가 아니다. 공인公認대회라고 부른다. 비공인대회는 이벤트 대회다.

우리와 표현 방법이 다른 게 하나 더 있다. 일본에선 JLPGA 투어 상금왕을 상금여왕이라고 부른다. 이 책엔 전부 상금왕으로 썼다. 여왕이란 호칭은 여성 인권 문제에 소극적인 일본에선 문제될 게 없다. 우리나라는 좀 다르다. 남자든 여자든 상금 1위는 똑같이 상금왕이다. 단, '미야자키의 여왕' 같은 일본 언론이 만든 별칭은 그대로 '여왕'으로 표기했다.

다시 고우순의 이야기를 이어가보자. 사는 곳은 가나가와현神奈川県 요코하마시横浜市다. 서글서글한 성격인 데다 얼굴엔 늘 미소를 머금고 있어서 일본 선수들과도 쉽게 친해졌다.

의리도 있었다. 평소 JLPGA 투어 통산 24승으로 1996년과 1997년 상금왕에 오른 후쿠시마 아키코와 친하게 지냈다. 고우순보다 9살이나 어렸지만 고우순의 요코하마 자택 멀지 않은 곳에 살아서 자연스럽게 친해졌다.

후쿠시마 아키코는 1999년부터 LPGA 투어에서 활약하며 2승을 올렸다. 고우순은 후쿠시마 아키코가 미국 진출 당시 박세리에게 '후쿠시마를 잘 부탁한다'는 당부까지 할 만큼 남다른 애정을 보였다.

2014년 7월에는 선수가 아닌 캐디로서 대회장에 나타나 눈길을 끌었다. 시즈오카현 이즈오히토伊豆大仁컨트리클럽에서 열린 센추리21 레이디스 골프 토너먼트에서다. 그가 캐디를 맡은 선수는 JLPGA 투어 통산 2승을 거둔 니시야마 유카리西山ゆかり였다. 그 역시 고우순의 집에서 멀지 않은 가나가와현 후지사와藤沢에서 살았기 때문에 프로에 입문하기 전부터 알고 지냈다. "프로로 데뷔하면 캐디를 해주겠다"는 약속을 한 일도 있어서 그해 백을 메게 됐다.

고우순은 자신보다 스무 살 가까이 어린 니시야마 유카리를 친동생처럼 챙겼다. 휴식기에는 함께 라운드를 하거나 식사를 하면서 격려했다. 니시야마 유카리는 JGTO 통산 5승 세리자와 노부오芹澤信雄에게 지도를 받고 있었기 때문에 스윙이나 기술은 조언하지 않았다. 그는 고우순의 따뜻하고 순수한 인간미를 대단히 좋아했다. 공식 석상에서 고우순을 거론하며 "우승하면 은혜를 갚겠다"는 말을 한 적도 있다.

니시야마 유카리 외에도 백을 멘 선수가 여럿 있다. 2015년 NEC 가루이자와72 골프 토너먼트에서는 구도 하루카工藤遥加, 2017년 어스·몬다민컵에선 사이토 아이리斉藤愛璃 캐디로서 필드에 나타났다. 구도 하루카는 일본 프로야구 소프트뱅크 호크스 감독 구도 기미야스工藤公康의 장녀다. 구도 기미야스는 1990년대 중후반 다이에 호크스(소프트뱅크 호크스 전신)에서 활약했는데, 선동열, 이상훈, 이종범이 주니치 드래건스에서 뛰던 시기여서 국내 야구팬들에게도 낯설지 않은 이름이다.

고우순이 많은 일본 선수와 친분을 쌓을 수 있었던 건 서툰 일본어 때문이다. 일본 진출 초기에는 일본어를 전혀 못해 대회장을 찾아다니는 일도 쉽지 않았다. 모르는 길을 물어가며 찾아다녀야 했지만 말이 통하지 않아 한참을 돌아서 대회장에 도착한 일도 많았다.

어쩔 수 없이 대회 기간에도 짬이 날 때마다 호텔 방에서 독학으로 일본어를 공부했다. 그렇게 해도 일본어 실력이 좋아지지 않아 일본 선수들과 저녁 식사를 하면서 듣고 말하기 연습을 했다고 한다. 조금이라도 빨리 일본 사회에 적응하기 위해 주변 선수들과 자주 만났는데, 한 명 한 명 친분이 쌓이면서 연령과 세대를 뛰어넘는 마당발이 됐다.

고우순은 국내 투어 상금왕 중 일본에서 우승한 두 번째 선수다. 1982년 국내 초대 상금왕 구옥희의 성공은 고우순을 비롯한 많은 한국 선수에게 자신감을 심어줬다. 모든 한국 선수가 일본에서 좋은 성적을 낸 건 아니다. 1990년대만 해도 JLPGA 투어 우승 장벽은 쉽게 허물어지지 않았다.

고우순보다 2년 늦은 1996년 JLPGA 투어에 데뷔한 이오순은 1993년부터 3년간 KLPGA 투어 상금왕을 지냈지만 일본에선 우승을 하지 못했다. 실력도 체력도 운도 따라주지 않았다. JLPGA 투어에 데뷔한 1996년은 한국 나이로 35세였다. 새로운 환경에 적응하며 기량을 끌어올리기엔 어느 정도 한계가 있는 나이였다. 일본 진출과 함께 찾아온 퍼팅 입스는 결정타였다. 입스 극복을 위해 다양한 방법을 시도했지만 크게 효과를 보진 못했다. 거기에 골프 엘보(팔꿈치 안쪽 통증)까지 겹치면서 늘 아픈 몸으로 코스에 나갔다.

국내 상금왕 출신 고우순의 JLPGA 투어 합류는 한국 선수들의 우승 경쟁에 불을 댕겼다. 치열한 경쟁은 선수들의 실력 상향평준화로 이어졌다. 향상된 실력은 좋은 성적으로 나타났다. 1994년과 1996년 6승씩을 합작하며 한국인 한 시즌 최다승 기록을 세웠고, 1997년과 1999년에는 5승씩을 챙겼다.

고우순의 골프 인생에서 가장 빛나는 기록은 뭐니 뭐니 해도 한국인 첫 일본여자오픈 우승이다. 일본여자오픈 우승은 숙원이었다. 아시아 최고 권위 여자골프대회였기 때문이다. 당대 최고 선수들이 정상에 올랐지만, 한국의 JLPGA 투어 도전 20년 역사에선 누구도 우승컵을 들지 못했다. 구옥희는 1984년부터 일본여자오픈에 16차례 출전했으나 우승과는 인연이 없었다. 1998년 3위가 최고 성적이다. 대만도 고우순이 우승하기 전까지 세 차례나 우승했던 터라 고우순뿐만 아니라 JLPGA 투어에서 활약하던 한국 선수 모두가 우승을 염원했다.

일본여자오픈은 1968년 사이타마현 TBS고시가야越谷골프코스(고시가야골프클럽 옛 이름)에서 열린 TBS여자오픈이 시초다. 대회 설립자는 도쿄방송 전 사장 이마미치 준조今道潤三다. 사기업 손에선 권위 있는 대회로 성장할 수 없다며 1971년 주최권을 일본골프협회로 넘기면서 일본여자오픈으로 대회 명칭이 바뀌었다.[2]

일본에선 아시아 최고 권위 대회라는 자부심이 강하다. 그만큼 대회장 선정에 깐깐하다. 일본골프협회는 골프 저변 확대를 위해 매년 다른 지역 코스에서 대회를 연다. 2019년 대회장 코코파 리조트 클럽 하쿠산 빌리지 골프코스 퀸코스 소재지 미에현三重県은 1973년 이후 47

년 만에 일본여자오픈을 개최했다. 그만큼 대회 유치 경쟁이 치열하다. 과장되게 말하면 올림픽 유치 경쟁 못지않다. 대회장은 5년 뒤까지 미리 결정해서 세심한 관리에 들어간다.

갤러리를 위한 특급 이벤트도 있다. 대회 전날 열리는 공식 연습 라운드를 개방해 갤러리에게 사진 촬영 기회를 준다. 본 경기에 들어가면 주최 측이 승인한 카메라맨 이외엔 누구라도 사진 촬영을 할 수 없기 때문에 일본에선 파격적인 이벤트다. 사진 촬영이 허용되는 갤러리 포토존은 매년 주최 측이 지정한다. 9번홀이나 18번홀 그린인 경우가 많다. 경기 후에는 스타 선수 사인회도 열린다. 골수팬들은 스타 선수와의 특별한 만남을 놓치지 않는다. 연습 라운드부터 대회장은 갤러리로 만원을 이룬다.

고우순은 기록의 아이콘이다. JLPGA 투어 통산 8승(메이저 2승)으로 스텝업 투어(1승)와 레전드 투어(2승)까지 포함하면 총 11승이다. 국내에서도 17승이나 올렸다. 한국인 첫 JLPGA 투어 정식 데뷔 시즌 우승, 한국인 첫 LPGA 투어 동일 대회 2연패, 한국인 첫 JLPGA 투어 신인상 수상, 한국인 첫 일본여자오픈 우승, 한국인 첫 JLPGA 투어 메이저대회 2연승, 한국인 첫 JLPGA 감투상 수상은 개척자이자 기록 제조기 구옥희의 손에도 미치지 못한 기록들이다.

선수로서 필드를 떠난 뒤에는 골프장 안팎에서 종횡무진 활약했다. 지바현 가즈사總모나크컨트리클럽 소속으로서 오랫동안 몸담아 일했고, 요코하마 호도가야程ヶ谷컨트리클럽에서는 원포인트 레슨과 회원들의 라운드 레슨을 맡기도 했다. 가나가와현 한인회 회장까지 맡으

면서 골프장 밖 사람들의 이야기에도 귀를 기울이게 됐다. 단언컨대 한국보다 일본 사회에서 더 존경받는 선수다.

일본·미국 투어 신인왕 석권, **한희원**

구름 갤러리가 티잉그라운드를 에워쌌다. 갤러리 시선은 온통 베테랑 오카모토 아야코에게 쏠려 있었다.

"나이스샷!"

갤러리 함성이 터져 나왔다. 앙칼진 눈빛으로 날아가는 공을 바라보던 오카모토 아야코는 페어웨이를 향해 바쁜 걸음을 옮겼다. 구름 관중의 대이동이 시작됐다. 바람에 쓸려가는 구름처럼 오카모토 아야코를 쫓고 있었다. 갤러리를 사로잡은 오카모토 아야코의 카리스마에는 누구도 흉내 낼 수 없는 독특한 마성이 있었다.

1990년대 말 일본여자오픈에 출전한 여고생 아마추어 한희원이 기억하는 오카모토 아야코다. 당시 같은 조에서 플레이하던 한희원은 묘한 기분에 취해버렸다. 멋있었다. 그날 이후 오카모토 아야코의 잔상이 쉽사리 사라지지 않았다.

오카모토 아야코는 일본에서 도전의 아이콘으로 통한다. 일본에 머무르지 않고 미국으로 건너가 상금왕까지 올랐다. 한희원은 그의 도전정신을 닮아갔다. 일본을 발판 삼아 미국으로 날아갔다. 박세리, 김미현, 박지은, 장정과 함께 한국 여자골프 위상을 세계에 알렸다.

국내 골프 팬들이 기억하는 한희원은 LPGA 투어를 누비던 당찬 여전사의 모습이 아닐까 생각된다. 그러나 그의 해외 진출 첫 번째 무대는 미국이 아닌 일본이었다. 일본에서 2승을 장식하면서 소중한 경험과 자신감을 얻었다. 그 동력으로 LPGA 투어 성공 시대를 열었다.

당시 JLPGA 투어는 한국 선수들의 미국 진출 전초기지 역할을 했다. 우리보다 투어 수준이 높았을 뿐 아니라 대회나 상금 규모도 컸다. 투어 환경도 좋았다. 충분히 경험을 쌓은 뒤 미국 진출 기회를 엿보기에는 이상적인 무대였다. 구옥희 역시 데뷔 첫해 우승을 달성한 후 곧바로 미국으로 건너갔다. 일본을 발판으로 삼아 미국 진출에 성공한 선수는 구옥희에 이어 한희원이 두 번째다.

한희원은 일본에서 많은 기록을 남겼다. 국내 팬들에게 알려진 건 많지 않다. 국내 미디어와 골프 팬 시선이 LPGA 투어로 쏠리면서 그의 위대한 기록이 지닌 가치도 상대적으로 낮은 평가를 받았다.

만약 한희원이 LPGA 투어에 진출하지 않고 일본에 남았다면 더 오랫동안 더 많은 우승을 차지하며 더 많은 상금을 챙겼을 가능성이 높다. 하지만 그는 돈과 안정된 미래보다 도전을 선택했다.

열악했던 국내 프로골프 투어 환경이 한국 여자 선수들의 도전 욕구를 더 자극했는지도 모른다. 국내에 머무르지 않고 미국, 일본처럼 우리보다 큰 무대로 진출하면서 위대한 역사가 만들어졌다. 숱한 시행착오는 오히려 우리 선수들의 성장 촉진제 역할을 했으리라 본다.

일본 선수들은 우리와 달리 해외 진출에 적극적이지 않았다. 자국 투어 환경이 워낙 좋아서 굳이 해외로 나갈 이유가 없다. 1990년대만 해도 한국보다 한 수 위였던 일본 여자골프가 2000년대 들어 아시아의 리더 자리를 내줄 수밖에 없었던 이유도 그와 무관하지 않다.

일본에서 뛰는 한국 선수들도 다르지 않았다. 최종 목적지를 LPGA 투어로 정하고 일본 필드를 밟았다가 그 자리에 뿌리를 내린 한국 선수가 많다. 일본 투어 환경이 체계적인 데다 대회 수나 상금 규모도 미국 못지않아서 생각이 바뀌기 쉽다. LPGA 투어 QT에 응시했다 실패하더라도 일본에 남을 수 있다는 생각을 갖기 때문에 간절한 마음도 한국에 있을 때보다 덜하다.

한국인 처음으로 LPGA 투어에 진출한 구옥희는 다년간 미국과 일본 투어를 병행하다 건강상의 이유로 일본 투어에 복귀했다. 일본을 거쳐 LPGA 투어에 진출해 마지막까지 미국에 남은 선수는 한희원이 유일하다. 한희원의 인내력과 뚝심을 인정할 수밖에 없는 까닭이다.

1978년 6월 10일 서울 이태원에서 태어난 한희원은 아버지 한영관의 권유로 서울 개일초등학교 3학년 때 골프를 시작했다. 두각을 나타낸 건 중학교에 진학하면서다. 대청중학교 2학년이던 1992년 국가대표 상비군에 발탁됐고, 서문여고 1학년이던 1994년부터는 4년간 국가대표로 활약했다.

옵티미스트 월드주니어챔피언십 개인전(1991)과 퀸시리키트컵 개인·단체전(1994), 오렌지볼 월드 주니어대회(1995), 세계여자아마추어선수권대회(1996) 등 알아주는 국제 대회에서 우승을 쓸어 담았다. 1994년에는 강수연, 송채은과 히로시마 아시안게임에 출전해 여자골프 단체전 은메달을 획득했다.

아마추어 시절 그가 거둔 우승은 48승이나 된다. 박세리, 김미현, 박지은 같은 또래 선수에 비하면 대중에 덜 알려졌지만 프로 데뷔 전까지만 해도 '박세리와 쌍벽' 또는 '박세리보다 한 수 위'라는 평가를 받았다.

한희원과 박세리의 골프 인생은 고등학교를 졸업하면서 갈림길에 놓였다. 박세리는 공주 금성여고 졸업 후 곧바로 프로 무대에 뛰어들었고, 한희원은 일본으로 유학을 떠났다. 1998년 일본 교토 류코쿠龍谷대학에 입학해 자연스럽게 일본에서 활동하게 됐다.

그해 8월에는 JLPGA 프로테스트 최종전을 수석으로 합격해 하반기 대회 출전권을 얻었다. 하반기에만 10개 대회에 출전한 한희원은 준우승 2회 포함, 톱10에 5차례 진입하며 상금순위 31위를 마크했다. 상금순위 50위 이내 선수 중 대회 출전 횟수가 가장 적었던 점을 감안하면 놀라운 성적이다. 그 실적을 인정받아 슈퍼루키 후도 유리와 함께 JLPGA 신인상을 수상했다. 한국 선수의 JLPGA 신인상은 고우순(1994년)에 이어 두 번째였다.

1999년엔 송채은, 이정은이 JLPGA 투어에 정식으로 데뷔했다. 히로시마 아시안게임을 함께 뛴 송채은은 1998년 스텝업 투어와 신인전에 출전했고, 1999년과 2000년엔 정규 투어에서 활약했다. 우승에 이르진 못했다. 일본주니어골프선수권에서 두 번이나 우승한 이정은은 1999년부터 7년간 활동했다. 2006년 상금순위 16위가 최고 성적이다.

한희원은 JLPGA 투어 데뷔 2년차였던 1999년 물오른 샷 감을 발휘했다. 첫 우승 무대는 NEC 가루이자와72 골프 토너먼트였다. 이 대회는 많은 비로 인해 36홀 경기로 축소됐는데, 이틀 동안 9언더파(135타)를 친 한희원이 아라이 게이코新井敬子를 2타 차 2위로 제압하고 정상에 올랐다.

　1987년 시작된 이 대회는 나가노현長野県 가루이자와에서 열리는 유일한 JLPGA 투어 공인대회다. 가루이자와는 일본에서 손꼽히는 피서지이자 부자들의 별장이 밀집한 지역이다. 대회도 그 상징성을 감안해 매년 8월 피서철에 연다. 대회 전날 일본의 거물 정치인, 재계인들이 참가하는 프로암과 전야제도 유명하다. 한희원은 이 대회에서 우승한 첫 번째 한국인이다.

　첫 우승 후 두 번째 우승까지는 두 달이 채 걸리지 않았다. 그해 10월 오사카 여자오픈 골프 토너먼트에서 고우순의 맹추격을 뿌리치고 두 번째 정상을 밟았다. 이날 고우순은 한 타 차 준우승했고, 원재숙과 송채은, 이영미는 공동 3위에 올랐다. 김만수(8위)와 김애숙(공동 9위)도 톱10에 들어 한국 선수 잔치가 됐다.

　사상 첫 한국인 3주 연속 우승이기도 했다. 2주 앞서 열린 유키지루시雪印 레이디스 도카이 클래식에서는 이영미가 우승했고, 이어 열린 미야기TV컵 던롭 여자오픈 골프 토너먼트에서는 구옥희가 우승 트로피를 들었다. 우리 선수끼리 우승 경쟁을 펼친 NEC 가루이자와72 골프 토너먼트에서는 3주 연속 우승이라는 기분 좋은 소식을 알렸다. 한국 선수 최다 연승은 2015년 11월 4주 연속 우승(안선주–이보미–이보미–신지애)이 기록이다.

　한희원은 1999년 두 번의 우승을 포함해 톱10에 13차례 진입하며 상금순위 5위, 평균타수 4위를 차지했다. 일본골프토너먼트진흥협회 GTPA로부터 최우수 신인상을 수상하기도 했다. GTPA는 일본의 토너먼트 주최자로 구성된 단체다.

이듬해는 미국으로 날아갔다. 2001년에는 LPGA 투어 신인상을 수상해 일본과 미국에서 신인상을 거머쥔 첫 번째 한국인이 됐다. 2014년 미국에서 선수 생활을 마칠 때까지 한국에서 1승, 일본에서 2승, 미국에서 6승을 장식했다. 박세리, 김미현, 박지은과 한국 여자골프 황금시대를 이끌었다.

한희원을 좀 더 깊이 있게 이해하기 위해선 그의 어린 시절을 구체적으로 들여다볼 필요가 있다. 부유한 환경에서 자랐지만 목표 의식은 또렷했다. 성실하고 인내심도 강했다. 골프를 처음 시작한 초등학교 3학년 때부터 프로골퍼 김종필에게 지도를 받았는데, 한겨울에도 체력 훈련 삼아 서울 잠실과 경기도 용인을 걸어서 왕복하는 무모한 훈련도 진득하게 견뎌냈다.

김종필은 스파르타식 지도자로 유명했다. 훈련 강도가 높아서 낙오자가 속출할 정도였다. 한희원을 비롯해 김주연, 허윤경, 장하나 등은 김종필이 길러낸 특급 스타들이다.

한희원의 아버지 한영관은 김종필에게 더 강하고 완벽한 훈련을 요구했다. 한희원은 당시 10대 초반 어린 나이였음에도 모든 훈련을 말없이 잘 따랐다. 아버지 영향이 컸다. 어릴 적부터 운동이 천직이라고 생각했다. 여느 아이들처럼 불평을 늘어놓는 일도 없었다.

다음은 김종필이 기억하는 어린 시절 한희원과 아버지 한영관이다.

"아버지가 대단한 분이었다. 운동을 그렇게 시켰는데, 더 강한 훈련을 당부했다. 그런 과정을 묵묵히 견뎌낸 (한)희원이도 보통이 아니었다. 그 아버지에 그 딸이다."

긍정적인 성격도 성공 밑거름이 됐다. 좋지 않은 기억을 빨리 잊는 성격이다. 불쾌한 일을 경험해도 긍정적으로 해석하는 재주가 있었다. 좋고 싫은 감정도 표정으로 쉽게 드러나지 않았다. 멘탈 스포츠인 골프선수로선 이상적인 성격이었다.

담력도 좋았다. 늘 골프에만 매달릴 만큼 지독한 연습벌레였지만 실전에선 즐기면서 플레이했다. 매일 직장에 출근하듯이 코스에 나가 공을 쳤다.[1] 연습 때보다 실전에서 더 좋은 성적을 낸 점도 주목할 만하다. 코스 적응력이 좋아서 라운드를 거듭할수록 스코어가 빠르게 향상됐다.

특기는 아이언샷이었다. 아마추어 시절 맞수였던 박세리가 롱 게임을 하는 선수였다면 한희원은 정확성 게임을 펼치는 기교파였다. 어릴 적부터 아이언샷에 재미를 느꼈다. 아이언샷 연습량이 자연스럽게 많아지면서 특기 샷으로 발전했다. 아이언샷 방향성은 함께 라운드를 하던 일본 선수들도 깜짝 놀랄 정도다.

벙커샷도 잘했다. 벙커를 피해가는 방어적인 플레이는 하지 않았다. 파4홀 핀이 벙커 바로 뒤에 위치할 경우 두 번째 샷을 일부러 벙커에 빠트리는 작전을 짜면서 쏠쏠한 재미를 보기도 했다.[2]

2016년 JTBC골프 레슨 프로그램 〈라이브 레슨 70〉에 출연해서는 '나의 골프 인생 키워드' 중 세 번째로 벙커샷을 꼽았다. 한국에서는 벙커샷을 연습할 수 있는 곳이 많지 않아서 어렵다고 생각했는데, 일본과 미국 투어를 경험하면서 생각이 바뀌었다. 좋은 환경에서 벙커샷 연습 기회가 많아졌고, 여러 코치로부터 벙커샷 노하우를 지도받은 뒤에는 오히려 어프로치샷보다 쉽다는 것을 느꼈다.[3]

그는 눈웃음 가득한 얼굴로 카메라 앞에 섰다. 뒤로 넘겨 단정하게 묶은 머리에 수더분해 보이는 인상은 과거 선수 시절과 똑같다. 큰 신장과 긴 팔다리, 또랑또랑하면서 전달력 강한 목소리, 어느 것 하나 변한 것이 없다. 친숙한 이미지는 시청자 몰입도를 높이는 효과를 가져왔다.

퍼팅 스트로크는 약간 독특했다. 보통 척추를 중심으로 회전하는 인투인In to In 스트로크를 하는데, 한희원은 어깨가 시계추처럼 위아래로 움직이는 스트레이트 투 스트레이트Straight to Straight 방식이었다.[4]

고감도 드라이브샷도 주목할 점이다. 장타는 아니지만 좀처럼 휘어지지 않는 샷이 일품이었다. 어드레스 자세는 물론이고 테이크백에서 피니시까지 움직임만 봐도 비거리보다 방향성을 중시하는 선수라는 걸 알 수 있다. 스퀘어 페이스로 볼을 정확하게 임팩트하기 위한 핸드퍼스트 자세나 톱 오브 스윙의 리듬감 등 어디를 봐도 방향성에 문제점이 있을 것 같지 않은 스윙이었다. 불필요한 움직임도 거의 찾아볼 수가 없었다.[5] 페어웨이 폭이 한국보다 좁게 느껴지는 일본 코스에서도 빠르게 적응할 수 있었던 비결이라 할 수 있다. 구질은 드로우였지만 스트레이트에 가까웠다.

1999년에는 JLPGA 투어 27개 대회에 출전했다. 그해 부문별 기록만 봐도 얼마나 고감도 경기를 펼쳤는지 짐작할 수 있다. 티샷 이후 샷 정확도를 가늠할 수 있는 그린 적중률은 8위에 올랐고, 플레이 안정도 척도인 파세이브율은 5위를 차지했다.

퍼트 실력도 좋았다. 파온 홀 평균퍼트는 6위, 라운드당 평균퍼트는 18위, 3퍼트율은 2위를 기록해 좀처럼 퍼트 실수가 없는 선수였다는 것을 보여준다. 그밖에도 리커버리율(파온 하지 못한 홀에서 파 또는 그보다 좋은 타수를 기록할 확률) 15위, 더블보기율(더블보기나 그보다 좋지 않은 타수를 기록할 확률) 12위, 파브레이크율(버디나 그 이상 타수를 기록할 확률) 7위였다.

어릴 적부터 일본 아마추어 대회에 참가해 소중한 경험을 쌓은 것도 성공 비결이다. 1993년 8월에는 일본주니어골프선수권대회 우승을 차지했다. 한희원보다 한 살 많은 후도 유리는 공동 7위, 요네야마 미도리는 13위였다. 후쿠시마 아키코, 고가 미호古閑美保, 미야자토 아이, 미야자토 미카, 요코미네 사쿠라橫峰さくら, 아리무라 지에有村智恵 등이 이 대회 역대 우승자다.

같은 해 11월 일본여자아마추어 매치플레이 골프선수권대회에서도 우승했다. 이후에도 1995년부터 3년간 이 대회에 참가했다. 일본여자아마추어 골프선수권대회는 1993년부터 5년간 나갔고, 1997년에는 일본여자학생골프선수권대회 3위에 입상했다.

일본여자오픈은 단골 무대였다. 일본여자오픈 출전권이 걸린 국내 대회를 제패하면서 일찌감치 일본 프로 무대를 경험할 수 있었다. 고교 1학년이던 1994년엔 처녀 출전해 예선 탈락했지만 1995년 공동

21위, 1996년 공동 11위, 1997년엔 처음으로 톱10(공동 8위)에 진입할 만큼 일취월장했다. 이 중 두 번(1995·1997년)은 로우 아마추어였다.

당시는 단년등록單年登錄제도가 시행되기 전이다. 프로테스트를 통과해야 통일예선회(QT의 전신) 출전 자격이 주어졌다. 한희원은 1997년 일본여자오픈 로우 아마추어가 되면서 최종 프로테스트를 제외한 모든 과정을 면제받았다.

1999년 JLPGA 투어 정식 데뷔 후 처음으로 출전한 일본여자오픈에서는 3위를 차지했다. 대회장은 도쿄 북쪽에 인접한 사이타마현 가와고에시川越市 가스미가세키霞ヶ関컨트리클럽이었다.

한희원의 아버지는 야구 선수 출신이다. 한국리틀야구연맹 회장이다. 서울 성동고등학교와 고려대학교 졸업 후 실업팀 한일은행 선수로 활약했다. 야구 해설위원이자 한국야구위원회KBO 사무총장을 지낸 하일성과 성동고 동기다. 한희원은 아버지의 운동신경과 담력을 그대로 물려받았다. 일본을 넘어 미국에서도 성공할 수 있었던 건 뭐니 뭐니 해도 아버지의 힘이 컸다.

그는 어릴 적부터 수영을 하면서 체력과 유연성을 길렀다. 외국어를 잘하고 외국 사정에 눈이 밝았던 아버지 덕에 해외 연수와 훈련 기회도 많았다. 골프를 본격적으로 시작하면서는 프로야구 선수들과 체력훈련을 같이 하기도 했다.

이번에는 한희원의 일본 생활을 들여다보자. 집은 오사카에서 얻었다. 1999년엔 31개 대회가 열렸는데, 도쿄 인근 지바현, 사이타마현 등지에서 10개 대회가 치러졌다. 간토 지방에서 대회가 있을 땐 도쿄 시나가와品川 이오순의 집을 숙소처럼 이용했다. 이오순은 한희원보다 16살이나 많은 대선배였지만 편하게 지냈다. 한국에서 이미 서로 알던 사이였고, 이오순 특유의 친화력은 성별과 나이·세대를 따지지 않았다. 한희원뿐만 아니라 JLPGA 프로테스트에 응시하기 위해 일본을 찾은 서아람도 이오순 집에서 숙식을 해결했다. 서아람은 JLPGA 투어에 데뷔하지 못했다. 한국에 돌아와서는 박사학위를 받은 뒤 대학 교수가 됐다.

JLPGA 투어 데뷔 첫해 한희원의 나이는 21세였다. 선배 한국 선수들과는 나이 차이가 많았다. 그나마 6살 터울 신소라가 가장 비슷한 나이였다. 선배 선수들의 관심과 사랑을 많이 받았다. 아무런 연고도 없이 일본 무대에 맨몸으로 뛰어든 선배들에 비하면 편안한 투어 생활을 한 셈이다.

평소 골프에 관심이 없더라도 한희원 하면 남편 손혁을 떠올릴 사람이 많다. 손혁은 전직 프로야구 선수로서 공주고등학교와 고려대학교를 거쳐 LG 트윈스, 기아 타이거즈, 두산 베어스에서 투수로 활약했다. 메이저 특급 박찬호는 공주고등학교를 함께 다닌 친구다. 2019 시즌을 마친 뒤에는 키움 히어로즈 감독으로 선임됐다.

한희원이 손혁을 처음 만난 건 서문여고 2학년이던 1995년 무렵이다. 고려대 야구부 오대산 극기 훈련에 동행했다가 5살 연상 손혁을 알게 됐다. 그때만 해도 그냥 아는 오빠였다. 미국으로 활동 무대를 옮긴 2000년부터 가까워졌다. 생각지 않은 장소에서 몇 차례 우연히 만나면서 '운명인가?' 하는 생각을 했다고 한다. 둘은 2003년 12월 결혼에 골인했다.

한희원의 가장 큰 무기는 성실성이다. 성공 비결로 부유한 환경과 가족의 전폭적인 지원, 타고난 운동신경 따위를 들 수 있지만 성실성보다 더 강력한 힘은 없었다. 혹독한 훈련을 견뎌낸 인내력과 놀라운 성실성이 그의 골프 인생 전체를 지배했다고 해도 과언이 아니다.

일본 생활을 함께했던 선배 선수들도 한희원의 성실성에는 이견이 없다. 자기 관리에 철저했던 후배였다고 입을 모은다. 고우순은 한희원을 다음과 같이 기억했다.

"국가대표 시절 늘 톱 클래스였다. 어릴 적부터 일본에서 프로 대회를 많이 경험하면서 좋은 성적을 냈기 때문에 일본 프로 무대에서도 빨리 적응할 것이라 생각했다. 아버지 영향을 많이 받아서 체력과 멘탈도 좋았다. 멋있는 프로골퍼 인생을 산 선수다."

깊은 슬럼프도 없었다. 선수 생활을 끝마칠 때까지 늘 꾸준한 성적을 냈다. 이 역시 성실성과 철저한 자기 관리가 빚어낸 결과라 할 수 있다. 대회장과 숙소(집) 말고는 어디에도 눈을 돌리지 않았던 20대 초반 한희원의 머릿속은 온통 골프로 채워져 있었던 것 같다.

만약 한희원이 부유한 환경에서 자라지 못했다면 어땠을까. 전지훈련비와 레슨비, 심지어 대회 출전 경비까지 걱정해야 하는 처지였다면 체계적인 훈련은 고사하고 한희원 특유의 배짱 두둑한 플레이마저 볼 수 없었을지도 모른다.

그런데 한희원의 플레이를 유심히 들여다보면 환경에 의해 만들어진 재능은 아니라는 것을 알 수 있다. 전혀 교과서적이지 않은 스윙에선 끈질긴 자기 개발과 피나는 노력의 흔적이 엿보인다. 전매특허라할 수 있는 고감도 아이언샷은 훈련에 훈련을 거듭한 산물이다. 프로데뷔 때는 말할 것도 없고 첫 우승 후에도 흐트러진 모습을 전혀 보이지 않은 점도 칭찬받을 만하다.

그에게도 고비는 있었다. 모든 걸 접고 한국으로 돌아가려 했던적도 있다. 미국 진출 초기에는 다시 일본으로 돌아가 익숙한 환경에서좀 더 편안하게 투어 생활을 하고 싶다는 생각도 했다. 아버지 한영관도 말리지 않았다. 강철보다 단단해 보였던 부녀가 일본 복귀를 생각할정도였으니 미국 투어 생활이 얼마나 고단했는지 헤아려진다.

그런 상황에서도 연습을 멈추지 않았다. 얼굴에도 그런 마음이전혀 드러나지 않았다. 마음을 다잡고 연습에 매진했다. 힘든 시기를서너 차례 넘기니 우승이라는 선물이 찾아왔다. LPGA 투어 첫 우승과함께 미국 생활에도 자신감이 불어났다. 골프의 또 다른 매력이 보였다. 차곡차곡 우승을 쌓아갔다. 한국 → 일본 → 미국 무대를 호령했던17년간의 기록은 한국 여자골프 역사가 반드시 기억해야 할 소중한 자산이다.

그가 JLPGA 투어에서 정식으로 활동한 건 1.5시즌에 불과하다.하지만 많은 기록을 남겼다. 정식 데뷔 시즌에 우승한 두 번째 한국 선수다. JLPGA 신인상을 수상한 것도 두 번째다. 한국인 세 번째 한미일3국 투어 우승도 달성했다. 일본과 미국에서 신인상을 받은 선수는 한희원이 유일하다. 한국 여자 골프사에 한 획을 그었다.

뜻대로 되지 않은 일도 있다. 후원사가 없었다. 프로 데뷔 전부터 일본 무대에 이름을 알렸고, 프로테스트도 1위로 통과했지만 그에게 후원한 일본 기업은 없었다.

한희원만의 문제는 아니었다. 1990년대 후반 일본 여자골프계는 이렇다 할 스타 선수가 없는 흥행 부진 시대였다. 한때는 대회당 평균 관중 1만 8,000명(1992년)을 넘길 만큼 대호황을 누렸으나 1990년대 후반에 들어서면서 대회당 평균 관중이 1만명 밑으로 떨어졌다.

기업들도 등을 돌렸다. 위기였다. 히구치 히사코와 오카모토 아야코라는 양대 산맥이 JLPGA 투어 초기 기반을 구축한 뒤 시오타니 이쿠요, 후쿠시마 아키코, 후도 유리가 차례로 투어 판도를 장악했지만 골프 팬들을 매료시키지는 못했다. 흥행 부진을 이어가던 JLPGA 투어로선 원재숙, 신소라에 이어 한희원 같은 엘리트 선수를 보유한 한국 여자골프를 부러워했다.

정작 국내에선 한희원의 일본 활동과 기록이 제대로 알려지지 않았다. 한희원이 JLPGA 프로테스트에 합격한 1998년은 박세리가 LPGA 투어 맥도널드 챔피언십과 US여자오픈을 차례로 제패해 온 국민을 흥분의 도가니로 몰아넣었다. 국내 골프 팬들의 관심은 온통 LPGA 투어에 집중돼 있었다.

박세리 신화는 많은 기록을 삼켜버렸다. 한희원의 일본 투어 성공 스토리도 박세리라는 거대한 그림자에 가려진 기록이다.

한희원은 어릴 적부터 일본 아마추어 대회에 출전하며 풍부한 경험을 쌓았다. 그것이 성공 밑거름이다. 미국 진출 발판도 마련했다. 동시대 LPGA 투어 활약 또래 선수들은 경험하지 못한 또 다른 세계를 맛봤다. 한국 여자골프 수준을 한 단계 끌어올리는 데도 적지 않은 힘을 보탰다. 한국과 일본, 미국 필드에서 17년간 쏟아 부은 땀과 눈물이 결실을 맺었다.

1970년대 생 마지막 현역 선수, **이지희**

마흔한 살 베테랑은 여전히 건재했다. JLPGA 투어 한국인 맏언니 이지희의 우승에 박수갈채가 쏟아졌다. 2019년 4월 일본 구마모토에서 열린 KKT컵 반테린 레이디스 오픈 대회장 구마모토컨트리클럽 18번홀(파5) 그린 주변 풍경이다.

그의 4m 위닝 퍼트는 20년간 강자로 군림할 수 있었던 이유를 대변하는 듯했다. 모든 시선이 집중된 상황이었지만 조금도 움츠러드는 모습을 보이지 않았다. 퍼터 페이스를 떠난 볼은 기세등등하게 컵 속으로 파고들었다. 시즌 첫 승이자 개인 통산 23번째 우승이었다.

이지희는 전 세계 정규 투어에서 활약한 한국 선수 중 마지막 1970년대 생이다. 그와 동시대에 활약했던 김미현과 박지은은 2012년에 은퇴했고, 한희원과 장정은 2014년, 박세리는 2016년, 강수연은 2018년 일본에서 선수 생활을 마감했다.

이지희의 기록 행진은 멈추지 않았다. 2002년부터 2020-2021시즌까지 상금시드(상금순위 50위 이내)를 유지하면서 JLPGA 투어 역사를 새롭게 썼다. 나이를 잊은 투혼은 세대를 넘어 큰 자극제가 됐다. 어린 선수들에겐 '더 열심히 해야 한다'는 분명한 명분을 제시했고, 베테랑 선수들에게는 '아직도 늦지 않았다. 나도 할 수 있다'는 자신감을 심어 줬다.

1979년 2월 12일 서울 수유동에서 태어난 이지희는 12살(원초초등학교 6학년) 때 골프를 시작했다. 집 앞 골프연습장에서 아버지와 오빠가 운동을 했는데, 자주 따라다니며 구경만 하다 자연스럽게 골프를 배우게 됐다.

그는 아마추어 시절부터 이름을 날렸다. 1997년 국가대표로 발탁돼 2년간 태극 마크를 달았다. 1998년엔 KLPGA 투어에 데뷔했는데, 2000년 8월 JLPGA 프로테스트에 합격하면서 활동 무대를 일본으로 옮겼다. 그해 말 열린 JLPGA 신인전 가가전자컵 우승 후 2001년 JLPGA 투어에 정식으로 뛰어들었다.

1996년부터 시작된 신인전 가가전자컵은 그해 최종 프로테스트에 합격한 루키들의 이벤트 대회다. 후도 유리, 바바 유카리, 요코미네 사쿠라, 우에다 모모코, 하라 에리카原英莉花 같은 스타 선수들이 우승했다. 한국 선수로는 장은경(1997), 한희원, 이정은, 송채은(이상 1998), 조정연, 박현순(이상 1999), 이지희(2000), 서지현, 한지연(이상 2001), 김소희, 배재희(이상 2007), 정윤주, 임은아, 황아름(이상 2008), 이지연(2018)이 출전했다. 그중 조정연, 이지희, 서지현이 우승해 화려하게 데뷔했다. 그러나 조정연과 서지현은 정규 투어 데뷔 후 이렇다 할 기록을 남기지 못했다.

이지희가 일찌감치 일본으로 활동 무대를 옮긴 이유는 국제통화기금IMF 외환위기 여파가 컸다. 1997년 11개 대회를 치른 KLPGA 투어는 1998년 경기 침체로 4개 대회가 증발했다. 프로 데뷔와 동시에 개점 휴업 위기에 직면하면서 해외 진출을 모색했다.

KLPGA 투어 데뷔 3년 만에 JLPGA 투어 출전 자격을 얻은 이지희는 일본을 거쳐 미국 진출까지 꿈꿨다. 하지만 미국은 대회장 이동 거리가 길어서 체력에 부담을 느꼈다. 결국 미국 진출은 포기하고 일본에 정착하게 됐다.

데뷔 첫해였던 2001년은 다이오제지 엘르에어 레이디스에서 첫 우승했다. 상금순위는 10위에 올라 JLPGA 신인상과 일본프로스포츠 신인상을 모두 수상했다.

2001년(1승)부터는 거의 매년 1~2승 이상을 달성했다. 상금 시드는 2021년까지 단 한 차례도 놓치지 않았다. 굳이 부진했던 시즌을 꼽으라면 2004년(44위)과 2007년(38위)이다.

2004년엔 지옥을 경험했다. 자신의 시즌 마지막 대회 다이오제지 엘르에어 레이디스 오픈에서 예선 탈락하면서 상금 시드를 지키지 못했다고 생각했다. 경기 후 선수와 갤러리가 모두 보는 앞에서 펑펑 울었다. 대회 종료 후 상금순위는 44위였다. 시드를 잃지 않았다. 상금순위를 확인한 이지희는 또다시 펑펑 울고 말았다.

이지희는 시즌 내내 몸이 좋지 않았다. 허리 통증을 달고 있었다. 결장 대회도 많았다. 좋지 않은 몸으로 QT에 나가도 정상적인 경기는 할 수 없었다. QT에서 미끄러져 대회에 출전할 수 없게 된 불길한 생각이 머릿속을 지배했다. 망연자실하고 말았다.

서른 중반이던 2013년과 2014년에는 2년간 우승과 인연을 맺지 못하고 골프 인생 내리막길을 걷는 듯했다. 그러나 2015년 2승을 달성하며 거짓말처럼 부활했다. 2016년에도 시즌 5번째 대회 야마하 레이디스 가쓰라기葛城를 포함해 2승을 올렸다. 이후에도 2승을 보태 2020년까지 통산 23승(메이저 2승)을 기록했다. 상금왕엔 오르지 못했지만 2008년 평균타수와 톱10 피니시율 1위에 올랐고, 2011년엔 그린 적중률 1위를 차지했다. JLPGA 투어를 대표하는 샷메이커임을 기록으로 입증했다.

2018년에는 강수연의 은퇴로 JLPGA 투어 한국인 맏언니가 됐다. 이지희는 강수연이 JLPGA 투어에 데뷔한 2011년 이전에도 한국인 최고령 선수였다. 구옥희와 이영미가 간간이 대회장에 모습을 드러냈지만 30대 초반부터 사실상 맏언니 역할을 수행했다. 강수연 은퇴 후 '맏언니가 부담스럽지 않냐'고 물었더니 "원래 타이틀(맏언니)을 되찾아온 기분"이라며 혼연스러운 모습을 보였다. 강단이 있다. 그런 기질이 20년 이상 꾸준한 활약을 뒷받침했다.

그렇다면 그의 롱런 비결에 대해서 좀 더 구체적으로 알아보자.

첫 번째는 빼어난 스윙 기술에 있다. 그중에서도 투어 최강을 자랑하는 정확도가 비결이다. 2020년까지 JLPGA 투어 20년 동안 16번이나 그린 적중률 톱10에 진입했다. 두 차례는 1위였다.

자신감도 있었다. 2013년과 2014년엔 2년간 우승 없이 보냈지만 초조한 마음은 없었다고 한다. 스윙을 모조리 뜯어고치는 과정이었고, 조금만 고생하면 이전 성적은 나올 것이란 믿음이 강했다.

JLPGA 투어 통산 20승 상금왕 출신 시오타니 이쿠요는 이지희의 안정된 스윙 비결이 군더더기 없는 움직임에 있다고 분석했다. 스윙에 필요한 동작 외에는 불필요하게 힘이 들어가지 않고, 물 흐르듯이 부드럽게 움직인다는 것이다. 스윙 전체가 리드미컬하고 임팩트 때 힘이 들어가는 인상도 없어서 선수들 사이에서는 '스윙의 교본'[1]으로 불린다고 했다.

두 번째 비결은 끊임없는 자기 개발이다. 이지희는 원래 드로우 히터였는데, 2017년부터 페이드로 바꿨다. 구질 변경 후에는 샷이 왼쪽으로 휘어지는 일이 많았다. 한 일본 언론은 2018년부터 다시 드로우로 바꿨다는 분석 기사를 내놓았다. 공이 왼쪽으로 휘어지는 일이 많아 드로우로 오해한 것 같다. 이지희가 추구한 구질은 스트레이트에 가까운 페이드였다.

우에다 모모코, 고이와이 사쿠라小祝さくら를 지도한 쓰지무라 하루유키辻村明志는 이지희의 스윙에 대해 이렇게 말했다.

"시즌 중에 구질을 바꿨지만 샷 정확도는 깜짝 놀랄 정도다. 퍼트만 들어가면 더 많은 우승을 챙길 수 있을 것 같다. 숙달된 후드워크와 리드미컬한 스윙은 투어 세 손가락 안에 든다. 자신만의 스윙 포인트를 익히면서 치밀하게 연습하는 모습도 인상적이다."[2]

이지희는 성적이 좋지 않은 날일수록 스윙 리듬이 빨라지는 경향이 있다. 스윙 리듬은 스코어에 적지 않은 영향을 줄 수 있는 만큼 연습 때마다 리듬감에 주의를 기울였다. 일본 선수들도 감탄한 시원시원하고 리드미컬한 스윙은 그냥 만들어진 것이 아니다.

세 번째는 자기 관리다. 이지희는 2019년 38개 대회 중 28개 대회에 출전했는데, 4주 연속 출전 후에는 반드시 1~2주 휴식을 취했다. 2020년까지 자신이 정한 기본 틀을 철저하게 지켰다. 오랜 기간 시행착오를 거치면서 터득한 최적의 컨디션 유지 비결이다.

2006년 상금왕 오야마 시호의 스윙 코치였던 제이 윤(한국명 윤원섭)은 "자기 관리를 정말 철저하게 잘한 선수다. 프로 10년 차를 넘기면서 전혀 다른 선수가 됐다. 일본에서 오랫동안 선수 생활하는 방법을 스스로 깨우친 것 같다. 경기에 대한 집중력도 좋아서 연습 땐 공이 이쪽저쪽으로 휘어지다가도 실전에만 들어가면 눈빛이 독사처럼 변한다"고 분석했다.

체력 유지에도 공을 들였다. 그가 체력 유지를 위해 신경 쓴 건 다름 아닌 휴식이다. 시즌 중에도 적절하게 휴식을 취하면서 계획성 있게 움직이면 체력에 크게 부담을 주지 않고 한 시즌을 보낼 수 있다는 것이다.

이지희는 2019년 3월 열린 시즌 두 번째 대회 요코하마 타이어 골프 토너먼트 PRGR 레이디스컵에서 오른쪽 어깨 통증으로 경기를 포기했다. 물리치료를 받은 뒤 휴식을 취하면서 통증은 가라앉았지만 이어 열린 티포인트×에네오스 골프 토너먼트에도 불참했다. 혹시 모를 후유증을 걱정했기 때문이다.[3]

그는 투혼이라는 이름으로 몸을 혹사시키지 않았다. 시즌 중에도 구질을 바꿀 만큼 끊임없는 변화를 시도하면서도 불필요한 체력 소모는 피했다. 마흔을 훌쩍 넘긴 베테랑이 20년 동안 한결같을 수 있었던 비결이다.[4]

네 번째는 동기 부여다. 그의 목표는 늘 상금왕이었다. 상금순위 1위에 오르고 싶은 마음이 누구보다 강해보였다. 공표하듯이 상금왕 목표를 드러내기도 했다. 영구 시드가 주어지는 통산 30승은 상금왕과 함께 꼭 이루고 싶은 목표라고 했다. 끊임없는 동기 부여야말로 이지희의 롱런을 뒷받침한 원동력이 됐다. 그는 "은퇴 생각은 해본 적이 없다"면서도 "동기 부여가 없다면 은퇴할지도 모른다"는 말을 자주 했다.

'골프 이외엔 아무 것도 생각하지 않는 것 같다'는 주변 사람들의 말에 대해서는 강하게 부정했다. 이지희의 말을 들어보자.

"제발 그러고 싶다. 어떻게 하면 골프만 생각할 수 있나. 사실 난 딴생각을 너무 많이 한다. 이 복잡한 생각들을 다 지우고 골프에만 전념하고 싶다."

솔직한 답변이다. 운동 중에 딴생각이 들지 않는 선수는 아무도 없다. 힘 들수록 더 심해진다. 중요한 건 끊임없이 딴생각을 하면서도 연습을 게을리 하지 않았다는 점이다. 20년 투어 생활 성적표가 그것을 대변하고 있다. 자리 관리의 승리다.

마지막 다섯 번째 비결은 숙면이다. 이지희는 '숙면의 달인'이라 불러도 좋을 만큼 잠을 잘 잔다. 자동차 안이든 비행기 안이든 호텔이든 집이든 상관없다. 누울 자리만 있으면 잔다. 잠자리에 민감하지 않다. 하루 평균 9~10시간이나 잔다.

신체는 잠을 자면서 근육과 조직을 회복·발달시킨다. 죽거나 다친 세포를 교체·치료하는 일도 수면 중에 이루어진다. 운동선수들에겐 매우 중요한 시간이다. 트레이닝 강도나 피로도가 높을수록 몸은 더 많은 수면을 요구한다. 하루에 12시간씩 운동하는 선수가 수면 시간을 충분히 확보하지 못하면 연습 효과는 떨어질 수밖에 없다.[5]

2011년 발표된 미국 스탠퍼드 대학교 농구팀 11명의 '수면과 운동 수행 능력' 측정 보고서를 보면 더 흥미롭다. 그들은 평소 하루 평균 6시간 30분을 잤는데, 수면 시간을 2시간 늘렸더니 자유투 성공률은 9% 향상됐고, 3점 슛은 9.2% 좋아졌다.[6]

코리안 탱크 최경주가 미국프로골프PGA 투어에서 성공할 수 있었던 비결도 숙면에서 찾을 수 있다. 누우면 금세 잠드는 체질이어서 어떤 상황이라도 숙면을 취할 수 있었다.[7] 시차 적응과 피로 회복 속도도 다른 선수들보다 빨랐다.

지금부터는 이지희와 얽힌 사람들에 대해서 이야기해볼까 한다. 그의 골프 인생에서 절대 지울 수 없는 인물이 있다. 후도 유리다. 이지희가 일본 무대에 뛰어든 2000년부터 2005년까지 6년간 상금왕을 꿰찬 주인공이다. 통산 승수는 50승으로 영구시드를 보유한 6명 중 한 명이다.

이지희는 2003년과 2008년, 2011년에 상금순위 2위를 차지했다. 2003년엔 4승이나 달성했지만 후도 유리는 10승(JLPGA 투어 한 시즌 최다 승)을 쓸어 담았다. 상금왕이 최대 목표였던 이지희로선 커다란 걸림돌이었다.

2008년엔 후도 유리의 납득할 수 없는 3퍼트로 인해 상금왕 꿈이 산산조각 나고 말았다. 시즌 마지막 대회이자 메이저대회 투어 챔피언십 리코컵 최종 라운드에서 일어난 사건이다. 대회 전까지 상금순위 1

위는 이지희였다. 한국인 첫 상금왕이 유력했다.

일본 언론은 머리를 쥐어짜기 시작했다. 온갖 경우의 수를 만들었다. 상금순위 3위 고가 미호는 우승을 해도 이지희가 공동 4위 이내에만 들면 상금왕에 오를 수 없었다. 가능성은 희박해 보였다.

이미 상금왕이 좌절된 전미정과 후도 유리는 이날 선두와 2위로서 마지막 18번홀(파4) 그린을 밟았다. 둘 중 한 명이 우승하면 상금왕은 이지희였다. 하지만 전미정은 더블보기를 범했고, 후도 유리는 1.5m 버디 퍼트를 놓친 데 이어 파 퍼트마저 실수해 먼저 홀아웃한 고가 미호에게 우승컵이 넘어갔다. 이지희는 10위였다. 고가 미호가 상금왕이다. 120만 엔(약 1,200만 원) 차였다. 후도 유리의 미심쩍은 퍼트가 오래도록 회자되는 이유다. 다음은 이지희의 말이다.

"한동안 힘든 시간을 보냈다. 시간이 한참 지나서야 알게 됐다. 우승 기회를 자주 만들어야 우승을 할 수 있듯이 그런 일을 자주 겪어야 언젠가는 상금왕이 될 수 있다는 생각을 하게 됐다. 지금은 아무렇지도 않다. 지나고 보니 별것도 아니었다."

이지희의 긍정적인 성격을 읽을 수 있다. 후도 유리를 의심하거나 미워할 수도 없었다. JLPGA 투어 데뷔 시절부터 후도 유리의 경기를 보며 성장한 이지희였다. 플레이뿐 아니라 겸손하고 인간적인 모습도 좋았다. 후도 유리라는 큰 산이 있어서 이지희가 톱 플레이어로 성장할 수 있었는지도 모른다.

동료 선수들과 관계에서도 긍정적인 성격을 엿볼 수 있다. 맏언니로서 특출한 리더십을 갖췄다고 할 순 없다. 골프가 개인 운동이다

보니 그럴 필요도 없다. 리더십보단 친근함이나 본보기라는 말이 더 어울린다.

후배들에겐 편한 언니 같은 존재다. 이지희는 2001년부터 어머니와 함께 오사카국제(이타미)공항 근처 맨션에서 살다 도쿄 시나가와로 이사했다. 일본 데뷔 초기엔 일본어가 서툴고 생활이 익숙하지 않아 구옥희, 고우순, 이오순 같은 선배들의 도움을 많이 받았다. 간토 지방에서 대회가 있을 땐 이오순의 집에서 신세를 지기도 했다. 일본 데뷔 3년째부터는 어느 정도 생활이 안정되면서 어머니는 한국으로 돌아왔고, 이지희는 일본에서 홀로서기를 했다.

도쿄로 이사 후에는 2017년 JLPGA 투어에 데뷔한 이민영과 자주 만나 식사를 했다. 이민영도 시나가와에 집을 얻어 어렵지 않게 만났다. 둘의 나이 차이는 13살이나 나는데, 대화는 친구처럼 한다.

대회장에서 이지희, 이민영과 함께 가벼운 대회를 나눈 적이 있다. 화두는 맛집이었다. 이민영은 이지희가 미식가라고 했다. 일본 각지 숨은 맛집을 많이 안다는 이유에서다. 손에 쥐고 있던 스마트폰 액정을 손끝으로 뚝 치는 시늉을 하더니 "앱에 뜨는 가게 말고요. 일본 현지인들만 아는 가게인데, 정말 훌륭한 맛집만 알고 있다니까요"라며 여러 차례 강조를 했다.

옆에서 듣고 있던 이지희는 웃음보가 터져버렸다. 소리 내어 웃다가 손사래까지 친다. 얼마나 웃었는지 호흡까지 가빠졌다.

짤막한 장면이지만 13살 터울 두 사람의 성격을 조심스럽게 들여다볼 수 있다. 이민영은 표현이 자유롭고 스스럼이 없다. 다소 엉뚱한 매력도 보인다. 그에 반해 이지희는 까마득한 후배의 익살스러운 도발을 받아주는 데 익숙한 모습이다. 약간의 수줍음도 발견할 수 있다. 분명한 세대 차이와 전혀 다른 성격 속에서도 오묘한 조화가 있다.

이지희는 일본 진출 초기 낯가림이 대단히 심했다. 처음 만난 사람과는 얼굴을 마주하지도 못할 정도였다. 처음 보는 사람 앞에서는 늘 수줍어하는 모습을 보였다. 내가 이지희를 처음 봤을 때도 비슷했다. 수줍은 웃음을 보이며 눈을 피했다. 질문을 해도 '네', '아니요' 같은 짧은 답변만 돌아왔다. 그마저도 목소리가 작아서 잘 들리지 않았다. 인터뷰 자체가 어려웠다.

SBS골프 해설위원이자 JLPGA 투어 통산 6승을 장식한 신현주는 "낯을 많을 가리는 성격이다. 친해지면 많은 장점을 발견할 수 있다. 언제 어디서든 편안한 대화가 가능한 선수다. 친해지기까지 시간이 걸리는 게 단점이다"라고 말했다.

그가 전혀 다른 성격을 갖게 된 건 30대 중반부터다. 나이가 들고 후배도 많아지는 상황에서 계속 낯을 가려선 안 되겠다는 생각이 들었다고 한다. 성격을 고쳤다기보다 환경에 익숙해졌다. 같은 사람들을 오랫동안 대하다 보니 낯가림이 줄었다.

집에선 명상을 자주한다. 잔잔한 음악을 들으며 무념무상에 빠져보기도 했다. 성격을 고치기 위해 시도한 건 아니었는데, 꾸준히 하다 보니 자신이 보였다. 그리고 새로운 모습의 이지희를 발견했다. 그러면서 낯가림이 덜한 이지희로 변해갔다.

시즌 중에 도쿄 집으로 돌아가는 시간은 2주에 한 번 꼴이다. 오랜 만에 집에 들어가도 짐을 싸고 푸는 게 일이다. 다행히 청소는 그가 가장 좋아하는 일 중 하나다. 깔끔한 것을 좋아해서 상당 시간을 청소에 할애하며 기분 전환을 한다. 한국에는 두 달에 한 번 꼴로 돌아왔다. 대부분 운동을 하면서 시간을 보냈다. 가끔 친구들과 만나 와인을 마시기도 했다. 술은 전혀 못했지만 2017년께부터 와인 한 잔 정도는 할 수 있게 됐다.

일본『골프다이제스트 온라인』은 신지애, 이보미, 김하늘 같은 후배들의 기세에 눌리면서 술을 시작했다[8]는 기사를 냈다. 시오타니 이쿠요도『닛칸겐다이 디지털』칼럼을 통해 "이지희는 한국 젊은 선수들에게 지지 않으려는 모습이 유난히 강하다"[9]고 주장했다.

결론부터 말하면 근거도 논리도 설득력도 떨어지는 주장이다. 짜 맞추기식 추측 기사에 가깝다. 일본 매체 기사를 사실 확인 없이 인용 보도하면 대형 사고가 날 수 있다. 조심해야 한다.

프로골퍼는 투어를 함께 뛰는 모든 선수가 동료이자 경쟁자다. 경기 특성상 '특정 선수에게 경쟁심을 느낀다'라는 말은 미숙한 표현으로 들릴 뿐이다. 한국 선수들과 우승 문턱에서 자주 만나 경쟁하는 과정에서 드러난 이지희의 독사 같은 눈빛이 일본인들의 눈엔 그런 뜻으로 비쳐진 게 아닌가 생각된다.

후배들의 선전이 스트레스로 작용할 이유도 없다. 이지희는 평소 이보미, 안선주 같은 후배 선수들에게 배울 점이 많다고 했다. 비슷한 세대라도 각자 다른 매력과 장점을 지니고 있다는 게 그의 설명이다. 실제로 두 선수의 코스 매니지먼트와 위기 대처 방법을 유심히 지켜보면서 좋은 공부가 됐다고 털어놓기도 했다.

황아름과 이민영이 연장전 승부를 펼친 2018년 다이토켄타쿠大東建託・이헤야넷 레이디스에선 경기를 마친 뒤 1시간 이상을 기다렸다 황아름의 우승을 축하해주는 모습도 봤다. 이런 행동이 후배들의 선전에 스트레스 받는 선배의 모습이라 할 수 있을까.

'영원한 맏언니' 이지희는 일본에서 많은 우승을 수확하며 명성을 날렸다. 한국에서는 해외 투어 20승 이상 선수에게 주는 KLPGA 투어 영구 시드를 받았다. 아쉬운 건 국내 투어 우승이 없다는 점이다. 대회 출전 경험도 많지 않다. 국내 대회 출전 의지가 없는 건 아니다. JLPGA 투어는 국내 대회보다 참가 신청을 일찍 마감한다. 초청을 받아도 출전하지 못할 가능성이 높다. 과거 후원사였던 LG, 하이트진로와도 인연이 끊어지면서 국내 대회 출전 가능성은 더 낮아졌다.

국내 골프 팬들이 이지희의 경기를 볼 수 없게 된 건 아쉬운 일이다. 그의 플레이엔 젊은 선수들에게서 찾아볼 수 없는 깊은 장맛이 난다. 오랜 시간 공을 들여 숙성시킨 장맛이다. 처음부터 깊은 장맛이 났던 건 아니다. 깊은 장맛을 우려내기까지는 오랜 시간과 노력과 인내가 필요했다. 철저한 자기 관리는 기본이고 수차례 스윙 교정을 거치면서 짧게는 수개월, 길게는 1~2년간 시행착오를 겪었다.

KLPGA 투어는 20대 초반 어린 선수들의 격전장이 된지 오래다. 예전보다 선수 수명이 길어진 것은 사실이지만 미국이나 일본에 비하면 아직도 베테랑 선수들이 마음 편히 플레이할 수 있는 환경은 아니다.

국내 골프 팬들은 어린 유망주들의 힘과 패기를 앞세운 플레이에 열광하며 박수를 보낸다. 한국 선수들 실력이 원체 뛰어나다. 수년 뒤 세계 최고 선수로 성장할 것이란 확실한 믿음도 있다.

문제는 베테랑 선수들이 떠난 반쪽짜리 투어라는 점이다. 그곳에선 미래 설계가 쉽지 않다. 국내 투어를 2~3년 경험한 선수라면 너나할 것 없이 해외로 눈을 돌리는 불완전한 골프 강국에서 꿈이 자라날 수 있을까.

이지희는 단순한 한국인 최고령 선수가 아니다. JLPGA 투어 활약 한국 선수들의 정신적 지주이자 미래다. 40세를 훌쩍 넘긴 나이에도 건재한 활약을 보이면서 후배 선수들에게 '나이가 들어도 할 수 있다'는 강한 자신감을 갖게 했다. 그 자신감은 플레이의 여유로 나타났다. 또 다른 베테랑 전미정, 어느새 중견급 선수가 된 안선주, 황아름, 신지애, 김하늘, 이보미의 투혼 뒤에도 이지희의 보이지 않는 힘이 작용했다. 이젠 이지희 없는 JLPGA 투어 코리아 군단은 상상하기 어려울 정도다.

만약 이지희 같은 베테랑 선수가 국내 투어에 존재한다면 어떨까. KLPGA 투어를 바라보는 국내외 선수와 팬들의 시선은 완전히 달라지지 않을까. 골프 팬들은 20대 초반 어린 선수부터 40대 베테랑까지 다양한 플레이를 골라 볼 수 있게 된다. 선수들은 굳이 해외에 나가지 않아도 국내에서 긴 안목으로 미래를 설계할 수 있다. 선수들의 은퇴 연령은 늦춰질 것이다. 해외 무대에서 활약하는 한국 선수들은 성적에 대한 부담을 덜 수 있다. 언제든 마음 편히 국내로 복귀할 수 있는 명분이 있기 때문이다. 바로 그것이 '영원한 맏언니' 이지희의 힘이다.

Why?

박세리·김미현, 왜 2세대일까

1983년과 1984년 JLPGA 투어에 데뷔한 4명의 선구자 한명현, 구옥희, 강춘자, 정길자는 한국 여자골프 해외 진출 1세대이자 JLPGA 투어 진출 1세대다. 1985년 데뷔한 김만수, 김애숙, 1988년 이영미, 1989년 김정수도 1세대로 보는 것이 옳다.

1세대의 특징은 국내 여자골프 투어가 걸음마 단계였던 1980년대 일본으로 건너가 골프 인생 기반을 구축했다는 점이다. 재일동포나 일본 체류 지인, 또는 기업 후원으로 비자를 발급받고 JLPGA 프로테스트를 준비했다. 한마디로 황무지에서 텃밭을 일군 선수들이다.

1992년에는 1세대 선수들과 전혀 다른 환경에서 성장한 두 선수가 일본 무대에 모습을 드러냈다. 어릴 적부터 체계적으로 골프를 배운 엘리트 선수들이다. 주인공은 원재숙과 신소라다.

1989년 국가대표 1기로 선발된 원재숙과 신소라는 여자골프가 정식종목으로 처음 채택된 1990년 베이징 아시안게임에 출전했다. JLPGA 프로테스트도 나란히 1·2위로 통과했다. 이들이 해외 진출 2세대이자 JLPGA 투어 진출 2세대다.

2세대는 어릴 적부터 체계적으로 골프를 배운 엘리트 선수이거나 1988년 창립된 KLPGA의 정규 투어에서 다년간 경험을 축적한 톱 플레이어들이다. 1세대 선수들보다 시간·기술·경제적 여유를 가지고 해외 투어에 도전했다는 점도 다르다. 1995년 JLPGA 투어에 데뷔한 고우순, 1996년 데뷔한 이오순, 1999년 한희원, 송채은, 박현순, 2000년 주정연, 2001년 이지희도 2세대에 포함된다.

고우순은 1989년부터 4년간 KLPGA 투어 상금왕에 오른 뒤 일본 무대에 데뷔했다. 이오순은 1993년부터 3년간 KLPGA 투어 상금왕을 지낸 당대 최강자였다. 한희원은 1994년부터 국가대표로 활동한 유망주였다. JLPGA 프로테스트도 1위로 통과했다. 데뷔와 동시에 스포트라이트를 받았다. 송채은, 조정연, 이지희도 국가대표나 상비군 경력이 있다. 박현순은 국가대표나 상금왕 출신은 아니지만 1990년대 KLPGA 투어에서 6승을 장식한 실력파였다.

박세리가 LPGA 투어에 정식 데뷔한 건 1998년이다. 김미현은 박세리보다 1년 늦은 1999년이다. 두 선수 모두 국가대표 출신 엘리트 선수였다는 점과 해외 진출 시기·방법 따위를 따져볼 때 한희원, 이지희 등과 동시대에 활약한 닮은꼴이다. 즉, 해외 진출 2세대이자 LPGA 투어 진출 2세대다.

3부

日 투어 개방과
3세대의 출현

전 재산 들고 현해탄 건넌 **신현주**

"목소리 톤이 좋다", "선수들의 일화가 재미있다", "차분하고 예의가 바른 것 같다", "현장 경험에서 우러나는 해설이 좋았다." SBS골프에서 JLPGA 투어 해설을 맡은 신현주에 대한 시청자 평가다.

일본에서 통산 6승을 장식한 신현주는 2014년 시즌을 끝으로 현역 선수 생활을 마감했다. 이듬해인 2015년부터는 SBS골프 해설위원으로 합류, 현장 경험을 토대로 한 재미있고 차분한 해설로 시청자 호감을 이끌어냈다.

신현주가 TV 해설위원으로 안착하면서 선수 출신 해설위원이 줄을 이었다. 김영과 박지은은 2016년, 박세리와 서희경은 2017년에 SBS 골프 해설위원으로 변신했고, 한희원도 2017년부터 JTBC골프 해설을 맡았다.

골프 지도자 출신이 주류를 이루는 골프 방송가에서 신현주가 해설위원으로서 다년간 입지를 굳힐 수 있었던 원동력은 무엇일까.

기존 시청자들이 가지고 있던 선수 출신에 대한 좋지 않은 이미지와 편견을 벗어던졌기 때문이다. 단정한 슈트 차림에 차분한 말투, 미소 띤 얼굴은 선수 시절 볼 수 없던 새로운 모습의 신현주였다. 새로운 이미지는 시선 집중과 신뢰감 상승효과를 가져왔다.

스포츠 해설위원은 해당 스포츠 중계 시청률과 이미지에 적지 않은 영향을 주는 만큼 갖추어야 할 덕목이 대단히 많다. 관련 분야에 풍부한 경험과 지식은 기본이고 단정한 용모와 개성, 정확한 발음과 언어 전달력도 요구된다. 겸손함이 묻어나는 언행과 냉철한 상황 분석력, 자제력도 필요하다.[1] 이것은 전 세계 방송 전문가들이 말하는 좋은 앵커나 아나운서의 조건이지만 성공한 스포츠 해설위원들의 공통점이기도 하다.

한발 더 나아가면 풍부한 어휘력과 군더더기 없는 언어 구사력, 경기 흐름과 상황을 꿰뚫어 보는 통찰력, 돌발 상황에 능숙하게 대응하는 순발력, 사전에 다양한 정보를 수집하는 준비성, 경기 흐름의 핵심을 집어내는 분석력, 철저한 자기 관리와 성실성[2]도 스포츠 해설위원이 갖춰야할 덕목이다.

신현주는 2005년부터 10년간 JLPGA 투어에서 활동했다. 그만큼 풍부한 경험과 지식을 갖췄다. 거기에 선수 시절 경험하지 못했던 차분한 어조가 어우러져 시청자 호감과 신뢰를 얻었다. 과거 선수 출신 스포츠 해설위원에게서 종종 나타났던 단조롭고 투박한 어조는 찾아볼수 없다. 입가엔 항상 웃음을 머금고 있어서 여유까지 느껴진다.

은퇴 후 곧바로 마이크를 잡은 젊은 해설위원이라는 점도 시청자 호감을 샀다. JLPGA 투어에서 활약하는 김하늘, 신지애, 이보미, 이나리, 안선주, 이지희, 전미정, 황아름 등 한국 선수는 물론이고 우에다 모모코, 나리타 미스즈成田美寿々, 히가 마미코, 스즈키 아이, 오야마 시호

같은 일본 스타플레이어와도 플레이 경험이 많다. 신현주의 해설에 선수에 얽힌 일화가 유난히 많은 이유도 이 때문이다.[3]

대부분 대회장도 신현주가 선수 시절 숱하게 경험한 코스다. 굳이 현장을 답사하지 않아도 다년간 경험이 배어 있는 해설이 가능했다. 능숙한 일본어 실력을 바탕으로 매일 현지에서 쏟아지는 새로운 정보를 빠르게 수집하는 모습도 인상적이다.[4]

JLPGA 투어 중계방송은 시청자 몰입도를 높이는 데 어느 정도 한계가 있었다. SBS골프 프로그램 편성상 KLPGA 투어 중계방송 종료 후 시작한다는 점과 일본 선수 위주의 단조로운 화면은 긴장감마저 떨어트린다.

차분하고 안정감 있는 신현주식 해설은 지루함보다 시선 집중 효과를 가져왔다. 스윙 분석을 유일한 강점으로 내세운 기존의 일부 해설위원 방식을 완전히 뒤집은 점도 위화감보단 신선함으로 받아들이는 시청자가 많은 듯하다. 지도자 출신 골프 해설위원이 주류를 이룬 국내 골프 방송가에 신선한 바람이다.

1980년 7월 13일 경기도 광주에서 태어난 신현주는 서울 신월동 월정초등학교 6학년 때 골프를 시작했다. 아버지 신기승을 따라서 골프연습장에 갔다가 아버지를 레슨하던 프로골퍼 눈에 띄어 그날 당장 골프에 입문하게 됐다.

부유한 가정은 아니었다. 어린 나이에 거부할 수 없어 마지못해 골프를 시작했다. 마음이 불편했다. 그해 겨울엔 전지훈련까지 다녀오면서 뜻하지 않게 선수가 됐다. 아버지는 운동에 소질이 있는 딸이 골프 특기생으로서 대학에 진학하기를 바랐다. 신현주 위로 언니·오빠가 한 명씩 있었는데, 모두 대학을 재수해서 갔기 때문에 막내라도 재수를 하지 말고 한 번에 합격하라는 마음이었다.

신현주는 서문여중·고등학교를 거쳐 강릉대학교에 진학했다. 아버지의 바람대로 특기생으로 입학했다. 단순한 특기생은 아니었다. 1997년부터 3년간 국가대표 상비군으로 활동했고, 강릉대 2학년이던 2000년에는 국가대표로 뛰었다. 그해 5월에는 아마추어 신분으로 KLPGA 투어 한솔 레이디스 오픈에 출전해 김영, 박성자, 이지희 등 프로 선수들을 한 타 차 공동 2위로 제치고 우승했다. 박세리, 김미현, 박소영, 강수연, 임서현(개명 전 이름 임선욱)에 이어 아마추어 신분으로 프로 대회에서 우승한 또 한 명의 거물 선수가 됐다.

이듬해인 2001년에는 KLPGA 투어에 정식 데뷔했다. 15개 대회에 출전해 우승은 없었지만 톱10에 6차례 진입했다. 상금순위는 11위, 평균타수 12위로 신인상을 받았다. 당시 신인왕 경쟁을 했던 선수는 배경은, 이선화 등이다. 2002년 5월에는 레이크사이드 여자오픈에서 프로 데뷔 후 첫 우승을 차지했다. 상금순위는 4위에 올랐다.

일본으로 건너간 건 2004년이다. 연말에 JLPGA 투어 QT를 통과했다. QT를 함께 치러 합격한 전미정, 이은혜, 서예선, 정윤주도 2005년 일본 무대에 입성했다.

2002년 JLPGA 투어엔 단년등록제도가 도입됐다. 프로테스트를 거치지 않아도 QT에 출전할 수 있게 됐다. QT만 통과하면 JLPGA 비회원이라도 1년짜리 출전권을 받고 투어에서 활동할 수 있게 된 것이다. 한국 선수의 일본 진출 러시가 시작됐다. 신현주는 이때부터 3세대의 선봉으로서 빛나는 기록을 써내려 갔다.

일본 진출 전에는 LPGA 투어를 꿈꾸기도 했다. 그러나 자신의 플레이 스타일이나 체력, 집안 형편 따위를 고려했을 때 일본으로 가는 것이 유리하다고 판단했다.

2006년엔 JLPGA 정회원 자격을 얻었다. JLPGA 프로테스트는 매년 8월에 열렸는데, 2005년 8월 요넥스 레이디스 골프 토너먼트에서 첫 우승하면서 프로테스트 면제 혜택을 받아 자동으로 정회원이 됐다. 우승을 못해도 3년간 상금 시드를 유지하면 정회원 자격을 주기도 했다.

첫 우승 기회를 잡은 건 그해 7월 스탠리 레이디스에서다. 선두에 3타 뒤진 공동 8위로 최종 3라운드를 출발했다. 17번홀(파5·486야드)에선 JLPGA 투어 사상 6번째이자 한국인 첫 앨버트로스를 기록해 단독 선두로 경기를 마쳤다. 184야드 남은 상황에서 7번 우드로 두 번째 샷을 쳤는데, 마술에 걸린 듯 볼이 컵 안으로 빨려 들어갔다. 티샷은 엄청난 내리막이었으나 세컨드 샷 지점은 심한 오르막이라 컵이 보이지 않았다. 갤러리 함성으로 들어갔다는 것을 직감했다. 전날에도 이글을 잡은 홀이어서 자신감이 있었다.

신현주는 이날 앨버트로스 덕에 데일리 베스트(8언더파)를 적어냈다. 역전 우승도 바라볼 수 있었다. 하지만 우승컵은 오모테 준코表純子에게 돌아갔다. 그는 16번홀(파4)과 17번홀을 연속 버디로 장식하며 먼저 경기를 마친 신현주를 한 타 차 2위로 밀어냈다. 오모테 준코는 1997년 JLPGA 투어에 데뷔한 베테랑이다. 2019년까지 마흔 다섯 나이로 정규 투어에서 뛰었다.

첫 우승 무대는 그해 8월 열린 요넥스 레이디스 골프 토너먼트였다. 순수하게 일본 무대 데뷔 첫해에 우승을 거머쥔 한국 선수는 신현주가 처음이다. 고우순은 1995년 정규 투어 데뷔 전 해(1994년) 스텝업 투어에 출전했고, 한희원은 1998년 하반기부터 정규 투어에서 뛰었다. 2001년에 데뷔한 이지희도 2000년부터 정규 투어와 스텝업 투어에 참가했다.

이 우승에 힘입어 상금순위 10위, 평균타수 8위에 올랐다. 함께 데뷔한 전미정(상금순위 12위)보다 좋은 성적이었다.

2006년엔 이토엔伊藤園 레이디스에서 우승하며 상금순위 5위, 평균타수 4위를 차지했다. 2008년에는 스튜디오 앨리스 여자 오픈 우승에 이어 메이저대회 일본여자프로골프선수권대회 코니카 미놀타컵 정상에 올라 자신의 골프 인생 정점을 찍었다. 일본여자프로골프선수권대회 우승은 1992년과 2002년 구옥희에 이어 한국인 세 번째다.

2009년에는 우승 없이 상금순위 33위까지 밀렸지만 2010년 니치이코日医工 여자오픈 골프 토너먼트, 2012년 니치레이 레이디스에서 우승컵을 들어 올리며 JLPGA 투어 10년간 통산 6승을 완성했다.

160cm의 작은 신장과 좁은 어깨, 짧은 비거리가 약점이던 그가 일본에서 성공할 수 있었던 비결은 무엇일까.

첫 번째는 둘째가라면 서러워할 안정된 플레이에 있었다. 드라이브샷 평균 비거리는 220야드에 불과했지만 기복 없는 플레이를 펼쳤다. KLPGA 공식 사이트에서 신현주의 프로필을 찾아보면 '드라이버가 가장 자신 있는 클럽'으로 기재돼 있는데, 멀리 보내는 것보다 똑바로 치는 것이 장기라는 뜻으로 이해하는 것이 좋을 듯하다. 그의 플레이 장기는 누가 뭐래도 퍼트와 쇼트게임이었다.

비거리가 짧은 만큼 페어웨이우드 사용률이 높았다. 그는 4개(15·18·21·24도)의 페어웨이우드와 2개(24·27도)의 유틸리티 클럽(페어웨이우드와 아이언의 특징을 복합한 이형 클럽)을 사용했다. 아이언은 7번부터 백에 넣었다. 티샷이 러프에 들어가도 페어웨이우드나 유틸리티 클럽을 사용해 그린을 노렸다. 어느 정도 거리가 있는 홀에서는 핀을 직접 공략하지 않았다. 대신 어프로치를 잘해서 타수를 쉽게 까먹지 않았다.

어릴 적부터 히터와는 거리가 멀었다. 짧은 비거리 때문에 페어웨이우드를 자주 잡았다. 페어웨이우드로 그린을 공략하면 그린 적중률은 떨어질 수밖에 없었다. 그만큼 쇼트게임을 더 많이 연습했다.

그의 안정된 플레이는 기록이 입증한다. 더블보기율은 2005년부터 5년간 5위 밑으로 떨어지지 않았고, 리커버리율은 2006년 1위를 시작으로 4년 연속 4위 이내를 유지했다.

페어웨이가 좁고 그린 주변이 어려운 코스에서는 더 돋보였다. 톱 플레이어들이 줄줄이 보기를 범하며 무너지는 코스에서도 끈질기게 타수를 지켰다. 2008년 9월 일본여자프로골프선수권대회 코니카 미놀타컵에서는 신현주의 진가가 유감없이 드러났다. 악명 높은 난코스 이시카와현 가타야마즈골프클럽에서 나흘간 5언더파(283타)를 치며 와이어 투 와이어를 달성했다. 이 대회에서 언더파를 친 선수는 신현주를 포함해 3명뿐이다.

두 번째 비결은 가족의 힘이다. 양친이 일본까지 따라가 뒷바라지하면서 운동에만 전념할 수 있었다. 1~2세대 선수들에게선 좀처럼 찾아보기 어려운 풍경이었다. 이런 모습은 3세대 선수에게서 뚜렷하게 나타났다. 3세대 선수들의 활약 뒤에는 부모들의 희생이 뒤따랐다. 투어 분위기를 흐려놓았다며 다른 견해를 내놓는 사람도 있다. 그와 관련해선 좀 더 깊이 있게 따져볼 필요가 있지만 이 책에선 다루지 않겠다.

일본 진출 후 가장 힘들었던 점은 경제적인 어려움이었다. 2004년 QT에 출전하는 과정에서 많은 지출이 있었다. 교통비는 말할 것도 없고 심지어 밥을 먹는 것마저 부담이 됐다. 거의 전 재산을 들고 일본에 갔기 때문에 부담을 갖지 않을 수는 없었다.

데뷔전의 떨림은 지금도 잊히지 않는다. 데뷔 첫해 개막전 다이킨 오키드 레이디스 첫날 1번홀(파4) 티잉그라운드에선 티를 꽂지 못할 만큼 손이 바들바들 떨렸다. 지나친 긴장감은 성적으로 나타났다. 6오버파를 쳐 공동 60위로 쳐졌다. 2라운드에선 대선배 이영미, JLPGA 투어 통산 7승 요네야마 미도리와 같은 조에서 경기했다. 이영미 캐디는 역시 대선배 심의영이 맡았다. 긴장감은 첫날보다 더했다.

진가를 발휘한 건 대회 마지막 날이다. 엄청난 비바람이 몰아친 가운데서도 4타를 줄여 공동 4위까지 끌어올렸다. 한국 선수 최고 성적이었다. 함께 데뷔한 전미정은 공동 27위, 이은혜는 예선에서 떨어졌다. 이은혜는 2005년부터 6년간 일본에서 선수 생활을 하다 귀국한 뒤 대만으로 활동 무대를 옮겼다. 은퇴 후에는 한국에서 골프 해설위원을 시작했다.

이날 신현주가 받은 상금은 400만 엔(약 4,000만 원)이었다. 경제적으로 압박감이 컸던 그로선 첫 대회부터 한숨을 돌리게 됐다. 신현주의 아버지는 전 재산 1억 원을 가지고 일본으로 건너갔는데, '이 돈이 다 떨어지면 한국으로 돌아가자'라는 약속까지 했다고 한다.

마지막 세 번째 비결은 환경 적응력과 원만한 대인 관계다. 일본 문화나 코스는 신현주와 잘 맞았다. 플레이 스타일이 와일드하지 않았기 때문에 일본 코스가 제격이었다. 타인 시선을 의식하지 않는 일본 특유의 문화도 좋았다.

주변에는 좋은 사람이 많았다. 선수 생활을 하며 매니저를 맡아준 김애숙을 비롯해 현지 후원회, 서브 후원사였던 아시아나항공 일본 지사, 가족 같았던 골프클럽 후원사 다이와정공(글로브라이드 옛 이름) 관계자들이 늘 신현주 곁에서 응원했다.

신현주는 경기 중과 평상시 표정이 전혀 다른 선수다. 평소엔 미소 가득한 얼굴의 활달한 성격이지만 경기에만 들어가면 과묵한 포커페이스로 변한다. 버디를 낚아도 보기를 범해도 표정에는 변화가 없다. 플레이 후에는 언제 그랬냐는 듯 싱글벙글한 선수였던 것으로 기억한다.

미디어 대응도 잘했다. 일본 기자들의 성가신 촬영 요구에도 늘 미소 띤 얼굴로 성실하게 협조했다. 선수 시절 일본 골프 전문지에 신현주가 단골로 실렸던 이유이기도 하다. 신현주의 타고난 엔터테인먼트 감각은 일본 기자들이 먼저 알아본 듯하다.

신현주가 JLPGA 투어에 데뷔한 2005년은 일본 미디어의 여자골프 선수 취재 경쟁이 치열했다. 미야자토 아이와 요코미네 사쿠라의 인기가 JLPGA 투어 흥행으로 이어졌기 때문이다.

미야자토 아이는 2003년 미야기TV컵 던롭 여자오픈에서 30년 만에 아마추어 신분으로 우승을 차지해 일본 열도를 흥분의 도가니로 몰아넣었다. 그해 말 JLPGA 투어에 데뷔해 통산 14승(메이저 2승)을 달성하며 일본 여자골프 흥행에 불이 지펴졌다. 2006년에는 LPGA 투어로 활동 무대를 옮겼다. 일본 여자골프 사상 처음으로 세계랭킹 1위에 오르기도 했다. 2018년부터 두각을 나타낸 일본 여자골프 황금세대는 미야자토 아이의 LPGA 투어 활약을 보며 성장한 선수들이다.

튀는 외모나 패션 감각이 있는 선수는 성적에 상관없이 더 주목받았다. 일본 사진 기자들은 치마를 입은 여자 선수 촬영 시 바닥에 엎드려 밑에서 위로 올려 찍는 습성이 있다. 다리가 길어 보이는 효과가 있고, 성적인 매력을 담아내려는 의도도 있다. 이런 노골적인 행동 때문에 난색을 보이는 한국 선수를 종종 봤다.

신현주는 선수 시절 치마를 거의 입지 않았다. 치마를 싫어하거나 다리에 콤플렉스가 있었던 건 아니다. 플레이에 불편을 느껴서다. 운동을 하는 데 불편을 느끼면서까지 치마를 입고 싶지는 않았다. 최상의 조건에서 경기를 해도 좋은 결과를 내기가 쉽지 않은데, 일부러 불편한 환경을 만들어서 경기하는 건 효율적이지 못하다고 생각했다. 한 가지 이유를 더 들자면 다리만 새까맣게 태우고 싶지 않았다. 반바지도 거의 입은 적이 없다.

일본어는 따로 시간을 내서 공부하지 않았다. 서툰 일본어라도 주변에서 잘 받아줬다. 친절한 사람들을 많이 만나 크게 불편한 점도 없었다. 1~2세대 선수들이 흘린 땀과 눈물이 3세대 선수들의 투어 환경 개선에 적지 않은 영향을 미쳤다고 할 수 있다. 일본인들의 한국에 대한 인식은 눈에 띌 만큼 달라져 있었다.

일본어를 못해서 오히려 위기를 넘긴 일도 있다. 2006년 어느 날이다. 자차를 운전하며 대회장을 찾아가고 있었다. 길을 잃고 헤매다 교통 신호를 위반했다. 마침 경찰관이 신현주의 차를 세웠다. 알아듣지 못하는 말을 반복했다. 머릿속이 하얘졌다. 당시는 승용차(대형) 신호 위반 시 9,000엔~1만 2,000엔의 벌금을 물었다. 속도위반 시는 위반 속도에 따라 1만 2,000엔~4만 엔까지 부과됐다. 짧은 시간에 엄청난 숫자들이 머릿속을 헤집고 지나갔다. 나름의 임기응변을 발휘했다.

"토너먼트 플레이어Tournament player!"

신현주가 능청스럽게 영어로 대응했다. 그러면서 어리둥절한 표정까지 지어보였다.

"하앗!?"

경찰관이 당황해 한다.

"토너먼트 플레이어!"

최대한 혀를 굴려서 계속 반복했다. "토너먼트 플레이어~!"

어설픈 일본어보다 영어의 힘이 강할 것이라고 생각했다. 옳았다. 외국에서 온 골프선수란 걸 눈치 챈 경찰관은 대회장까지 에스코트하며 안내를 해줬다. 이 사건 하나만으로도 신현주의 영악한 성격을 짐작할 수 있다.

2006년 일본여자프로골프선수권대회 코니카 미놀타컵에선 뜻하지 않게 스타가 됐다. 신현주는 3라운드까지 선두 미야자토 아이에 한 타 차 공동 2위였다. 마지막 라운드는 미야자토 아이, 전미정과 챔피언 조로 출발했다. 대회장에는 LPGA 투어 진출 후 첫 자국 대회에 출전한 미야자토 아이 덕에 구름 관중이 몰렸다. 살얼음 승부가 이어지던 9번 홀(파3)에서 사건이 발생했다. 티샷은 좋았다. 그린에 올라갔다.

"나이스샷!"

신현주는 박수를 받으며 그린 위에 놓인 공을 향해 당당하게 걸 어갔다. 문제의 동작은 다음이다. 마크를 하지 않고 공을 집어 들었다. 갤러리들은 한동안 침묵했다. 잠시 뒤 웅성이기 시작했다. 캐디는 넋이 나간 표정으로 신현주를 바라봤다. 뒤늦게 실수를 알아차렸다. 이미 늦 었다. 1벌타다. 파를 하고도 보기로 홀아웃했다. 이 어처구니없는 장면 은 일본 전역에 TV로 생중계됐다. 사건 이후 가는 곳마다 신현주를 알 아보는 사람이 많았다. 우승보다 더 큰 파급력이었다.

"그때 그린에서 볼 주운 선수 맞죠?"라는 말이 인사처럼 되어 버 렸다. 왜 그런 실수를 했는지는 알 수 없다. 언론에선 긴장한 결과라고 했는데, 본인은 긴장하지 않았다고 했다. 화장실이 급했다는 해명도 했 지만 진짜 화장실이 급했다면 티샷 전에 해결하지 않았을까. 미스터리 한 실수다.

신현주는 일본 데뷔 후 도쿄 에도가와구江戶川區 가사이葛西에서 살 았다. 주변에는 롯데 가사이 골프라는 대형 골프연습장이 있었다. 8년 간 그곳에서 지내다 한국인 식당이 많은 요코하마로 옮겨 2년을 더 살 았다.

데뷔 초기엔 전미정, 이은혜와 같은 동네에 거주해서 자주 만나 식사를 했다. 어느 시점에선 각자 자기 길을 가기에 바빠졌다. 한때 우승한 선수가 친한 몇몇 선수에게 밥을 사기도 했지만 우승하는 선수는 늘 정해져 있어서 불합리하다는 생각이 들었다. 화기애애한 풍경이 사라졌다. 한국 선수들 사이엔 보이지 않는 차가운 장벽이 생겼다.

신현주는 샤브샤브와 창코나베(해산물·고기·채소 따위를 넣고 끓여 폰즈에 찍어 먹는 냄비요리)를 좋아했다. 생선초밥도 즐겨 먹었다. 가장 좋아했던 건 일반 대중음식점에서 나오는 정식이었다. 생선구이에 계란말이, 미소시루(일본식 된장국) 같은 소박한 식단이 가장 잘 맞았다.

일본 생활이 완전히 익숙해진 2014년, 그는 은퇴를 선언했다. 선수 생활에는 더 이상 미련이 없었다. 되돌릴 수 없을 만큼 몸은 만신창이가 되어버렸다. 피할 수 없는 선택이었다. 작은 신장과 부족했던 근력을 만회하기 위해 유연성을 최대한 활용한 큰 스윙아크를 그렸는데, 그것이 몸에는 독이었다.

그가 은퇴한 2014년은 서른세 살에 불과했다. 한층 깊이 있는 플레이를 펼치며 골프의 또 다른 매력을 발견할 나이였다. 은퇴 후 '선수 생활에 미련이 없냐'고 물은 적이 있다. 신현주는 이렇게 답했다.

"속이 후련했다. 섭섭한 마음은 조금도 없다. 양쪽 회전근개 파열로 은퇴할 수밖에 없었다. 2013년에 주치의가 은퇴를 권고할 만큼 최악의 몸 상태였다."

회전근개는 어깨 관절 주위를 덮고 있는 4개 근육이다. 이 중 하나만 파열돼도 팔과 어깨 통증이 발생한다. 어깨를 많이 쓰는 프로야구 선수에게서 많이 나타난다. 신현주는 선천적으로 어깨 관절이 튼튼하지 않았다. 어릴 적부터 지속적이고 과도한 연습이 회전근개 파열로 이어진 것으로 추측된다. 통증을 참고 훈련하거나 무리하게 대회에 출전함으로써 부상을 키운 것도 있었다.

오른쪽 무릎 수술도 컸다. 평소 무릎 통증이 있을 때마다 얼음찜질을 하며 2년 정도를 견뎠다. 대수롭지 않게 여겼다.

2008년 5~6월께 대회 기간에 있었던 일이다. 숙소에서 잠을 이루지 못할 만큼 많이 아팠다. 무릎을 보니 아기 머리만큼 부어 있었다고 한다. 통증이 심해서 혼자선 화장실도 가지 못했다. 대회를 포기하고 도쿄 준텐도順天堂대학병원으로 달려갔다. 정밀검사 결과 무릎에 종양이 생겨서 수술을 서둘러야 했다. 그렇게 잡힌 수술 날짜가 일본여자프로골프선수권대회 코니카 미놀타컵을 마친 다음 날이었다.

수술은 생각보다 컸다. 무릎 앞쪽뿐만 아니라 뒤에까지 종양이 퍼져 있었다. 더 방치했다간 위험할 수도 있었다. 다행히 수술은 성공으로 끝났다. 한동안 대회 출전은 할 수 없었다. 시즌 최종전 투어 챔피언십 리코컵은 여러 달 휴식을 취한 뒤 출전했다. 운동 능력은 현저히 떨어져 있었다. 드라이브샷 비거리는 20~30야드나 덜 나갔다. 그때만해도 조금만 연습하면 전성기 기량은 되찾을 수 있을 거라 생각했다.

수술 후유증은 우울증을 불러왔다. 무릎이 구부러지지 않았다. 마취제를 맞고 구부려보기도 했다. 재활이 수술보다 힘들었다. 매일 눈물을 쏟으면서 재활 치료를 했다. 자기 관리에 소홀한 탓이라고 생각하니 후회가 밀려왔다.

경기력은 수술 후 눈에 띄게 떨어져 있었다. 쇼트게임 감각도 전성기에 한참 못 미쳤다. 매년 상위권을 벗어나지 않았던 파세이브율과 더블보기율 순위도 곤두박질쳤다. 2010년 니치이코 여자오픈 골프 토너먼트와 2012년 니치레이 레이디스 우승이 기적처럼 느껴지는 이유다.

그의 골프 인생에는 군더더기가 없었다. 모든 것이 잘 맞아떨어졌다. 불리한 신체 조건과 잦은 부상을 이겨내고 화려한 기록을 남겼다. 은퇴 후에는 선수 시절 낡은 이미지를 벗고 지도자 겸 골프 해설위원으로 완벽하게 변신했다. 드라마틱한 골프 인생이다.

3주 연속 우승 신화, **전미정**

2019년 1월 20일 대만 가오슝高雄. 최혜진, 오지현, 이소영, 김민선, 김아림, 김지영, 김지현 등 KLPGA 투어 간판들이 대만여자오픈 우승컵을 놓고 치열한 경쟁을 펼쳤다. 가장 빛난 플레이어는 당시 서른일곱 살 베테랑 전미정이다. 더블보기와 보기를 한 차례씩 범하며 간신히 이븐파를 적어냈지만 최종 합계 12언더파(276타)로 2위 그룹의 추격을 뿌리치고 우승했다. 마지막 18번홀(파5)에서 승부를 결정짓는 버디 퍼트가 나왔다. 2003년 파라다이스 여자 인비테이셔널 이후 16년 만의 국내 투어 우승이었다.

전미정은 이 대회 우승으로 16년간 짊어졌던 우승 부담을 내려놓았다. 그가 대만여자오픈에 출전한 이유는 새로 교체한 공을 시험해보기 위해서였다. 늘 그랬듯이 우승보다 국내 투어 대회 참가에 의미를 뒀다. 관계자들 역시 전미정 우승은 뜻밖이라는 반응이었다.

2005년 JLPGA 투어에 데뷔한 전미정은 2020년까지 개인 통산 25승을 달성했지만 국내 대회와는 인연이 없었다. 그는 자신의 KLPGA 투어 마지막 우승이었던 2003년 파라다이스 여자 인비테이셔널 2라운드에서 18홀 최소타(11언더파 61타) 신기록을 작성했다. 이 기록은 2017년 9

월 OK저축은행 박세리 인비테이셔널 2라운드에서 이정은이 12언더파 (60타)를 치기 전까지 역대 최소타였다. 그리고 16년이 흘렀다. 그 사이 국내 투어 마지막 우승 기쁨에는 부담감이란 가시가 돋아나 있었다.

16년 사이 전미정은 일본에서 대선수로 성장했다. 하지만 일본으로 활동 무대를 옮긴 후 국내 대회 무관은 늘 부담으로 작용했다. 골프 팬 시선에도 색안경이 끼워졌다. 어린 유망주를 끊임없이 배출한 KLPGA 투어는 세계 최강이라는 수식어가 붙은 반면 전미정이 맹위를 떨친 JLPGA 투어는 KLPGA 투어보다 한수 아래라는 평가를 받기 시작했다. 2002년부터 3년간 KLPGA 투어에서 2승을 달성하는 데 그친 전미정이 일본에서 무려 25승을 쓸어 담은 것에 대한 의구심 섞인 평가이기도 했다.

전미정의 대만여자오픈 우승은 국내 골프 팬들의 색안경과 JLPGA 투어에 대한 상대적 저평가, 가시처럼 돋아난 국내 투어 우승 부담을 한꺼번에 종식시킨 사건이었다.

전미정은 일본 진출 이후 기량이 수직 상승한 대표적인 선수다. 전미정의 눈부신 성장과 일본 프로골프 대회장 환경 사이엔 밀접한 상관관계가 존재한다.

그는 JLPGA 투어에 데뷔했을 때 세 가지에 크게 놀랐다고 했다. 많은 대회와 구름 갤러리, 훌륭한 연습 환경이다. 이 세 가지는 전미정 뿐만 아니라 한국 선수 대부분이 일본 프로골프 대회장을 처음 접했을 때 느끼는 공통점이다.

일본은 프로골프 투어 운영 시스템 면에서 세계 최고라는 평가를 받아왔다. 세계 최고 선수들의 격전장은 아니지만 LPGA 투어에선 찾아볼 수 없는 오밀조밀하고 치밀한 프로골프 투어 문화를 꽃피웠다. 처음부터 일본 진출을 목표했던 선수든 일본을 거쳐 미국 진출을 꿈꿨던 선수든 대부분 일본에 정착하게 되는 이유가 이 때문이다.

좋은 환경은 실력 향상과 직결된다. 대회장 환경이 좋은 만큼 연습에 집중할 수 있다. 자기 관리에 철저하고 성실한 선수는 일본에서 롱런할 가능성이 높다. 평소 연습량이 많기로 유명한 전미정이 대표적인 예다.

만약 전미정이 일본에 진출하지 않고 국내에 남았다면 어땠을까. 골프공 테스트를 위해 연습 삼아 출전한 대만여자오픈에서 뜻밖의 선물을 받아간 전미정이 16년간 침묵에 대해 우승으로서 답했다. 일본 무대 데뷔 전 전미정과 데뷔 후 전미정은 전혀 다른 선수라고.

1982년 11월 1일 대전에서 태어난 전미정은 부모님 권유로 중학교 2학년 때 골프채를 잡았다. 같은 고향 출신 박세리의 활약을 유심히 지켜보던 아버지 전용선이 '골프를 해보지 않겠냐'고 조심스럽게 권유한 것이 계기가 됐다. 초등학교 4학년 때부터 인라인스케이트를 탔지만 성장기에 키가 부쩍 자라면서 골프로 전향했다. 큰 신장은 인라인스케이트를 타는 데 유리하지 않았다. 허리 통증까지 생기면서 인라인스케이트에 대한 미련을 버렸다.

전미정은 골프 시작 4년 만에 KLPGA 프로테스트를 통과할 만큼 재능을 보였다. 골프를 늦게 시작한 탓에 아마추어 경력은 없지만 2002년 프로 데뷔 후 진가를 발휘했다. 그해 9월 신세계배 KLPGA 선수권에서 우승해 상금순위 7위를 차지했다. 2003년 6월에는 파라다이스 여자 인비테이셔널 골프대회 정상에 올라 상금순위 2위를 찍었다. JLPGA 투어 QT에 도전한 2004년에는 우승 없이 준우승만 두 차례 차지했다. 2005년엔 일본 무대를 밟았다.

전미정이 KLPGA 투어에서 활약한 시기는 이미나, 김주미, 송보배 같은 슈퍼루키가 줄을 이었다. 그러나 대회 수가 줄었다. 2003년 13개, 2004년에는 11개 대회가 열리는 데 그쳤다. 총상금은 45억 원 정도였다. 그에 반해 JLPGA 투어는 2003년 30개, 2004년 31개 대회가 치러졌다. 총상금도 20억 엔(약 200억 원)으로 한국보다 4.5배가량 많았다. 전미정이 일본으로 활동 무대를 옮긴 결정적인 이유였다. QT에 출전할 때만 해도 JLPGA 투어에서 뛰게 될 것이란 생각은 못했다. 합격할 실력이 아니라고 생각했다. 결과는 24위로 합격이었다.

처음 일본 땅을 밟았을 땐 어느 정도 경험을 쌓은 뒤 미국으로 가고 싶었다. 하지만 막상 일본을 경험하니 좋은 점이 많았다. 운동에만 전념할 수 있는 환경이었다. 어릴 적부터 꿈꿨던 미국 무대도 일본과 크게 다르지 않다는 것을 알게 됐다. 결국 일본을 떠나지 않았다.

전미정은 데뷔 첫해 우승 없이 준우승만 두 차례 차지했다. 상금순위는 12위를 마크했다. 성공할 수 있다는 자신감이 생겼다. 준우승한 두 대회 우승자는 미야자토 아이와 요코미네 사쿠라였다. 미야기TV컵 던롭 여자오픈 골프 토너먼트에서는 요코미네 사쿠라와 연장전 끝에 준우승해 아쉬움이 컸다.

당시 미야자토 아이와 요코미네 사쿠라의 인기는 폭발적이었다.

일본 골프 산업 전체를 잡고 뒤흔들었다. 응원 열기도 뜨거웠다. 하지만 전미정의 플레이엔 영향을 주지 못했다. 매너 없는 갤러리들의 조롱에 가까운 야유에도 온전하게 플레이했다. 일본어를 전혀 알아듣지 못한 덕이다. 일본어가 들리기 시작하면서 갤러리 수런대는 소리가 귀에 거슬린 적도 있었다. 그땐 이미 대선수가 되어 있었다.

스포츠 경기에서 관중 응원에 가장 많은 영향을 받는 종목은 농구나 배구 같은 실내 종목이다. 축구나 야구 같은 야외 스포츠는 상대적으로 압박감이 덜하다. 광활한 필드에서 경기하는 골프는 관중 영향을 가장 적게 받는 종목 중 하나지만 작은 소음에도 스윙 리듬감이 깨질 수 있다. 갤러리 함성이나 대화, 심지어 얕은 발소리에 민감하게 반응하는 선수도 있다.

일본 진출 첫해는 난관의 연속이었다. 상반기는 더 힘들었다. 일본어를 전혀 못해 힘든 일이 한두 가지가 아니었다. 숙소와 대회장을 찾아다니는 것도 일이었다. 일본으로 함께 건너간 친언니 전미애 역시 일본어를 전혀 못했지만 동생을 위해 씩씩하게 운전대를 잡았다. 사실상 매니저였다.

언니의 활약은 그뿐만이 아니었다. 골프를 잘 몰랐지만 캐디를 맡았고, 일본어를 먼저 배워 전미정이 운동에만 전념할 수 있게 했다. 남은 건 대회 성적뿐이었다. 생각했던 만큼 성적이 따라주지 않자 조바심이 생겼다. 상반기 10개 대회를 치르는 동안 세 차례나 예선 탈락했다. 톱10은 한 차례 진입하는 데 그쳤다. 그래도 언니가 있어서 다행이었다. 허드렛일을 도맡아준 덕에 심신이 편했다. 마음의 안정을 찾으면서 성적도 차츰 좋아지기 시작했다.

전미정은 일본 진출을 계획하는 후배들에게 "운동도 운동이지만 일본어 실력도 좋아야 한다"고 강조해왔다. 이 같은 시행착오를 겪으면서 일본어의 중요성을 절감했다.

일본 필드에 적응을 마친 전미정은 2006년부터 무서운 선수로 성장했다. 메이지 초콜릿컵 우승을 시작으로 3승을 달성하며 1억 261만 4,030엔(약 10억 원)을 벌었다. 오야마 시호와 상금왕 경쟁을 펼쳤다. 오야마 시호는 시즌 5차례나 우승컵을 가져갔다. 시즌 상금은 1억 6,629만 957엔(약 17억 원)으로 7년 연속 상금왕을 노리던 후도 유리를 누르고 상금 1위에 올랐다. 후도 유리의 독주에 제동을 걸었다.

오야마 시호의 스윙 코치는 한국계 프로골퍼 제이 윤이었다. 제이 윤은 오야마 시호를 비롯해 웨이 윤제魏玤潔, 아리무라 지에, 모기 히로미茂木宏美, 와타나베 세이코渡辺聖衣子, 시로토 유카白尸由香 등 JLPGA 투어 핵심 선수들을 지도했다. 한국보다 일본에서 더 이름을 날렸다. 그가 가르친 선수들이 JLPGA 투어에서 거둔 우승은 14승이나 된다.

2006년엔 JLPGA 신인상과 일본프로스포츠 신인상을 모두 수상했다. 그는 2005년 단년등록자 신분으로 데뷔해 신인상 후보에 오를 수 없었다. 2006년 7월 메이지 초콜릿컵 우승 후 프로테스트 없이 정회원 자격이 주어지면서 데뷔 2년 차에 신인상을 받게 됐다.

2007년 4월에는 JLPGA 투어 역사를 새로 썼다. 야시마 퀸스 골프 토너먼트부터 3주 연속 우승을 차지하면서 투어 제도 시행 후 처음으로 대기록을 남겼다. 투어 제도 시행 전에는 히구치 히사코가 1973년과

1974년에 각각 4연승을 기록한 바 있다. 2019년 11월에는 스즈키 아이가 이토엔 레이디스 골프 토너먼트에서 3주 연속 우승을 달성해 전미정과 어깨를 나란히 했다.

그의 골프 인생에서 가장 화려했던 시즌은 2012년이다. 30개 대회에서 우승 4회 포함, 톱10에 22차례 진입했다. 획득 상금은 1억 3,238만 915엔(약 13억 원)으로 생애 첫 상금왕에 올랐다. 2위 이보미(1억 867만 9,454엔)와 2,370만 엔(2억 4,000만 원) 차이였다. 2010년과 2011년 안선주에 이어 한국인 두 번째이자 3년 연속 한국인 상금왕이었다.

전미정은 2013년 3월 요코하마 타이어 PRGR 레이디스컵에서 통산 22승을 달성해 구옥희가 수립한 한국인 최다승 기록(23승)에 1승만을 남겨놓고 있었다. 그때 슬럼프가 찾아왔다. 원인을 알 수 없는 슬럼프는 2014년과 2015년 깊은 수렁으로 몰아넣었다.

골프를 그만둘 생각까지 했으나 2016년 7월 사만사타바사 걸스 컬렉션 레이디스에서 기적같이 우승을 차지하며 구옥희의 최다 우승과 타이를 이뤘다. 우승 직후 전미정의 눈에선 눈물이 멈추지 않았다. 시상식 소감 발표 때도 쏟아지는 눈물로 인해 제대로 말을 잇지 못했다. 그 모습을 보면서 두 가지를 느꼈다. 그간의 마음고생과 보기와 달리 여린 성격의 소유자라는 점이다.

슬럼프 원인은 크게 두 가지로 분석할 수 있다.

첫째는 흐릿해진 목표 의식이다. 전미정 자신도 인정하는 부분이다. 그의 말을 들어보자.

"상금왕을 이루고 나니 목표가 없어졌다. 주변에선 '즐기면서 하라'는 말을 많이 했는데, 그 조언을 다른 뜻으로 받아들인 것 같다."

두 번째는 부상이다. 2014년 5월 아이언샷을 하면서 나무뿌리를 쳐 오른 손목 인대 부상을 당했다. 부상으로 샷 정확도가 떨어지기 시작했지만 쉬지 않고 대회에 출전했다. 통증으로 임팩트를 못할 지경이었는데도 참아가며 연습을 했다. 손목 부상이 어깨 통증으로 이어지면서 슬럼프는 더 깊어졌다.

2016년 10월 노부타 그룹 마스터스GC 레이디스에서는 다시 한 번 우승을 장식하며 구옥희의 최다승 기록을 가장 먼저 뛰어넘었다. 2017년에도 1승을 보태 통산 25승(메이저 1승)을 달성했다.

스윙 코치이자 형부 김종철은 전미정의 골프를 완성한 인물이라 해도 과언이 아니다. 깊은 슬럼프 수렁에 빠졌을 때도 가장 큰 힘이 되어준 사람이다. 김종철은 1994년부터 3년간 남자골프 국가대표로 활약한 엘리트 선수였다. 그해 안주환, 허석호, 김창민과 히로시마 아시안게임에 출전해 단체전 동메달을 획득했다. 1998년엔 KPGA 코리안투어에 데뷔했다.

전미정이 JLPGA 투어 데뷔 당시 정식 코치는 아니었다. 언니에게 김종철을 소개하면서 상황이 달라졌다. 형부가 됐다. 2008년부터는 정식 코치이자 가족으로서 일본에 상주하게 됐다.

전미정과 김종철은 궁합이 좋았다. 신뢰도도 높았다. 다투는 일도 많았다. 전미정은 공이 안 맞을 때면 불안해하거나 예민한 반응을 보였다. 그럴 때마다 의견 충돌이 있었는데, 서로에 대한 믿음마저 흔들리진 않았다. 친언니에게 배우자로 소개할 정도였으니 김종철에 대한 믿음이 어느 정도였는지 짐작할 만하다.

이번엔 전미정의 경기력을 분석해보겠다. 일본에서 성공할 수 있었던 원동력은 뛰어난 스윙 정확도였다. 상금왕에 오른 2012년은 최고의 경지였다. 신설된 메르세데스랭킹과 평균타수, 톱10 횟수, 평균퍼트(파온 홀), 평균 버디 부문 1위를 휩쓸었다. 파세이브율은 2위를 차지했다. 더 이상 말이 필요 없는 최강자였다.

특히 아이언샷과 퍼트가 좋았다. 파온 홀 평균퍼트는 2006년부터 8년간 8위 밖으로 밀려나지 않았다. 그중 2009년과 2012년은 1위였다. 큰 신장과 체격에 비해 비거리가 긴 선수는 아니다. 그것을 보완하기 위해 쇼트게임 연습에 집중한 결과 JLPGA 투어 최고의 퍼트 실력을 갖추게 됐다.

김종철은 전미정의 스윙에 대해 이렇게 말했다. 2019년 초 대회장에서 들려준 이야기다.

"예전과 똑같은 스타일로 하면 젊은 선수들에게 뒤질 수밖에 없다. (거리보다는) 일관성 있는 샷을 위해 노력하고 있다. 예전에는 몸을 사용하지 않았는데, 지금은 몸 쓰는 스윙을 한다. 그 부분이 (몸에 무리가 가지 않을까) 조금은 걱정된다."

성격에도 성공 비결이 숨어 있다. 워낙 낙천적인 성격인 데다 어릴 적부터 무엇을 했다하면 끝장을 봤다. 만약 어릴 적 인라인스케이트를 포기하지 않았다면 '어떻게든 전미정이란 이름 석 자를 날리지 않았을까' 하는 생각도 든다.

전미정의 성격은 보기와 다른 면이 많다. 평소엔 무뚝뚝하고 강해 보인다. 잘 웃지도 않는다. 실제 성격은 여리다. 겸손하고 착한 심성을 지녔다.

2007년 일본 무대에 뛰어든 황아름은 "무서워 보일 수도 있는데 알고 보면 마음씨 좋은 언니다. 내가 우승할 때마다 전화로 축하를 해줄 만큼 후배 챙기는 마음씀씀이도 크다. 정말 좋은 선배다"라며 호감을 드러냈다.

김종철은 "모르는 사람들은 무섭고 냉정하게 보는데, 편견이다. 약은 성격이 아니라서 사람을 가식으로 대하지 않는다. 사실 속내는 무르다. 그 성격이 플레이에 그대로 나타나기도 한다"고 말했다.

전미정은 2012년 12월 JLPGA 어워드에서 한국 선수의 선전 이유에 대해 "모두 열심히 한다"는 짧은 답변을 내놓았다. 정답이다. 더 이상의 비결은 없다. 일본 선수는 한국 선수의 연습량을 따라오지 못했다. 전미정의 성공 비결도 많은 연습량이었다. 오죽하면 주변에서 '곰 같은 선수'라는 말까지 했을까.

일본에서 처음 둥지를 튼 곳은 오사카다. 6개월 뒤에는 한국 선수가 많은 도쿄로 이사했다. 미나토구 시바우라芝浦라는 곳이다. 도쿄 랜드마크 레인보우브리지가 내려다보이는 근사한 맨션이 전미정의 집이다.

한 달에 한 주는 집에서 휴식을 취한다. 주로 TV를 보면서 시간을 보낸다. 좋아하는 TV 프로그램은 미국 드라마나 한국 예능이다. 쉬는 주에 한국으로 돌아오더라도 아픈 곳을 치료받거나 운동을 한다.

음식은 가리지 않는다. 그중에서도 초밥, 샤브샤브. 스키야키를 좋아한다. 고베神戸에서 맛본 야키니쿠는 일본 생활을 통틀어 가장 기억에 남는 요리라고 했다. 햄버거 같은 인스턴트식품은 가급적 자제한다. 먹는 것 하나에도 자기 관리에 허점을 보이지 않는다.

일본어는 투어 2년째부터 배웠다. 월요일마다 일본어학교를 1년 넘게 다녔는데, 개인 교습을 받으며 회화 위주로 배우다보니 귀가 먼저 열렸다. 능숙한 일본어 실력을 갖출 수 있었던 비결은 문법을 많이 익혀서다. 문법을 익히면서 기초가 탄탄해졌다. 응용 능력과 표현력도 좋아졌다.

일본어가 어느 정도 들리기 전까지는 주변 사람의 도움이 절실했다. 일본 생활을 위해 준비한 것도 정보도 없었으니 당연한 일이다. 일본에 대해 아는 것이라곤 구옥희, 이지희 같은 선배들이 활동하고 있다는 사실뿐이었다. 처음엔 운동만 열심히 하면 되는 줄 알았다. 지내다보니 그게 아니었다.

이지희는 데뷔 초기 힘들어하던 전미정에게 먼저 다가갔다. 전미정은 이지희와 함께 식사를 하거나 연습을 하면서 더 존경하게 됐다고 한다. 함께 여행을 한 일도 있다고 했다.

2005년 6월 아피타 서클K 선쿠스 레이디스에서는 큰 나무 같았던 대선배 구옥희가 우승하는 모습을 눈앞에서 지켜봤다. 전미정은 공동 28위였다. 구옥희는 시상식에서 "후배들이여, 긴장하시라. 난 아직 현역입니다"라는 말을 했다. 이 명언은 구옥희가 세상을 떠난 뒤에도 모든 선수의 가슴에 큰 울림으로 남아 있다.

전미정은 구옥희를 이렇게 기억했다.

"데뷔 첫해가 가장 힘들었다. 구옥희 프로님이 많이 챙겨주셨다.

신주쿠新宿 한인 식당으로 데려가 고기를 자주 사주셨던 기억이 난다. 드러내놓고 챙겨주신 건 아니었지만, 참 따뜻했다. 큰 나무 같은 존재였다. (일본에) 계신 것만으로도 든든하고 힘이 됐다."

전미정을 좋아하는 일본 기자도 많았다. 성실함과 성숙한 언행 때문이다. 전미정은 2011년 3월 11일 발생한 동일본대지진(리히터 규모 9.0) 피해지 복구를 위해 1,000만 엔(약 1억 원)을 쾌척했다. 2012년 8월에는 CAT 레이디스 우승 부상으로 받은 셔블로더(앞쪽에 대형 삽을 달아 흙이나 광물 따위를 퍼 나르는 중장비 차량)를 동일본대지진 피해 복구를 위해 써달라며 기부했다.

평소 팬들에게 상냥한 선수는 아니다. 사회관계망서비스(SNS)를 활용해 팬들과 소통하는 일도 없다. 대회장에서 가볍게 인사하고 사인을 해주는 것이 팬 서비스의 전부다. 얼굴이 익숙한 팬이라도 모자나 공에 사인을 해서 건네는 정도다.

그런데도 그를 응원하는 팬이 적지 않다. 생일에는 전미정의 영문 머리글자를 새긴 목걸이를 들고 대회장에 찾아온 갤러리도 있었다. 하이트진로로부터 후원을 받을 때는 하이트진로 모자를 쓴 여러 명의 갤러리가 전미정을 응원하는 이채로운 풍경이 연출되기도 했다. 2015년 이후 하이트진로 모자를 쓴 갤러리는 대부분 김하늘의 열혈 팬이지만, 원조는 김하늘이 아닌 전미정 응원단이다.

그는 안선주(2010년)와 이보미(2011년)가 일본 무대에 데뷔하기 전까지만 해도 한국인 에이스였다. 2006년 외국인 첫 연간 상금 1억 엔(약 10억 원)을 돌파했고, 2007년엔 투어 제도 시행 이후 처음으로 3주 연속 우승이라는 대기록을 수립했다. 구옥희의 JLPGA 투어 한국인 최다승을 가장 먼저 뛰어넘은 선수도 전미정이다.

한일 여자골프는 2000년 이후 이지희, 신현주, 전미정이 JLPGA 투어에 차례로 데뷔하면서 상하 관계가 바뀌었다. 일본에선 한국 여자골프가 한수 아래라는 생각에서 경쟁자라는 인식이 싹트기 시작했다. 그것을 입증하듯 많은 미디어에선 한일 양국 에이스의 경쟁 심리를 자극하는 기사가 심심찮게 나왔다. 한국 여자골프는 이미 일본을 뛰어넘었지만 한국에 대한 일본인들의 인식은 과거에 머물러 있었다.

1990년대 초중반 일본에선 JLPGA 투어 활약 한국 선수들을 '한국사단'이라고 불렀다. 한국 선수 활약이 두드러지자 일본 미디어들이 사용하기 시작했다. 우리 언론은 해외 투어 활약 한국 선수들에 대해 코리아 군단이라는 표현을 자주 썼다. 군단은 군부대 편성 최고 단위로 보통 5개 사단이 모여 하나의 군단을 이룬다. '구옥희 사단', '이영미 사단'처럼 리더나 감독의 이름을 따서 사단이라고 표현할 수 있지만 국가 뒤에 사단을 붙이는 건 어울리지 않는다. 결례다. 단어 채택 하나만 봐도 일본인들의 한국에 대한 인식을 엿볼 수 있다. 2000년 이후 한국 선수들이 JLPGA 투어를 휩쓸면서 '한국사단'이란 표현은 영원히 사라졌다.

'사쿠라 파파(사쿠라 아빠)'로 유명한 요코미네 사쿠라의 아버지 요코미네 요시로橫峯良郎는 전미정과 유쾌하지 않은 일화를 남겼다. 전미정은 JLPGA 투어 3년 차였던 2007년 역사적인 기록에 도전했다. 야시마 퀸스 골프 토너먼트와 살롱파스 월드 레이디스 골프 토너먼트를 연속 제패한 데 이어 후쿠오카福岡에서 열린 버널 레이디스까지 3주 연속 우승을 노리고 있었다.

일본 언론은 JLPGA 투어 제도 시행 이후 첫 3주 연속 우승자 탄생에 주목했다. 요코미네 요시로는 한 TV 프로그램 토크쇼에 출연해 "전미정의 3주 연속 우승은 절대 없을 것"이라며 호언장담해 눈길을 끌었다. "만약 3주 연속 우승을 한다면 무료로 캐디를 해주겠다"며 빈정거리기까지 했다.

경기는 흥미진진했다. 전미정이 대회 첫날부터 선두에 한 타 차 공동 2위를 마크했다. 우승은 쉽지 않아 보였다. 2라운드에서 무려 7언더파를 몰아친 후도 유리가 전미정에 3타나 앞선 채 단독 선두로 나섰다. 대회장 후쿠오카센추리골프클럽은 악명 높은 난코스다. 2라운드를 마친 시점에서 언더파를 친 선수는 6명에 불과했다. 최종 라운드 코스 난이도를 감안하면 타수를 지키는 일도 쉽지 않아 보였다.

전미정은 최종 3라운드 14번홀(파4)까지 이븐파를 치며 선전했지만 선두 후도 유리와 격차를 좁히기는커녕 4타 차로 벌어졌다. 패색이 짙었다. 그런데, 보고도 믿기 어려운 일이 일어났다. 15번홀(파4) 버디에 이어 16번홀(파5)에서 이글을 기록하며 후도 유리를 한 타 차로 압박했다. 마지막 18번홀(파5)에선 후도 유리가 보기를 범해 극적으로 동타를 이뤘고, 연장전 승부 끝에 우승컵을 거머쥐었다. 3주 연속 우승 대기록은 현실이 됐다.

요코미네 요시로의 호언장담은 겸연쩍은 실언이 되고 말았다. 그는 한때 일본 참의원 의원으로 활동했지만 잇따른 스캔들과 막말 논란에 휩싸이면서 임기를 마치고 정치계를 떠났다. 무료로 캐디를 해주겠다는 약속도 지키지 않았다.

일본 언론이 전미정을 높게 사는 건 실력에 걸맞은 겸손한 태도 때문이다. 겸손이 몸에 밴 선수다. 일본인들은 그런 전미정의 태도에서 호감을 느꼈으리라 본다. 3주 연속 우승 후에도 매스컴이나 팬을 대하는 태도엔 전혀 변화가 없었다.

"외국인인 나의 경기를 보기 위해 대회장을 찾아 응원해주신 팬들에게 감사한 마음이다."

전미정이 평소 일본 언론과 인터뷰에서 자주했던 말이다. 늘 이 같은 마음으로 경기에 임했다. 이 짧은 한마디엔 긍정적인 성격과 겸손함이 고스란히 묻어난다. 일본 선수들과 비슷한 듯 전혀 다른 환경에서 플레이하면서도 단 한 차례도 불만을 토로하지 않았다. 차별이나 견제도 없다고 했다. 외국인 입장에서 현지인들과 '다름'을 자연스럽게 받아들인 결과다.

2012년 상금왕 달성 후에는 은퇴를 고민할 만큼 혹독한 슬럼프를 겪었지만 단 한 차례도 상금 시드를 놓치지 않았다. 스스로 나태해졌다고 고백했으나 결코 게으름을 피우지 않았다는 것이 기록으로 나타났다.

그의 맹활약은 한국은 물론이고 일본 선수들에게도 좋은 본보기가 됐다. 전미정의 수준 높은 플레이를 보면서 위기의식을 느끼며 각성의 목소리를 내기 시작했다. 놀라운 성실성과 돋보이는 실력으로 일본 열도를 뒤흔들었다.

짧지만 강렬한 존재감,
김소희·송보배·임은아

2019년 10월 일본 효고현 마스터스골프클럽에서 있었던 일이다. 작은 체구의 한 여성에게 시선이 끌렸다. 낯익은 얼굴이 희미해진 기억을 붙잡았다. 얇은 쌍꺼풀에 살짝 위를 향한 눈꼬리, 입가에 한가득 머금은 미소하며 넓은 이마까지 옛 모습 그대로다. 그는 분명 김소희였다. '효녀골퍼'란 닉네임으로 더 익숙한 그다. 2007년 일본으로 떠난 뒤 국내 골프 팬들의 눈에서 멀어졌다. 그랬던 김소희가 두 아이의 손을 잡고 대회장에 나타났다. 후배 선수들과 담소를 나누며 활짝 웃던 김소희의 얼굴에서 2000년대 중반 KLPGA 투어 환희의 순간이 오버랩 됐다.

1982년 11월 19일 경기도 수원에서 태어난 김소희는 초등학교 6학년이던 12살 때 골프를 시작했다. 2003년에는 KLPGA 드림 투어를 거쳐 2004년 정규 투어에 정식 데뷔했다. 시즌 두 번째 대회 레이크사이드 여자오픈에선 3라운드 합계 14언더파(202타)를 쳐 김주미(11언더파)를 3타 차로 따돌리고 프로 데뷔 첫 우승을 차지했다.

그는 신장암이 폐까지 전이되면서 시한부 인생을 살던 아버지를 위해 'I Love Father(아이 러브 파더)'라고 새겨 넣은 웃옷을 입고 경기에 출전해 '효녀골퍼'란 별명을 얻었다. 그의 아버지 김주영은 김소희가 일본으로 떠나기 전인 2006년 7월에 영면했다.

김소희는 프로 입문 전부터 목표를 일본으로 잡았다. 고등학교 2학년 때 한일 주니어 대회에 참가해 미야자토 아이와 처음 만난 것이 인연이 됐다. 일본이 궁금했다. 일본어와 문화를 독학으로 공부했다. JLPGA 투어에도 관심을 갖고 정보를 취합했다. 신세계였다. 미국이 아니라도 큰 무대에서 활약할 수 있다는 확신이 들었다.

2006년 말 JLPGA 투어 QT를 통과한 김소희는 2007년 송보배, 이지우(개명 전 이름 이정은), 이 에스더, 임은아, 황아름 등과 함께 JLPGA 투어에 뛰어들었다. 실력이 뛰어난 3세대 선수가 대거 일본 무대에 데뷔하면서 코리아 군단은 더 강해졌다.

데뷔 초기는 혹독했다. 개막전 다이킨 오키드 레이디스 골프 토너먼트부터 4개 대회 연속 컷 탈락했다. 초반 10개 대회를 치르는 동안 8차례나 예선에서 미끄러졌다. 거듭된 부진은 자신감마저 삼켜버렸다.

첫 우승 기회가 찾아온 건 그해 10월이다. 군마현群馬県 아카기赤城 골프클럽에서 열린 산쿄 레이디스 오픈이다. 대회 첫날 이븐파를 쳐 공동 24위에 머문 김소희는 2라운드에서 3타를 줄여 공동 12위까지 뛰어올랐다. 선두와는 4타 차로 여전히 거리감이 있었지만 마지막 날 4타를 줄여 다카하시 미호코高橋美保子, 우에다 모모코와 연장전 승부 끝에 우승했다. 그해 29개 대회에서 우승 1회 포함, 톱10에 4차례 진입하며 상금순위 30위를 마크했다.

2009년 12월에는 자신의 캐디 박인배와 결혼했다. 여자 골프선수 중에서는 드물게 일찍 인연을 만나 다년간 공개 연애를 했다. 흔한 이력은 아니다.

김소희는 "(남편이) 돌아가신 아빠와 성격이 꼭 닮아서 경기 중에도 잔소리가 심하다"며 공개적으로 핀잔을 주기도 했다. '아빠만큼 편안한 남편'이란 뜻으로 풀이된다. '두 사람, 참 잘 만났다'는 생각이 든다.

남편은 멋쩍은 웃음을 보였다. 김소희의 잦은 도발도 너그럽게 받아준다. 내조를 잘하는 아내의 사랑스런 투정으로 받아들이는 모습이랄까.

신혼 생활이 만만치는 않았다. 남들처럼 깨를 쏟을 시간도 없었다. 더욱이 결혼 후 2년간은 성적이 좋지 않았다. 위태로웠다. 2010년은 시드를 잃고 QT를 통해 투어 출전권을 다시 얻었다.

언제부턴가 하위권 성적에 익숙해졌다. 모든 대회 목표는 예선 통과였다. 그마저도 쉽지 않았다. 그랬던 그가 다시 한 번 우승 기회를 잡은 건 2012년 10월 마스터스GC 레이디스에서다. 2라운드까지 선두 요코미네 사쿠라에 3타 차 2위였으나 마지막 날 2언더파를 쳐 요코미네 사쿠라, 요시다 유미코吉田弓美子와 공동 선두로 경기를 마쳤다. 이번에도 연장전 승부였다. 김소희의 승리다. 요코미네 사쿠라를 플레이오프 2차전에서 눌렀다. 5년 만의 쾌거였다. 개인 통산 두 번째이자 결혼 후 첫 우승이었다.

160cm의 작은 신장과 짧은 비거리는 김소희의 큰 결점이었다. 그가 짧은 비거리를 극복하고 일본에서 정상에 설 수 있었던 원동력은 무엇일까. 데뷔 첫해였던 2007년 9월 일본에서 만난 김소희는 이런

말을 했다.

"(일본 코스가) 생각했던 것보다 훨씬 힘들고 어렵다. 한국에서는 너무 쉽게 생각했다. 생각처럼 좋은 성적이 나오지 않아 고민이다. 한국 코스와 비교하면 전장이 길기 때문에 비거리가 짧은 나로서는 유리할 것이 없는 것 같다. 러프가 길어서 페어웨이를 지키지 못하면 리커버리도 쉽지 않다. 코스에 적응하기까지는 약간 시간이 걸릴 것 같다."

코스 적응에 대한 어려움이 진하게 묻어났다. 얼굴에도 자신감과 불안감이 반반씩 보였다. 그랬던 그가 인터뷰 3주 뒤 보란 듯이 첫 우승컵을 거머쥐었다. 짧은 비거리를 만회하기 위해 스윙에 많은 변화를 준 것이 주효했다. 백스윙 시 손목 코킹을 자제하면서 스윙 궤적을 최대한 크게 그렸다. 스윙 축이 되는 머리는 완전히 고정한 채 큰 스윙 아크를 만들었다. 임팩트 순간에는 손목 스냅을 이용해 비거리를 냈다.[1] 방향성이 완벽하진 않았지만 산쿄 레이디스 오픈선 감이 좋았다.

김소희는 어릴 적부터 우승 기회를 쉽게 놓치지 않았다. 몸은 작아도 남다른 승부 근성이 보였다. 일본에서 달성한 두 번의 우승은 전부 연장전 승리였다. 연장전 2전 전승이다. 마지막 날 타수를 줄여 선두를 따라잡는 집중력이 돋보였다. 압박감 속에서도 배짱 있는 플레이를 펼쳤다..

그것을 입증하는 기록이 있다. 예선 라운드보다 결선 라운드에서, 1·2라운드보다 3·4라운드에서 더 좋은 성적을 냈다. 일본 진출 첫해 최종 라운드 평균 타수는 8위로 1·2라운드 성적보다 월등히 좋았다.

스포츠에서 자신감은 낙관적인 생각과 다르다. 자신감이 있는 선수는 성공을 기대해 긍정적인 자기 충족 예언(자신이 바라는 것이 현실이 된다는 믿음을 갖는 예측)을 한다. 긍정적인 정서와 감정을 불러일으켜 집중력을 향상시킨다. 자신감이 많은 사람일수록 역경이나 위기를 도전할 만한 목표로 여겨 포기하지 않는 성향이 강하다.[2] 위기나 기회에 유난히 강했던 김소희가 그런 유형에 가깝다.

지금부터는 인간 김소희에 대해 알아볼 차례다. 롤 모델은 요코미네 사쿠라였다. 데뷔 초기부터 그를 본받고 싶다는 말을 했다. 단신에도 불구하고 경기를 주도하는 카리스마가 대단하다는 이유에서다. 마인드컨트롤이 좋고 대인관계가 원만한 점, 항상 최선을 다해 노력하는 모습도 배워야 할 점으로 꼽았다. 요코미네 사쿠라는 신장 155cm로 김소희보다 5cm나 작았지만 엄청난 오버스윙으로 250야드까지 거리를 냈다.

김소희는 인사성이 바른 선수로 유명했다. KLPGA 투어 데뷔 초기 대회장에서는 작은 몸으로 꾸벅꾸벅 공손하게 인사하고 다녀 관계자나 선수 가족들로부터 많은 칭찬을 받았다. 일본에서도 크게 다르지 않았다. 허세를 부리거나 불필요하게 자존심을 내세우는 일도 없었다. 일본인들도 그런 김소희의 태도에서 호감을 느낀 것 같다. 일본어를 못했고 연고도 없던 그가 데뷔 첫 해부터 제법 많은 친구를 사귈 수 있었던 것도 그런 성격과 무관하지 않은 듯하다.

사는 곳은 효고현 아시야시芦屋市다. 은퇴 후에는 전업주부이자 두 아이 엄마로서 평범한 삶을 되찾았다. 요리는 김소희의 취미이자 특기다. 찌개 요리와 고추장 불고기, 감자전 등을 잘한다. 자신의 SNS

계정에 정성껏 준비한 남편의 도시락 사진을 올리기도 했다. 김소희의 어머니 서인숙은 한국에서도 남다른 요리 솜씨로 정평이 있었다. 점점 어머니를 닮아가는 김소희는 모친의 요리 솜씨마저 그대로 물려받은 것 같다.

집에서 멀지 않은 마스터골프클럽은 자신의 두 번째 우승 무대이 자 마지막 우승을 장식한 코스다. 실은 2019년뿐만 아니라 매년 가을 마스터스GC 레이디스가 열릴 때마다 마스터스골프클럽을 방문해 후 배들을 격려해왔다.

김소희는 일본에서 8년간 통산 2승을 거뒀다. 엄청난 인기를 누리 거나 화려한 성적을 남긴 선수는 아니다. 작은 신장과 짧은 비거리라는 치명적인 단점을 안고 있었기에 선수로서 한계점이 보였다. 그리 길지 않은 선수 생활 속에서 일군 두 차례의 우승은 그간 쏟아낸 땀과 눈물의 결정체였다. 신장과 기술의 한계를 극복한 아름다운 성공 스토리다.

김소희와 같은 해 JLPGA 투어에 데뷔한 송보배도 일본 골프계에 자신의 이름 석 자를 남겼다. 제주도 서귀중앙여중 1학년 때 골프를 시 작한 그는 2003년 아마추어 신분으로 한국여자오픈을 제패했다. 이미 나, 김주미에 이은 또 다른 슈퍼루키 탄생을 알렸다.

이듬해인 2004년엔 KLPGA 투어에 데뷔해 한국여자오픈을 2연 패했고, SK엔크린 인비테이셔널에서도 정상에 올라 상금왕과 대상, 신 인상을 동시에 거머쥐었다. 국내 최강자로 군림했다.

KLPGA 투어를 평정한 그는 2006년 말 JLPGA 투어 QT를 통과 해 2007년 일본으로 활동 무대를 옮겼다. 2005년과 2006년 JLPGA 투어 살롱파스 월드 레이디스 골프 토너먼트에 초청 선수로 출전한 것이 이적의 단초가 됐다. 대회장 분위기와 선수에 대한 예우가 마음에 들었다. 한국에선 느껴본 적 없는 우쭐함이 밀려왔다. 진짜 프로골퍼가 된 기분이었다.

한국에서 이룰 것을 다 이룬 뒤 슬럼프에 빠져 있던 송보배는 일본에서 제2의 골프 인생을 설계했다.

데뷔 시즌 성적은 나쁘지 않았다. 우승은 없었지만 악사 레이디스 골프 토너먼트 공동 3위, 메이저대회 투어 챔피언십 리코컵 3위 등 톱10에 8차례 진입했다. 상금순위는 16위였다.

우승 본능이 눈을 뜬 건 2008년부터다. 개막전 다이킨 오키드 레이디스 골프 토너먼트에서 요코미네 사쿠라를 4타 차 2위로 밀어내고 완벽한 우승을 달성했다. 대회 최종 3라운드에서는 이글 두 개를 포함해 7타를 줄이는 신들린 플레이를 펼쳤다. 한 라운드 이글 두 개는 고우순(1997), 구윤희(2005)에 이어 한국인 세 번째였다.

그의 골프 인생 클라이맥스는 2009년이다. 최고 권위 메이저대회 일본여자오픈과 일본에서 열린 LPGA 투어 대회를 차례로 제패했다. 일본여자오픈의 격전지는 지바현 아비코我孫子골프클럽이었다. 요코미네 사쿠라와 연장전까지 가는 접전 끝에 1차 연장전 버디로 우승컵을 들었다. 고우순(2002), 장정(2006), 이지희(2008)에 이어 한국인 네 번째 일본여자오픈 우승이었다. 한국과 일본 메이저대회를 전부 제패한 것도 구옥희(1991), 고우순(2002), 장정(2006)에 이어 네 번째다.

11월에는 LPGA 투어 미즈노 클래식 정상에 올랐다. 3라운드 합계 15언더파(201타)를 쳐 박희영, 로레나 오초아, 브리타니 랭Brittany Lang을 3타 차 공동 2위로 따돌렸다. 이 대회 우승으로 한국과 미국·일본 투어 대회를 모두 제패한 6번째 선수가 됐다. LPGA 투어 출전권도 따냈지만 미국에는 가지 않았다.

송보배는 2013년 시즌을 마친 뒤 전지훈련에서 스윙을 바꿨다. 그러나 스윙 교정이 오히려 스윙 감을 떨어트렸다. 거기에 메니에르 병이 심해지면서 경기 중 어지럼증이 자주 발생했다. 2014년 시즌 내내 고전할 수밖에 없었던 주된 이유다. 부진의 늪에서 허우적대던 송보배는 결국 은퇴를 결심했다.

송보배에 대한 평가는 엇갈린다. 타고난 재능이나 실력을 감안하면 아쉬운 성적이라는 게 중론이다. 경기 외적으로도 후한 점수를 받지 못했다. 2008년 4월 KLPGA 투어 개막전에서 물의를 일으킨 것이 컸다. 대회 2라운드에서 드롭 문제로 경기위원에 항의하다 2년간 출전 정지라는 중징계를 받았다. 그날 이후 모든 기업 후원이 끊겼다. 선수 생활 최대 위기였다.

더 이상 물러날 곳은 없었다. 일본에서 와신상담하며 재기를 노렸다. 그리고 2009년 최고 권위 메이저대회 일본여자오픈과 LPGA 투어 대회를 차례로 제패하며 명예를 회복했다. KLPGA도 징계를 풀어줬다.

일본에서는 슬로 플레이로 구설수에 오른 적이 있다. 2011년 개막전 다이킨 오키드 레이디스 골프 토너먼트에서 일어난 일이다. 이 역시 관계자들의 평가가 엇갈린다. 2라운드까지 선두에 6타 차 공동 18위였던 송보배는 마지막 날 13번홀(파3)까지 4타를 줄이며 박인비와 치열한 우승 경쟁을 이어갔다.

문제는 14번홀(파4)이다. 경기 지연으로 2벌타를 받았다. 버디를 하고도 보기로 기록돼 공동 3위에 머물렀다. 2벌타를 받지 않았다면 단독 2위 스코어였다. 단독 2위와 공동 3위의 상금 차이는 184만 엔이었다. 결국 슬로 플레이로 인한 손실은 1,900만 원이나 됐다.[3]

대회 마지막 날 우승 경쟁 선수에게 경기 지연으로 벌타를 준 사례는 좀처럼 찾아보기가 어렵다. 이날 송보배의 벌타도 적지 않은 논란을 불러일으켰다. 송보배와 같은 조에서 경기한 아리무라 지에는 "선수로서 가장 중요한 것은 갤러리나 후원사가 만족할 수 있는 경기를 펼치는 것이다. 시간에 쫓겨서 플레이하다 보면 최고의 경기를 펼치지 못한다는 점도 생각해야 한다"[4]며 송보배 벌타 부여에 대한 이견을 드러냈다.

일본은 LPGA 투어에 비해 경기 속도가 빠르다. JLPGA가 빠른 경기 진행을 요구한다. 플레이 속도에도 엄격한 잣대를 들이댄다. 이런 분위기는 JLPGA 투어 경험이 없는 외국 선수는 물론이고 해외 투어에서 활동하다 JLPGA 투어에 복귀한 일본 선수들에게도 당혹감을 준다. 경기 진행 속도에 관한 이야기는 신지애를 소개하면서 좀 더 자세히 다루도록 하겠다.

송보배는 프로골퍼로서 장점이 많다. 기술력만 놓고 보면 나무랄데가 없다. 뛰어난 유연성과 타고난 운동신경을 지녔다. 강인한 승부근성도 돋보였다.

가장 자신 있게 다룬 클럽은 아이언이다. 짧은 아이언일수록 정확하게 쳤다. 2008년 그린 적중률 4위, 파세이브율 6위도 아이언샷 정확도가 뒷받침했다. 퍼트도 잘했다. 같은 해 파온 홀 평균퍼트는 7위였다.

퍼팅 연습 방법은 기본에 충실했다. 스트로크 연습을 많이 했는데, 일정한 속도로 스트로크하기 위해 피아노 연습 때 쓰는 메트로놈을 이용하기도 했다.

풍부한 경험도 성공 비결이다. 아마추어 시절 국가대표로서 굵직한 국제대회에 출전해 다양한 경험을 쌓았다. JLPGA 투어에 데뷔하기 전인 2005년과 2006년에도 살롱파스 월드 레이디스 골프 토너먼트에 출전해 2년 연속 공동 11위 성적을 냈다. 여자 월드컵 골프대회는 2005년부터 2년간 국가대표로 참가했다. LPGA 투어 메이저대회도 수차례 출전해 소중한 경험을 쌓았다. JLPGA 투어 성공은 낙관적이었다.

동갑내기 두 스타 미야자토 아이와 요코미네 사쿠라는 늘 비교 대상이었다. 둘은 아마추어 시절부터 송보배와 자주 만났다. 일본 무대 성공을 점칠 수 있었던 것도 두 선수와 플레이하면서다. 자신이 한 수 위라고 생각했다. 송보배가 JLPGA 투어에 데뷔했을 때 미야자토 아이는 미국으로 떠났다. 반면 일본에 남아 있던 요코미네 사쿠라는 많은 대회에서 우승을 다퉜다. 송보배의 3승 중 두 대회선 요코미네 사쿠라가 준우승했다.

일본 골프 팬들은 송보배를 '보배' 혹은 '보배짱'이라 불렀다. 선수들 사이에서도 그렇게 불렀다. 작은 체구는 아니지만 동글동글한 얼굴에 귀여운 이미지가 있어서 제법 많은 갤러리가 따랐다.

드라마 같았던 그의 골프 인생엔 영광과 상처가 분명하게 엇갈린다. 굴곡진 투어 생활 속에서 화려한 기록을 써내려갔지만 메니에르병으로 28세 젊은 나이에 선수 생활을 포기했다. 미완의 골프 천재 원재숙과 미묘하게 닮았다.

2007년 일본 무대에 데뷔한 또 다른 스타플레이어는 임은아다. 그를 기억하는 일본 골프팬들은 두 동강이 난 골프채를 머릿속에 떠올린다. 2009년 5월 일본 아이치현 주쿄골프클럽 이시노코스에서 열린 주쿄 TV 브리지시톤 레이디스 오픈 최종 4라운드 18번홀(파4)의 일이다.

이날 대회장엔 이틀 연속 1만 명이 넘는 갤러리가 모였다. 임은아는 JLPGA 투어 통산 4승 미쓰카 유코三塚優子와 숨 막히는 우승 경쟁을 이어갔다. 7언더파로 미쓰카 유코와 공동 선두를 달리던 임은아는 마지막 18번홀 티샷이 왼쪽으로 휘어지면서 위기에 직면했다. 야속하게도 공은 큰 나무 바로 앞 러프에 멈춰 있었다. 풀스윙은 불가능해 보였다. 남은 거리는 117야드. 그린 앞에는 벙커와 연못이 도사리고 있었다. 페어웨이로 빼낸 뒤 핀을 노리는 것이 상책이었다. 모두가 그렇게 예상했다.

예상은 빗나갔다. 임은아는 피칭웨지를 들고 과감하게 핀을 노렸다. 임팩트 이후 클럽이 나무에 부딪힐 경우 위험한 상황이 발생할 수 있었으나 아무렇지 않다는 듯 풀스윙을 했다. 샤프트는 나무와 부딪히면서 요란한 소음을 일으켰다. 골프채는 그 충격으로 두 동강이 나고 말았다. 골프채 대가리가 바닥에 나뒹굴었다.

클럽 페이스를 떠난 볼은 그린 뒤쪽 러프에서 멈춰 섰다. 이후 어프로치로 핀에 붙인 뒤 파로 막아 승부를 연장전으로 끌고 갔다. 3차 연장까지 가는 대접전 끝에 우승컵을 품에 안았다. JLPGA 투어 개인 통산 두 번째 우승이었다.

그는 우승 인터뷰에서 "클럽이 부러질 걸 각오하고 스윙했다. 하지만 진짜 두 동강이 날 줄은 상상도 못했다"고 말하며 어색한 웃음을 지어보였다.

일본 기자들 반응은 두 가지였다. "우승 집념이 낳은 대담한 플레이였다"며 임은아의 승부 근성을 높인 산 기자가 있는 반면 "두 동강이 난 클럽에 갤러리가 맞았다면 어떻게 됐겠냐"며 임은아의 슈퍼 샷을 애써 깎아내리려는 기자도 있었다.

후자의 논리는 이해하기가 어렵다. 나무 밑에 놓인 공을 어떤 방법으로 치든 그건 선수의 고유 권한이다. 경기위원이나 진행요원이 위험한 상황을 인지했다면 갤러리를 안전한 곳까지 물려야 했다. 경기에 집중해야 할 선수에게 갤러리 안전을 이유로 레이업을 강요할 순 없는 일이다. 누군가를 깎아내리더라도 제대로 된 논리가 있어야 한다.

일본의 많은 골프 팬도 전자에 무게중심이 있는 듯하다. 임은아의 대담한 플레이와 투혼을 기억하는 팬이 많다. 박세리의 맨발 투혼 버금가는 명장면이지만 아쉽게도 국내 골프 팬들에겐 잘 알려지지 않았다.

1983년 8월 17일 충남 청양군에서 태어난 임은아는 골프 입문 전 높이뛰기 선수였다. 장평초등학교와 장평중학교를 거친 그는 박세리가 졸업한 공주 금성여고를 다녔다. 정식으로 골프를 시작한 건 3학년 때다. 또래보다 훨씬 늦은 나이에 골프를 접했다. 변변한 아마추어 기록이 없는 이유가 그 때문이다.

2003년에는 KLPGA 드림 투어를 거쳐 2004년 정규 투어에 데뷔했다. 2006년 시즌 마지막 대회 KB국민은행 스타투어 4차 대회에선 첫 우승을 차지했다. 우승상금은 1억 2,500만 원으로 KLPGA 투어 역대 최고 금액이었다. 같은 해 JLPGA 투어 최고액 우승상금 대회(LPGA 대회 제외)는 구옥희가 우승한 버널 레이디스였다. 우승상금은 1,800만 엔(약 1억 8,000만 원). 당시 한일 여자 프로골프 투어 규모를 감안하면 임은아가 받은 우승상금은 실로 파격적이었다.

2006년 말에는 JLPGA 투어 QT를 8위로 통과해 2007년 출전권을 얻었다. 국내 투어와 병행하면서 7개 대회에 출전했다. 상금 시드 획득은 실패했다. 그해 말 다시 한 번 QT에 도전한 임은아는 2위를 무려 8타 차로 따돌리고 수석 합격해 일본 미디어의 스포트라이트를 받기 시작했다.

2008년부터는 JLPGA 투어에 전념했다. 첫 우승 기회는 예상보다 빨리 찾아왔다. 5월 열린 버널 레이디스에서 와이어 투 와이어를 장식했다. 대회 마지막 날 2주 연속 우승을 노리던 후쿠시마 아키코와 손에 땀을 쥐는 명승부를 펼쳤는데, 결과는 한 타 차 임은아의 승리였다. 그는 경기 후 "압박감 때문에 한때 머릿속이 하얘졌다"고 말했지만 표정에선 긴장 흔적을 찾기 어려웠다.

이후 산토리 레이디스 오픈 골프 토너먼트 공동 2위, 마스터스 GC 레이디스 공동 2위, 미즈노 클래식 3위에 올랐다. 추가 우승엔 실패했으나 상금순위 9위로 일본 골프 팬들 머릿속에 임은아라는 이름 석 자를 각인시킨 한해였다.

2009년에는 주쿄TV · 브리지시톤 레이디스 오픈 우승, 버널 레이디스 공동 2위를 포함해 톱10에 10차례 진입하며 상금순위 11위를 차지했다. 일본 기자들은 "퍼팅을 조금만 보완한다면 상금왕도 가능한 선수"라며 그가 지닌 잠재력을 높이 평가했다.

실제로 퍼트는 임은아의 약점이었다. 퍼트 실수로 날려버린 우승이 적지 않았다. 6년간의 JLPGA 투어에서 파온 홀 평균퍼트 12위(2009년), 라운드당 평균퍼트는 26위(2008년)가 최고 성적이다.

그는 퍼팅 부진 속에서도 2010년 미야기TV컵 던롭여자오픈 골프 토너먼트에서 개인 통산 세 번째 우승을 장식했다. 박인비와 마지막까지 우승 경쟁을 펼친 끝에 한 타 차 정상에 올랐다. 시즌 내내 퍼트에 어려움을 겪었지만 이 대회에선 퍼트 감이 좋았다. 대회를 앞두고 퍼팅 연습에 집중한 결과였다. 그의 골프 인생 마지막 우승이었다. 2012년에는 상금 시드를 잃고 QT에 출전했으나 파이널 QT를 포기하고 짧은 선수 생활을 마감했다. 그의 나이 29세였다.

임은아의 특기는 드라이브샷이다. KLPGA 투어 활약 당시 드라이브샷 평균 비거리는 280야드에 이를 만큼 장타자였다. 일본으로 활동 무대를 옮기기 전인 2006년 국내에선 안선주, 이혜인과 함께 장타자 빅3로 불렸다.

일본에서도 호쾌한 드라이브샷으로 눈길을 끌었다. 신장 168cm에 몸무게 58kg의 군살 없는 몸매로 높이뛰기 선수였던 만큼 순발력과 유연성이 좋았다. 힘을 어디에 어떻게 써야 하는지를 감각적으로 잘 아는 선수였다. 스윙 자세나 리듬감도 좋았다. 일본에선 찾아볼 수 없는 아름다운 스윙이어서 많은 갤러리의 시선을 빼앗았다.

　임은아는 한국에서 1승, 일본에서 3승을 올려 프로 통산 4승을 달성했다. 그리 길지 않은 선수 생활이었지만 일본 골프계에 강렬한 인상을 남겼다. 마치 만화 속 주인공 같았던 비현실적인 플레이는 카타르시스마저 느끼게 했다.

일본 무대 직행 3세대 히어로,
황아름·이나리

2018년 7월 29일 일본 야마나시현山梨県 나루사와鳴沢골프클럽에선 두 명의 한국 선수가 우승을 다퉜다. 2017년 JLPGA 투어에 데뷔한 이민영과 투어 12년 차 황아름이다. 언론과 관계자들의 무게중심은 이민영 쪽에 쏠려 있었다. 이민영은 데뷔 첫해 2승, 2년 차였던 2018년엔 개막전(다이킨 오키드 레이디스 골프 토너먼트)부터 우승을 차지하며 일찌감치 톱플레이어 반열에 올라섰다. KLPGA 투어에서도 4승을 거둘 만큼 적잖은 우승 경험이 있었다. 반면 황아름은 2009년 야마하 레이디스 오픈 가쓰라기 이후 우승과 인연이 없었다.

두 선수의 접전 무대는 시즌 21번째로 치러진 다이토켄타쿠·이헤야넷 레이디스였다. 둘의 승부는 연장전까지 이어졌다. 황아름은 마지막 날 이민영에 3타 앞선 단독 선두로 출발했지만 스코어를 줄이지 못해 3언더파를 친 이민영에 동타를 허용했다. 경기 흐름도 이민영에게 넘어가 있었다.

황아름의 우승을 기대하기 어려웠던 또 다른 이유는 연장전이 열릴 18번홀(파5)에서 지독하게 약한 모습을 보였기 때문이다. 대회 나흘

동안 단 하나의 버디도 기록하지 못했다. 3라운드에선 더블보기, 최종 라운드에선 보기를 적어냈다. 그린 옆엔 큼직한 연못이 있는데, 3~4라운드 이틀 동안 공을 세 번이나 빠트렸다. 황아름에겐 가혹한 홀처럼 보였다. 그에 반해 이민영은 나흘 내내 파를 기록하며 비교적 안정된 경기를 펼쳤다.

결과는 의외였다. 황아름은 1차 연장전에서 눈을 의심케 하는 버디를 잡아내며 우승컵을 거머쥐었다. 세 번째 샷을 핀 옆쪽 2m 지점에 세운 뒤 오른쪽 브레이크가 있는 버디 퍼트를 절묘하게 떨어트렸다. 그 순간 이민영에게 쏠렸던 스포트라이트가 황아름에게 집중됐다. 2009년 4월 5일 야마하 레이디스 오픈 가쓰라기 우승 후 9년 115일 만의 개인 통산 두 번째 우승이었다. 2002년 도요수산 레이디스 홋카이도에서 9년 297일 만에 우승한 나카지마 지히로中嶋千尋에 이은 두 번째 긴 공백 우승이다. 인간 승리 드라마였다.

1987년 10월 17일 서울에서 태어난 황아름은 서울 송화초등하교 5학년 때 부모님 권유로 골프를 배웠다. 황아름의 어머니는 1988년 구옥희가 LPGA 투어 우승을 차지했을 때 외갓집 마당에서 놀던 황아름의 뒷모습에서 구옥희가 보였다고 했다. 당시 황아름은 5개월 된 영아였다. 걷지도 못하는 젖먹이의 뒷모습에서 구옥희의 모습이 보였다고 하니 기기묘묘한 현상이다.

황아름은 운동 시작부터 두각을 나타냈다. 크고 작은 주니어 대회를 석권했다. 한영외고 시절엔 3년 내내 국가대표 상비군을 지냈다. 한국 골프의 미래로 성장했다.

그러나 한국 골프 팬들은 황아름의 플레이를 볼 수 없었다. 국내 프로 무대를 거치지 않고 일본행을 택했다. 당시 KLPGA 투어에는 데 뷔 후 2년간 국내에서 활동해야 하는 의무 조항이 있었다. 국내에 데뷔 하면 2년 동안 발이 묶인다. 황아름은 고민 끝에 일본으로 향했다.

그가 일본을 선택한 이유는 2000년대 초반부터 한류를 일으킨 가수 보아의 영향이 컸다. 보아가 출연한 일본 TV 프로그램을 보면서 골프로도 한류를 일으킬 수 있을 거라 생각했다. 그때부터 일본어와 일본 문화에 관심을 가졌다. 일본어 회화 책을 사서 독학으로 일본어 를 익혔다.

일본에선 밑바닥부터 새로 시작했다. 2007년 JLPGA 스텝업 투어 를 경험하며 일본 코스를 익혔고, 이듬해 6월 정규 투어에 정식으로 데 뷔했다. 일본행은 성공이었다. 2008년 상반기 스텝업 투어에서 두 차례 나 우승했고, 2009년 야마하 레이디스 오픈 가쓰라기에서는 JLPGA 투 어 첫 우승을 일궜다.

2019년 3월 미야자키에서 만난 황아름은 "(일본 투어 데뷔 때는) 어 린 나이였고, 의욕이 넘쳐서 연습을 가장 많이 했던 시기다. 아무 생각 없이 연습만 하다 보니 잘한 것 같다"며 일본 무대 데뷔 당시의 기억을 더듬었다.

그러나 우승 후 맞이한 슬럼프 터널은 목표 의식을 삼켜버렸다. 쉽게 손에 잡힐 것만 같았던 재팬드림은 점점 희미해졌다. 절망감이 온 몸을 휘감았다. 상금 시드는 어렵사리 유지했지만 해마다 반복되는 상 실감에 자존감마저 무너졌다.

2014년 1월 발생한 교통사고는 그의 골프 인생에 커다란 생채기를 남겼다. 한 언론사 주최로 열린 프로암대회를 마치고 가나가와현 숙소로 돌아가던 길이었다. 편도 1차선 도로에서 90세 노인이 황아름의 차에 치었다. 노인은 병원으로 옮겨졌으나 숨졌다. 황아름은 신고를 받고 출동한 경찰에 연행됐다. 사고 발생 지점엔 신호등과 횡단보도가 없었고, 과속이나 음주, 졸음, 휴대전화 사용 같은 교통법규 위반도 없었던 것으로 밝혀졌다. 황아름은 연행 이틀 만에 풀려났으나 씻을 수 없는 죄책감에 시달렸다.

황아름은 JLPGA로부터 1개월간 회원 권리 정지 처분을 받았다. 징계가 끝난 뒤에도 자숙 시간을 가지면서 5월 말까지 대회에 출전하지 않았다. 대회장에 복귀한 뒤에는 경기력이 따라주지 않았다. 이전 손맛은 완전히 잃어버렸다. 인내력에도 한계가 왔다. 2016년과 2017년엔 근근이 지켜온 상금 시드마저 잃어 QT 신세를 져야 했다. 2018년 황아름의 재기가 믿기지 않는 이유다.

2018년 다이토켄타쿠·이헤야넷 레이디스 우승 2주 뒤 열린 NEC 가루이자와72 골프 토너먼트에서는 와이어 투 와이어를 장식했다. 시즌 막판 열린 이토엔 레이디스 골프 토너먼트에선 마지막 날 역전극을 펼치며 정상에 올라 JLPGA 투어 판도마저 뒤흔들었다.

2019년에도 이전과 다른 탄탄한 경기력을 선보였다. 10월 태풍 하기비스 영향으로 27홀 경기로 축소된 스탠리 레이디스 골프 토너먼트에서 개인 통산 5번째 우승을 장식했다. 2018년 달성한 3승이 결코 우연이 아니었음을 입증했다.

그의 플레이엔 화려함이 없다. 호쾌한 장타력은 물론이고 멋진 스윙도 없다. 전매특허라 할 만큼 알아주는 특기 샷도 없다. 2018년 드라이브샷 평균 비거리는 51위(234.4야드), 페어웨이 안착률 21위(69.9735%), 그린 적중률 29위(69.3417%), 평균퍼트(라운드당)는 10위(29.3611개)였다. 상금순위 6위(9,198만 3,225엔), 메르세데스랭킹 6위라는 화려한 성적표에 어울리지 않는 기록들이다.

이유가 뭘까. 이렇다 할 특기 샷도 없는 그가 무한 경쟁 시대로 접어든 JLPGA 투어에서 톱랭커들과 어깨를 나란히 할 수 있었던 원동력은 쇼트게임과 위기관리 능력 향상으로 분석된다.

투어프로 코치 쓰지무라 하루유키는 "(과거엔) 드로우 히터였는데 공을 제대로 컨트롤하지 못했다. 스윙에 많은 변화가 생기면서 컨트롤이 좋아졌다"[1]며 이전과 달라진 스윙을 강조했다.

그러나 전체적인 기록으로 나타난 드라이브샷 정확도엔 큰 차이가 없었다. 2018년과 2019년 페어웨이 안착률 순위는 오히려 2017년보다 못했다. 그보다 리커버리율과 퍼팅 정확도가 눈에 띄게 향상됐다. 매년 30~40권에 머물던 리커버리율은 2018년 9위(65.9396%)에 자리했고, 라운드당 평균퍼트는 2009년 이후 9년 만에 10위권에 이름을 올렸다. 탁월한 위기관리와 깔끔한 그린 주변 플레이가 달라진 황아름의 비밀이라는 것을 입증한다.

자신감 회복도 컸다. 그가 잃어버린 9년은 말로는 다하기 힘든 시련기였다. 두 차례의 대형 지진을 모두 경험했고, 교통사고를 일으켜 경찰에 연행되는 일까지 겪었다. 동일본대지진 후에는 외상 후 스트레스 장애 증세가 나타나면서 경기력 저하의 중요한 원인으로 작용했다.

2011년 3월의 일이다. 몸이 좋지 않았던 황아름은 고치현高知県 도사土佐컨트리클럽에서 열린 요코하마타이어 골프 토너먼트 PRGR 레이디스컵을 기권한 뒤 도쿄로 향했다. 요코하마 집으로 가기 위해 하네다공항에 내렸다. 그때 엄청난 폭발음과 함께 심한 진동이 시작됐다. 동일본대지진이 발생했다. 일본 지진 관측 사상 최대인 리히터 규모 9.0의 강진이었다. 이 지진으로 2만여 명의 희생자가 발생했고, 후쿠시마 원전 가동이 중지되면서 방사능 누출 사고가 일어났다.

황아름은 공항을 빠져나가지 못했다. 안전한 곳으로 대피해 무사했지만 모든 교통이 마비된 하네다공항은 아수라장이었다. 패닉 상태였다. 물도 구하기 어려운 상황에서 공포에 떨었다. 다음날 간신히 항공기 운항이 재개되면서 한국으로 돌아올 수 있었다.

대회가 열린 고치현은 지진 발생 지점에서 멀어 피해는 없었으나 경기 중단을 발표했다. 이후 티포인트 레이디스 골프 토너먼트와 야마하 레이디스 오픈 가쓰라기, 스튜디오 앨리스 여자오픈도 전부 열리지 않았다. 한국 선수는 대부분 귀국해 휴식을 취하거나 개인 훈련을 하며 시간을 보냈다. 투어는 지진 발생 한 달 뒤에야 재개됐다.

투어 복귀 후에는 골프가 뜻대로 되지 않았다. 몸과 마음이 따로 움직였다. 한 두 해가 아니었다. 긴 슬럼프 터널 속에서 할 수 있는 건 다해봤으나 크게 효과를 보진 못했다. 솟아날 구멍이 없었던 건 아니다. 지성이면 감천이라고 했다. 스윙 코치 조범수와 만나면서 슬럼프 탈출 열쇠를 찾았다.

황아름은 일본 진출 후 줄곧 스윙 코치 없이 연습했다. 주니어 시절부터 한 사람에게만 배워서 새로운 사람과 만나는 일이 불편했다. 감각도 좋은 편이어서 혼자서 연습을 해도 크게 무리가 없을 거라 생각했다. 그러던 어느 날, "아름이 성격은 스윙 코치가 있는 게 좋겠다"는 멘탈 코치 조수경의 조언에 따라 새로운 스윙 코치를 물색하게 됐다.

조범수와 인연이 된 건 2017년 1월 전지훈련을 마친 뒤였다. 황아름의 어머니가 이보미 어머니와 이야기를 나누다 조범수를 소개받았다. 조범수는 김미현, 이보미, 김인경, 이지영을 지도한 유명 투어프로 코치다.

조범수는 일찌감치 황아름의 재기를 점치고 있었다. 과거 조범수가 내게 들려줬던 이야기 중에 수첩에 정리해놓은 글이 있다.

"황아름은 공을 다룰 줄 아는 선수다. 여자 프로 중 공을 다룰 줄 아는 선수는 많지 않다. 드로우든 슬라이스(페이드를 말하려고 했던 것 같다)든 공을 마음대로 가지고 논다. 그런 면이 대단한 장점이다. 잠재력이 무궁무진한 선수다."

그의 말엔 상당한 자신감이 실려 있었다. 낮은 목소리로 차근차근 말했는데도 목소리에 힘이 느껴졌다. '언제든 우승할 테니 한 번 지켜봐라'라고 말하는 것 같았다. 조범수의 예상은 소름이 돋을 만큼 잘 맞아떨어졌다.

황아름에 대해 좀 더 깊숙이 이해하기 위해선 그의 일본 생활을 들여다볼 필요가 있다. 사는 곳은 요코하마다. 도쿄역에서 신칸센新幹線으로 30분 거리 항구 도시다. 차이나타운, 미나토미라이21, 라면박물관 같은 관광지가 유명하다. 비교적 교통이 좋고 한국인도 많이 산다.

황아름이 요코하마에 살게 된 까닭은 구옥희의 영향이다. 처음 일본에 진출했을 때 구옥희로부터 스윙 지도를 받았다. 크고 작은 신세를 졌다. 구옥희도 한때 요코하마에서 살았다. 황아름은 당시 구옥희가 살던 집과 가구까지 그대로 물려받아 살기도 했다. 이후 요코하마에서 다른 집을 구했다.

성격은 밝고 예의 바르다. 처음 보는 사람과도 쉽게 친해진다. 경기 중에도 아는 사람을 발견하면 반드시 인사를 하고 지나갈 만큼 사교성이 좋다.

2019년 봄에 있었던 일이다. 그린 옆에서 다음 홀로 넘어가는 선수들의 사진을 찍고 있었다. 황아름 조였다. 찍은 사진을 확인한 뒤 다음 홀로 이동하려는데, 뒤에서 황아름이 기다리고 있었다. 내가 사진 촬영 중이라 인사를 못해 머뭇거리고 있었던 것 같다. 참고로 나는 황아름과 개인적으로 잘 알지 못한다. 이런 모습 하나만으로도 천진스러운 황아름의 성격을 읽을 수 있다.

일본인 친구도 많다. 9년 만에 우승한 2018년 다이토켄타쿠·이헤야넷 레이디스에서는 아나이 라라穴井詩, 요시바 루미葭葉ルミ, 후쿠다 마미福田真未, 사사키 쇼코ささきしょうこ 등이 황아름의 우승을 축하해주는 모습이 방송 카메라에 잡혔다. 대부분 일본 선수였다. 개중에는 한 시간 넘게 기다린 선수도 있었다.

그의 매니저였던 시노하라 아키코篠原明子는 일본 선수들과 달리 상냥하고 솔선수범하는 황아름의 모습에 감동을 받았다고 했다. 시노하라 아키코는 회사 소속 다른 선수도 함께 케어해서 황아름의 남다른 인성이 유난히 눈에 들어왔을 듯하다.

다음은 시노하라 아키코가 대회장에서 직접 들려준 이야기다.

"주변 사람들한테 정말 잘한다. '밥은 먹었냐'는 말을 인사처럼 한다. '아직…'이라고 답하면 늘 '같이 먹자'고 했다. 대회장 드라이빙레인지에서 골프 용품 회사 직원이 갑자기 쓰러진 일이 있었는데, 가장 먼저 달려가 도움을 준 사람도 황아름이다. 대회 성적과 상관없이 늘 긍정적인 에너지를 주는 선수다."

황아름의 솔선수범은 이미 일본 기자들 사이에서 정평이 있었다. 2012년 엘르에어 레이디스 오픈은 후쿠시마현福島県 이쓰우라테엔五浦庭園컨트리클럽에서 열렸다. 1982년 시작된 이 대회는 가가와현과 에히메현愛媛県 엘르에어골프클럽에서 번갈아 열렸지만 2011년 3월 동일본대지진을 겪은 후쿠시마현 피해 복구와 관광 활성화를 위해 JLPGA가 대회 개최지를 바꿨다.

후쿠시마는 일본 선수들조차도 대회 출전을 기피할 만큼 상황이 좋지 않았다. 실제로 상위권 선수의 불참 통보가 이어졌다. 강수연, 김소희, 송보배, 안선주, 이보미, 임은아 등 한국 선수는 물론이고 아리무라 지에, 오야마 시호 같은 일본 상위 랭커들도 참가하지 않았다.

이때 황아름이 나섰다. "많은 선수가 출전하는 것이 피해 지역 주민들을 돕는 길이다"라며 선수들의 대회 참가를 부추겼다[2]. 대회 출전을 놓고 고민하던 선수들은 황아름과 함께 후쿠시마로 향했다. 이 사실이 알려지면서 존재감 없던 황아름은 솔선수범의 아이콘으로 떠올랐다.

그의 대인 관계엔 다른 선수들에게서 발견할 수 없는 철학이 있다. 일본 무대 데뷔 후 인연을 맺은 매니지먼트사와 후원사를 가족처럼 여긴다. 한 번 인연이 닿으면 끝까지 간다. 쉽지 않은 일이다. 진심으로 가족이라는 생각이 밑바닥에 깔려 있기에 가능하다.

황아름의 매니지먼트사는 2013년 계약한 크로스비CROSS-BEE다. 도쿄 지요다구千代田区에 본사를 둔 이 회사는 스포츠마케팅과 매니지먼트, 스포츠용품 판매가 주요 사업이다. 구마모토현 출신 간자키 미노루神崎実가 대표이사 사장이다. 황아름을 비롯해 히가 마미코, 기쿠치 에리카菊地絵理香, 하라 에리나原江里菜, 가시와바라 아스카柏原明日架, 이나미 모네稲見萌寧, 아오야마 가오리青山加織 같은 여자 프로골퍼와 이가와 게이井川慶, 마쓰이 가즈오松井稼頭央 등 프로야구 선수가 소속돼 있다. 크로스비는 황아름이 2014년 교통사고를 일으켰을 때는 물론이고 수년간 이어진 긴 슬럼프 수렁에서도 황아름을 외면하지 않았다.

황아름은 일본 진출 초기 타이틀리스트를 사용하다 온오프로 클럽을 전면 교체했지만 제조·판매사인 글로브라이드와는 계약하지 않았다. 온오프 외에도 타사 브랜드 클럽을 자유롭게 사용하기 위해서였다. 글로브라이드의 원래 사명은 낚시용품으로 유명한 다이와정공이다. 2009년부터 글로브라이드라는 이름으로 바꿨다.

황아름이 글로브라이드와 계약한 건 2019년 들어서다. 그해 초 황아름이 내게 들려준 이야기를 그대로 적어보겠다.

"회사가 나 때문에 고생을 많이 했다. 돈을 벌어야 하는데, 나를 에이전시해서는 수익이 나지 않는다. 용품이라도 계약하면 조금이나마 수익이 생길 거다."

선수가 소속사 매출을 걱정하는 경우는 아주 드물다. 대부분의 선수는 소속사에서 후원사를 붙이지 못하면 다른 회사로 떠난다. 후원사를 구하더라도 더 좋은 후원사를 붙이는 회사와 계약한다. 승부의 세계 못지않게 냉철한 곳이 스포츠마케팅 시장이다.

황아름의 재기는 인내와 노력의 결실이었다. 평소 집순이라 불릴 만큼 골프와 집밖에 모르는 연습벌레다. 계속된 불운과 지긋지긋한 슬럼프 속에서도 포기를 몰랐던 그였기에 기적 같은 재기에 성공할 수 있었다. 잃어버린 9년 속에서 발견한 위대한 저력이다.

국내 무대를 거치지 않고 일본에서 성공 시대를 연 또 한 명의 선수가 있다. 이나리다. 2007년 KLPGA 제니아(2부) 투어에 데뷔했지만 이듬해 일본으로 활동 무대를 옮겼다.

이나리가 국내 프로 무대를 거치지 않고 일본으로 직행한 이유는 크게 두 가지였다.

첫 번째는 국내 투어에서 상위권에 들 자신이 없었다. 2007년 KLPGA 투어엔 상금왕 신지애를 비롯해 지은희, 안선주, 최나연, 박희영, 서희경, 김하늘 같은 훌륭한 선수들이 맹위를 떨치고 있었다.

아마추어 시절 이나리는 또래만큼 화려하지 못했다. 경희대총장배 우승 말고는 내세울 만한 입상 경력이 없다. 자신보다 강한 선수들과 국내에서 똑같은 방법으로 경쟁하면 승산이 없다고 판단했다. 2000년대 중반 이후에는 해외 투어 진출을 준비하는 선수도 크게 늘어났다.

해외 진출도 경쟁이었다. 기회가 있을 때 먼저 나가 자리를 잡아야 한다고 판단했다.

두 번째는 은퇴 후를 내다봤다.. 선수로서 크게 성공하지 못할 경우를 대비했다. 해외 투어 경험을 쌓으면서 외국어를 공부하는 것이 장래를 위해서라도 유리하다는 계산이었다.

당시 이나리 입장에선 현명한 선택이었다. 일찌감치 일본에 터를 잡고 톱 플레이어 반열에 올라섰을 뿐 아니라 일본 사회에도 빠르게 적응했다. 두 토끼를 손에 넣었다. 각계각층 사람들과도 두터운 친분을 쌓았다. 평범한 젊은이들이 일상에서 누릴 수 없는 호사였다.

이나리는 2007년 QT를 거쳐 이듬해 JLPGA 투어에 데뷔했다. 총 26개 대회에 출전했다. 경기는 뜻대로 풀리지 않았다. 한 차례도 톱10에 들지 못했다. 경험 부족이었다. 상금순위는 82위에 머물렀다. 다시 QT에 나가 2009년 출전권을 가져왔다.

일본 진출 후 처음 맞은 휴식기엔 운동에만 전념할 수 있었다. 훈련 효과는 투어 2년 차에 곧바로 나타났다. 톱10에 4차례 진입해 상금순위 29위를 차지했다. 일본 진출 이후 처음으로 상금 시드를 손에 넣었다. 데뷔 첫해와 비교하면 눈에 띄게 안정된 플레이였다.

이후 매년 상금순위 20위권에서 시드를 지켰다. 2013년에는 첫 우승을 장식했다. 9월 미야기현 리후利府 골프클럽에서 열린 미야기TV컵 던롭 여자오픈 골프 토너먼트가 첫 우승 무대다. 최종 합계 5언더파 (211타)로 미야자토 아이와 테레사 루Teresa Lu를 따돌렸다. 14번홀(파5)까지 미야자토 아이에게 3타나 뒤져 있었지만 남은 4개 홀에서 미야자토 아이가 3타를 까먹었다. 이나리는 한 타를 줄여 극적으로 전세를 뒤집었다. JLPGA 투어 데뷔 6년 만의 첫 우승이었다.

이날 대회장을 찾은 유료 입장객은 1만 43명이다. 공교롭게도 이나리의 챔피언 조를 따르던 갤러리는 많지 않았다. 6년간의 일본 활동에서 눈에 띄는 플레이를 펼치지 못한 결과였다. 같은 조에서 경기한 이 에스더와 테레사 루도 팬이 많지 않은 이방인이었다. 미야자토 아이는 챔피언 조보다 앞서 출발해 갤러리를 싹쓸이해갔다.

팬들이 알아주지 않는 건 문제가 아니었다. 어떻게든 우승이 하고 싶었다. 우승에 대한 부담은 늘 이나리의 어깨를 짓눌렀다. 자신보다 1년 먼저 일본 무대를 밟은 김소희, 송보배, 임은아, 황아름은 물론이고 1년 이상 늦게 데뷔한 김나리(2010년 11월 첫 우승), 나다예(2013년 8월 첫 우승)도 우승을 신고한 상황이었다.

첫 우승 후 부담감을 내려놓은 이나리는 3주 뒤 후지쓰 레이디스에서 두 번째 우승을 달성했다. 강우로 인해 최종 3라운드가 취소됐는데, 2라운드에서 단독 선두로 나선 이나리가 행운의 우승컵을 거머쥐었다.

대회장 지바현 도큐東急세븐헌드레드 서코스에는 아침부터 장대비가 쏟아졌다. 경기는 일시 중단됐지만 비는 더 세차게 몰아쳤다. 날씨는 이나리의 편이었다. JLPGA는 오후 1시 30분께 최종 3라운드 취소 결정을 내렸다. 이나리는 그해 우승 2회 포함해 톱10에 12차례 들어 상금순위 11위, 메르세데스랭킹 9위를 차지했다.

이듬해엔 톱10에 14차례나 진입해 상금순위를 8위까지 끌어올렸다. 일본여자오픈에선 준우승했다. 메르세데스랭킹과 평균타수는 6위와 9위를 마크했다. 자신의 골프 인생 최고의 순간을 만끽했다.

이나리와 같이 국내 중위권 선수가 일본에서 성공한 사례는 한국여자골프 해외 투어 도전사를 통틀어 대단히 드문 일이다. 이나리 전후 국내 중하위권 선수 여러 명이 일본 무대에 도전장을 던졌지만 성공 사례는 없다.

그가 일본에서 나름의 입지를 구축할 수 있었던 건 크게 두 가지로 분석된다. 쇼트게임 기술 향상과 긍정적인 성격이다.

이나리는 쇼트게임에 약점이 있었다. 일본 진출 후 좋은 환경에서 어프로치와 퍼트 연습을 갈고닦으면서 안정된 플레이를 하게 됐다.

고우순은 이나리의 잠재력을 높게 본 선수 중 한 명이다. 그는 "하체가 튼튼하고 유연성이 좋아서 서른 살 이후에 더 좋은 경기력을 발휘할 수도 있다"고 평가하기도 했다.

성격도 유심히 들여다볼 필요가 있다. 긍정적이면서 낙천적인 모습이 보인다. 그의 머릿속엔 마치 필터가 있는 것 같다. 불쾌한 경험을 해도 긍정적으로 순화시킨다. 정신적 충격에 대한 회복 속도도 빠르다. 2018년 시드를 잃고 스텝업 투어로 추락했을 때도 좋지 않은 생각은 거의 하지 않았다. 오히려 좋은 경험이라면서 "주어진 위치에서 최선을 다하겠다"는 말을 했다. 그리고 1년여 뒤인 2019년 초 정규 투어 대회장에서 이나리를 다시 만났다. QT에서 투어 카드를 거머쥐었다. 2020년 일본여자프로골프선수권대회 코니카 미놀타컵에선 준우승하며 녹슬지 않은 기량을 뽐냈다. 긍정적인 생각으로 세상을 바꿔가는 선수 같왔다.

그런 성격이 매니저 없는 투어 생활을 가능하게 했다. 이나리는 2008년 데뷔부터 매니저 없이 투어 생활을 했다. 이 역시 보기 드문 예다. 프로골퍼로서 일본에서 생활하려면 1년짜리 비즈니스 비자를 신청해야 한다. 소속 단체와 보증인(1명)이 필요한데, 준비해야 할 서류가 많고 절차가 까다로워서 에이전시 없이 스스로 해결하기는 쉽지 않다.

이나리의 일본 진출은 사실상 모험이었다. 자신의 인생을 걸고 뛰어들었다. 프로 데뷔 후에도 10년 이상 시행착오를 겪었다. 그러면서 입지를 굳혔다. 해외 진출을 꿈꾸는 국내 중하위권 선수들에겐 훌륭한 길잡이가 될 것 같다.

Why?

신현주와 배선우, 왜 같은 세대일까

2002년 JLPGA 투어 제도 개선은 한국 선수들의 해외 진출 역사에 전환점이 됐다. 박세리, 김미현 같은 LPGA 투어 활약 한국 선수 우승 소식이 이어지면서 미국 진출 러시가 시작된 시점이다. 미국에 쏠려 있던 한국 여자선수들의 시선을 일본으로 향하게 했다.

KLPGA 투어에서 JLPGA 투어 이적 현상이 두드러지게 나타난 건 2004년부터다. 구윤희, 윤지원, 임서현, 황선영이 2003년 말 QT를 통과해 2004년 JLPGA 투어에 도전장을 던졌다. 2005년에는 박소현, 서예선, 신현주, 이은혜, 전미정, 정윤주, 2006년에는 강여진, 배재희가 JLPGA 투어 코리아 군단에 합류했다. 2002년 JLPGA 투어 제도 개선 이후 일본 무대에 데뷔한 선수들을 3세대로 분류한다. 2019년 데뷔한 배선우, 이솔라, 음나연은 일본 진출 마지막 3세대다.

그렇다면 2세대와 3세대는 무엇이 다를까. 2002년 JLPGA의 외국인에 대한 문호 개방이 기준이다. 외국 선수에게 문호가 개방(단년등록자 제도 시행)되면서 국적과 소속, 실력, 구력·입상 경력, 인지도, 나이를 막론하고 일본 무대에 뜻을 품은 모든 선수가 한자리에 모이게 됐다. 즉, 문호 개방 이전은 2세대, 이후는 3세대다.

2005년 데뷔한 신현주, 2007년 송보배 등 국가대표 출신 엘리트 선수는 물론이고 국내에서 정규 투어를 경험하지 않은 이나리, 황아름, 어릴 적부터 일본 진출만을 목표했던 김소희, 배선우, KLPGA 투어 상금왕 출신 이보미, 김하늘, LPGA 투어에서 활약하던 박인비, 신지애, 김영, 강수연, 김나리도 JLPGA 투어 문을 두드렸다. 모두 3세대다.

3세대 선수들은 어릴 적부터 치열한 경쟁 속에서 더 체계적인 훈련을 받았다. 그만큼 체력과 기술이 좋다. 대부분 매니지먼트사에 적을 두고 기업과 골프용품·의류까지 후원을 받는다. 스윙 코치와 트레이너는 기본이고 선수에 따라서는 멘탈 트레이너와 영양사를 두기도 한다. 가장 많은 선수가 데뷔했고, 가장 많은 우승을 차지하며 화려한 꽃을 피운 세대다.

가족의 헌신적인 뒷바라지와 매니지먼트사의 꼼꼼한 관리 덕에 운동에만 전념할 수 있게 됐다. 골프 팬과 미디어의 스포트라이트가 집중되면서 선수들이 갖춰야 할 덕목은 더 늘었다. 골프 실력뿐만 아니라 비주얼과 언론 인터뷰, 팬 서비스, 개성, 패션 스타일까지도 평가받는 시대다.

4부

세계 최강
한국 여자골프,
열도를
삼키다

규동을 좋아한 골든 그랜드슬래머, 박인비

2010년 11월 28일 일본 미야자키컨트리클럽. JLPGA 투어 시즌 마지막 대회이자 메이저대회 투어 챔피언십 리코컵 최종 4라운드가 진행되고 있었다. 연중 남국의 정취가 물씬 풍기는 미야자키지만 이날만큼은 한겨울을 방불케 했다. 낮 최고 기온이 14도를 밑도는 쌀쌀한 날씨 속에 강한 바람까지 몰아쳤다. 선수들의 성적표는 이날 승부가 얼마나 처절했는지를 보여준다.

사실상 시즌 왕중왕전임에도 최종일 언더파 타수를 기록한 선수는 단 한 명도 나오지 않았다. 줄줄이 오버파를 적어내는 상황에서 돋보이는 기량을 뽐낸 단 한 명의 선수가 있었다. 대회 최종일 시작부터 마지막 홀아웃까지 스코어보드 가장 높은 자리를 지킨 박인비다. 이날 박인비의 우승은 향후 JLPGA 투어 제도 개혁의 기폭제가 됐다.

투어 챔피언십 리코컵은 JLPGA 투어 4대 메이저대회 중 시즌 마지막 대회로 치러진다. 해당 시즌 각 대회 우승자와 상금순위 25위 이내 선수만 출전할 수 있어 왕중왕전 성격을 띤다. 1979년 메이저대회로 창설됐는데, 첫해부터 11년간 레이디보덴이 타이틀 후원사를 맡았다.

레이디보덴은 1994년부터 롯데의 자회사 롯데아이스가 유통·판매한 아이스크림 브랜드다. 리코가 투어 챔피언십 타이틀 후원사로 나선 건 2001년부터다.

투어 챔피언십은 미야자키현을 대표하는 연말 골프 이벤트로 자리를 잡았다. 매년 상금왕을 비롯해 각종 타이틀 주인이 가려지는 만큼 많은 골프 팬 관심이 쏠린다. 투어 챔피언십이 미야자키현에서 열린 건 1993년부터다. 1992년까지 지바현 오크힐스컨트리클럽에서 개최됐으나 이듬해부터 미야자키현 아오시마青島골프클럽과 하이비스커스골프클럽을 거쳐 2003년 미야자키컨트리클럽에서 처음 열렸다. 미야자키컨트리클럽은 미야자키공항과 담장 하나를 사이에 두고 있을 만큼 가깝다.

한국 선수가 투어 챔피언십에서 우승한 건 1991년(당시 대회명 JLPGA 메이지유업컵 최우수 여자프로 결정전) 구옥희가 처음이다. 1998년 이영미, 2002년엔 고우순이 정상에 올랐다. 박인비는 한국인 네 번째 투어 챔피언십 우승자다.

박인비는 마지막 날 1오버파를 적어냈지만 최종 합계 1언더파(287타)를 기록해 2위 그룹을 4타 차로 따돌렸다. 참가 선수 29명 중 유일한 언더파였다. 이 우승으로 히구치 히사코, 장정, 모건 프레셀Morgan Pressel에 이어 네 번째로 미국과 일본 메이저대회를 제패한 선수가 됐다.

2010년 JLPGA 투어는 총 34개 대회가 열렸다. 그중 절반인 17개 대회는 외국 선수가 우승컵을 가졌다. 17승 중 15승은 한국이 차지했고, 미국과 대만이 1승씩을 챙겼다. 한 시즌 15승은 당시 한국 선수 최다승이었다. 2008년과 2009년에 기록한 10승을 훌쩍 뛰어넘는 엄청난 기록이었다. 안선주가 4승, 전미정이 3승, 미국과 일본 투어를 병행하던 박인비와 신지애가 2승, 신현주, 이지희, 임은아, 김나리는 1승을 보탰다. 개막전과 시즌 최종전을 한국 선수가 가져왔고, 상금왕과 평균타수 1위도 안선주가 차지했다. 그야말로 한국인 잔치였다. 일본은 홈그라운드에서 승률 50%라는 충격적인 성적표를 받아들었다.

박인비는 투어 챔피언십 우승 기자 회견에서 "일본에서 메이저대회를 우승하게 돼 기쁘다. 운이 좋았다"며 시종 겸손한 모습을 보였다. 그러면서 "내년(2011년)에도 미국과 일본을 오가며 투어를 뛸 생각이다"라고 말해 다시 한 번 미·일 투어 병행 뜻을 밝혔다.

일본 언론과 관계자들은 심각하게 받아들였다. 한국 선수 기세에 눌린 일본 선수들이 설 자리를 잃어가고 있다는 우려의 목소리가 높아졌기 때문이다.

일부 관계자들은 한국 선수 맹활약이 갤러리 감소와 TV 시청률 저하로 이어졌다고 주장했다. 2009년 JLPGA 투어 총 갤러리 수는 59만 8,194명이었다. 2010년에는 53만 4,995명이 대회장을 방문해 6만 3,199명이나 줄었다. 대회 당 평균 갤러리 수도 2009년 1만 7,593명, 2010년에는 1만 5,735명으로 대회 당 1,800명 이상이 적었다. 대회 성공 개최의 가장 중요한 척도를 갤러리 수로 보는 JLPGA로서는 심각한 결과였다.

이에 JLPGA는 2010 시즌 종료 후 투어 규정을 일부 조정해 2011 시즌 개막을 앞두고 발표했다. JLPGA 투어 대회에 20% 이상 출전하지 않은 선수는 시즌 성적에 상관없이 다음 해 시드를 받을 수 없도록 한 것이다. 미국과 일본 투어를 병행하던 박인비와 신지애를 겨냥한 꼼수였다. JLPGA 투어는 또 QT 예선(1~3차) 면제 혜택을 없애고 모든 선수가 네 차례의 QT를 의무적으로 치르게 했다.

투어 제도 개혁을 주도한 인물은 히구치 히사코 당시 JLPGA 상담역이다. 누가 봐도 한국 선수의 JLPGA 투어 진입 장벽을 높인 것인데, 그는 외국 선수의 의사소통과 매너, 팬 서비스 결여를 걸고넘어졌다. 전혀 터무니없는 주장은 아니었다. 1980년대 이후 한국 선수 경기력은 급성장했으나 일부 선수의 경기 매너나 에티켓은 종종 입방아에 올랐다. 그렇다 해도 스타 부재와 일본 선수 경기력 저하가 빚어낸 투어 흥행 부진을 한국 선수 탓으로 몰아버린 집행부 결정은 납득하기 어려웠다.

더구나 박인비는 경기장 안팎에서 모범생이었다. 경기 매너뿐만 아니라 골프 팬과 언론, 관계자들에게도 늘 공손했다. 일본어는 못했지만 매니저가 밀착 수행했기 때문에 의사소통에도 문제가 없었다.

히구치 히사코는 1945년 10월 사이타마현에서 태어난 일본 여자 골프 1세대 골프 영웅이다. JLPGA 투어 통산 69승(JLPGA 투어 최다승)을 달성했다. 세계 골프 명예의 전당도 일본인 처음으로 헌액했다. 범접할 수 없는 기록을 가졌다. 일본인들의 그에 대한 복종심은 대단하다. 1996년부터는 JLPGA 회장직을 맡았다. 회장 자리에서 물러난 뒤에도 상담역으로서 협회에 막강한 영향력을 행사했다. 지극히 개인주의적이고 단합이 되지 않는 일본 선수들도 그의 말에는 토를 달지 않았다.

2010년 JLPGA 제 6대 회장에 오른 고바야시 히로미小林浩美는 소통 부재와 독단적인 업무 처리로 협회원 불만이 쏟아진 반면 히구치 히사코는 협회원들을 설득하는 카리스마까지 지녔다는 평가다.

그에 대한 평가가 지나칠 만큼 후한 면도 없지 않다. 내가 본 히구치 히사코는 많이 다르다. 의심이나 경계심이 많다. 한국 언론과는 좀처럼 소통하지 않는다. 늘 자기 중심으로 판단하고 약속을 잘 지키지 않아 곤란한 일을 겪은 적도 있다. 그의 주변 사람들은 대부분 영웅이라는 색안경을 쓰고 그를 바라보는 것 같다.

일본 여자골프계에 막강한 영향력을 행사한 히구치 히사코를 보면서 한국 여자골프 선구자이자 영웅 구옥희의 빈자리를 느낀다. 그는 겉으로 드러나지 않게 후배들을 챙겼다. 한국 선수들 사이에서 불협화음이 감지되면 그때마다 구옥희가 나서 교통정리를 했다. 일본에 히구치 히사코가 있다면 한국엔 구옥희가 있었다.

'일본 선수 살리기' 의도가 다분했던 JLPGA 투어 제도 변경은 크게 효과를 보지 못했다. 일본의 노골적인 견제 속에서도 한국 선수들의 기세는 전혀 꺾이지 않았다. 2012년엔 16승을 달성했고, 2015년과 2016년엔 무려 17승씩을 쓸어 담았다. 일본이 한국 선수의 경기력을 따라오지 못하는 것이 근본적인 문제였다.

외국 선수 진입 장벽을 높였음에도 JLPGA 투어 진출 외국 선수는 더 늘어났다. 중국을 대표하는 골프선수 평샨샨冯珊珊도 한때 미국과 일본 투어를 병행했다.

일본 선수들은 경쟁력이 없었다. 미야자토 아이, 요코미네 사쿠라

이후 이렇다 할 스타가 나타나지 않았다. 세계 수준의 기량을 갖춘 선수도 없었다. 팬 서비스는 한국 선수들보다 못했다. 그나마 한국 선수들이 투어의 질적 수준을 높였다.

박인비가 정식으로 일본 투어에 뛰어든 건 2009년 JLPGA 투어 QT를 통과하면서다. LPGA 투어를 포기한 것이 아니다. 2008년 US여자오픈 우승 후 찾아든 슬럼프 극복을 위해서였다. 자신감 회복과 분위기 쇄신을 위해 2010년부터 미국과 일본 투어를 병행하기로 했다. 선수 인생 말기 LPGA 투어에서 JLPGA 투어로 완전히 이적한 김영, 강수연, 김나리와는 목적도 취지도 달랐다.

JLPGA 투어 도전 첫해였던 2010년에는 14개 대회에 출전해 우승 두 차례, 준우승 6차례를 차지했다. 개막전 다이킨 오키드 레이디스 골프 토너먼트부터 3개 대회를 연속 준우승하더니 시즌 네 번째 대회 니시진西陣 레이디스 클래식에서 첫 우승을 장식했다. 선두에 4타 차 공동 4위로 최종 라운드를 출발해 마지막 날 3타를 줄여 아마누마 지에코天沼知惠子와 동타를 이뤘고, 연장전 승부 끝에 우승컵을 들었다. 시즌 최종전 투어 챔피언십 리코컵에서도 우승해 상금순위 5위(8,203만 9,526엔)를 차지했다. 평균타수는 규정 라운드 부족으로 순위에 들지는 못했지만 70.6429타로 1위 기록이었다. 그해 열린 34개 대회 중 14개 대회만 출전한 점을 감안해도 깜짝 놀랄 만한 성적이다.

JLPGA 투어 마지막 시즌이 된 2012년엔 다시 한 번 무서운 진가를 발휘했다. 11개 대회에 출전했는데, 훈도킨 레이디스에서 우승했고, 메이저대회 월드 레이디스 챔피언십 살롱파스컵과 일본여자프로골프

선수권대회 코니카 미놀타컵, 일본여자오픈, 투어 챔피언십 리코컵에서 전부 준우승했다. 상금순위는 9위(7,287만 9,424엔)에 올랐다. 일본에서 3시즌 동안 총 40개 대회에 참가해 4차례(메이저 1승)나 우승하며 길었던 슬럼프에 마침표를 찍었다. 그해 미국에선 상금왕이 됐다. 슬럼프 극복을 위해 JLPGA 투어를 병행했던 터라 더 이상 일본에 머물 이유는 없었다. 2013년부터는 LPGA 투어에 전념했다.

박인비에게 일본은 낯선 무대였다. 그런데도 안방에서 플레이하듯 했다. 그 힘은 어디에서 나온 것일까.

첫 번째는 타고난 환경 적응력을 들 수 있다. 박인비의 일본 매니저는 윈즈Wins 대표 윤상준이었다. 당시 IB스포츠(갤럭시아SM 전신)에서 근무한 그는 IB스포츠를 거쳐 한때 KPS에서 신지애, 김하늘의 매니저로 활약하다 일본에서 윈즈라는 스포츠마케팅 회사를 차려 독립했다. 이민영, 윤채영, 전미정, 이지희, 배희경이 윈즈 소속이다.

그가 박인비를 일본에서 처음 본 건 2010년 시즌 개막전 다이킨 오키드 레이디스 골프 토너먼트를 앞둔 시점이었다. 박인비가 일본 간사이関西국제공항에 도착했을 때 윤상준이 마중나와 대회장 오키나와 류큐골프클럽까지 함께 이동했다.

한국 선수들은 일본 투어를 처음 시작하면 6개월 정도 힘든 시기를 보낸다. 말동무가 적을 뿐 아니라 환경에 적응하기까지 어느 정도 시간이 필요하다. 박인비는 예외였다.

다음은 윤상준이 기억하는 2010년 박인비의 일본 생활이다.

"외국 생활 경험이 많았던 터라 일본 생활에도 어려움이 없어 보였다. 마치 일본에 오래 살았던 사람처럼 자연스럽게 그(일본) 문화에 녹아들었다. 처음 접하는 코스에 어리둥절할 때도 있었지만 그마저도 빠르게 적응했다."

두 번째는 세계 최고 실력의 퍼트다. 박인비는 미국에서도 알아 주는 퍼트 실력자였다. JLPGA 투어 진출 전인 2008년과 2009년에 이 미 평균퍼트(파온 홀) 1위에 올랐을 정도다.

까다로운 그린으로 유명한 일본 코스도 박인비에겐 문제가 되지 않았다. 데뷔 첫해였던 2010년 파온 홀 평균퍼트는 1.7424로 1위 안선 주(1.7502)보다 좋은 기록을 냈다. 라운드당 평균퍼트는 28.7619로 3위 에 해당하는 기록이었다.

2010년 라운드당 평균퍼트 1위는 이지우였다. 그는 2011년 니시 진 레이디스 클래식에서 첫 우승 기회를 잡았으나 후도 유리, 바바 유 카리와 연장전 끝에 준우승했다.

박인비는 2011년 14개 대회에서 우승 한 차례를 차지하며 상금순 위 29위(2,685만 6,840엔)에 머물렀지만 퍼트 실력은 발군이었다. 파온 홀 평균퍼트 1.7705, 라운드당 평균퍼트 28.4884로 2위와 3위에 해당하는 기록이었다.

박인비뿐 아니라 JLPGA 투어에서 활약했던 한국 선수들은 유난 히 퍼팅을 잘했다. 2011년에는 라운드당 평균퍼트에서 이지우가 2년 연속 1위를 차지했고, 강수연이 2위, 송보배가 3위, 신현주와 김영은 4 위와 5위에 이름을 올렸다. 김소희도 10위에 자리했다. 박인비는 2012 년에도 라운드당 평균퍼트 27.9710, 파온 홀 평균퍼트 1.7070을 기록했다. 전부 1위 기록이다. 한국 선수들이 일본을 압도하는 건 당연한 일이었다.

만약 일본에서 활약한 한국 선수 중 클럽별 최고 선수를 뽑는다면 드라이버는 안선주와 배희경, 페어웨이우드는 신현주, 유틸리티클럽은 신지애, 아이언은 구옥희와 김하늘, 퍼터는 고우순과 박인비를 올리고 싶다.

세 번째는 타고난 체력이다. 웬만한 체력이 아니고선 미국과 일본 투어를 번갈아 뛰기는 어렵다. 병행한다 해도 체력 저하로 양쪽 투어 모두 망치는 결과를 초래하기 쉽다. 박인비는 양쪽 투어에서 전부 좋은 성적을 냈다.

이에 대해 박인비는 "체력이 달리거나 시차 적응이 어려웠던 기억은 거의 없다. 어린 나이였고 당연히 그렇게 해야 한다고 생각했기 때문에 딴생각을 할 겨를이 없었다"고 말했다. 그러면서도 "다시 하라면 절대 못할 것 같다"며 고개를 저었다.

박인비 가족은 모두 골프를 좋아했다. 할아버지 박병준과 아버지 박건규도 골프를 즐겼다. 아버지는 일주일에 5차례나 라운드를 했는데, 한때는 언더파까지 기록했다고 한다. 골프뿐만 아니라 다른 운동에도 취미가 있었다. 박인비의 양친은 산악동아리에서 만나 인연이 됐다. 박인비의 운동신경과 체력은 부모님으로부터 그대로 물려받은 것 같다.[1]

네 번째는 일본 코스와 박인비 플레이 스타일이 잘 맞았다. 박인비는 2008년 US여자오픈 우승 후 지독한 슬럼프를 겪었다. 티샷이 문제였다. 부담이 클수록 큰 실수로 이어졌다. 일본에선 달랐다. 완벽한 건 아니지만 미국에서 나타났던 샷 불안은 대부분 사라졌다. 일본 코스는 미국보다 짧고 좁다. 숲이 무성해 압박감을 가중시킨다. 그런데도 티샷 정확도는 미국에서보다 높았다. 심리적인 영향으로 분석된다. 편안한 투어 환경이 마음의 여유를 가져왔고, 그것이 성적으로 나타났다.

그는 골프전문지 『골프다이제스트』와 인터뷰에서 이렇게 말했다. "2010년 샷에 심각한 문제가 발생했다. 그걸 입스라고 생각하지는 않았다. 다만 티잉그라운드에 올라가는 것도, 골프장에 가는 것도 싫었다. 골프를 포기하고 다른 길을 택하기 위해 많은 생각을 했다."[2]

윤상준은 박인비를 3년 동안 밀착 수행했음에도 그의 마음을 읽기가 어려웠다고 했다. 불평도 없고 요구하는 것도 거의 없어서 어디에가도 적응을 잘할 선수로만 느껴졌다는 것이다.

"영리한 선수였다. 책임감이 강해서 자기 일을 남 탓으로 돌리는 일도 없었다. 매니저로서 별로 할 일이 없을 만큼 손이 적게 가는 선수였다."

박인비와 같은 해 JLPGA 투어에 데뷔한 김영은 같은 항공기 옆 좌석에 앉아 이동한 일이 종종 있었다. 그는 박인비를 한마디로 표현하면 '부처님'이라고 했다.

"늘 남편 남기협과 동행했는데, 비행기 안에서 깨알 같은 글씨가 빼곡한 책을 읽으며 시간을 보냈다. 남편 남기협도 비슷한 성향이었다. 까마득한 후배였음에도 절대 가볍게 볼 수 없었다"고 말한다.

남기협은 박인비가 일본 투어에 데뷔한 2010년 그의 애인이자 경기도 안성시 마에스트로컨트리클럽 경기과장이었다. 2008년까지

KPGA 코리안투어에서 활동하다 시드를 잃으면서 경기과에서 근무하게 됐다. 그는 박인비와 닮은 점이 많다. 성격이 차분하고 인사성이 바르며 허세를 부리는 일이 없다. 무엇보다 주변 사람에게 잘한다.

박인비의 JLPGA 투어 데뷔 첫 시즌부터 동행했던 건 아니다. 박인비는 2010년 일본에서 경기를 마치면 일요일 밤에 한국으로 돌아왔다 다음날 다시 일본으로 가는 일이 많았다. 남기협을 만나기 위해서였다. 박인비의 부친은 둘의 관계를 눈치 채고 2011년 8월 약혼식을 치르게 했다.[3] 이후 두 사람은 하나가 됐다. 박인비가 미국과 일본 투어를 악착같이 병행할 수 있었던 건 남기협의 보이지 않는 힘이 컸다. 사랑의 힘이라고나 할까.

박인비는 일본어를 전혀 할 줄 몰랐다. 언어 문제로 힘들어하는 일은 없었다. 매니저가 밀착해서 통역을 해줬고, 영어가 통하는 사람과는 영어로 대화를 했다. 워낙 조용한 성격이어서 튀는 행동을 하거나 다른 일정을 잡고 움직이는 경우도 없었다.

훈련에만 몰입했던 것도 아니다. 대회 기간에는 연습을 효율적으로 했다. 그날 실수한 부분만 10~15분 정도 점검한 뒤 숙소로 돌아가는 식이었다. 남는 시간은 대부분 호텔에서 휴식을 취한 것으로 알려졌다. 만약 박인비가 연습하는 데 많은 시간을 할애했다면 체력이 버티지 못했을 지도 모른다. 내색은 하지 않았지만 미국과 일본을 오가면서 시차 적응이 쉽지는 않았을 듯하다. 시차 적응과 체력 안배를 위해서라도 연습 시간을 최소화할 수밖에 없었을 것으로 판단된다.

실제로 미국으로 돌아간 뒤에는 퍼팅 연습만 하루 4시간 정도를 할애했다. 그는 "퍼트가 안 들어가면 많은 생각을 했다. 매일 3~4시간은 연습 그린에서 퍼트를 한 것 같다. (부진) 원인을 찾기 위해 기본으로 돌아가 퍼팅 스트로크를 바로잡은 일도 있었다"[4]고 털어났다.

음식은 가리지 않고 잘 먹은 것으로 알려졌다. 일본 기자들과 인터뷰 때도 일본 음식에 대한 만족감을 드러낸 적이 있다. 모든 음식이 박인비의 입에 잘 맞은 건 아니다. 날것을 먹지 못해서 생선회나 초밥은 쳐다보지도 않았다. 그는 의외의 음식을 즐겨 먹었다. 규동(저가의 일본식 소고기덮밥)이다. 시간대가 애매할 때는 규동집을 찾아 간단하게 식사를 해결하는 일이 많았다. 남기협은 쌀밥을 좋아했고, 박인비는 날것을 피하다 보니 규동으로 타협점을 찾았다. 규동은 어떤 소도시라도 큰 길만 나가면 눈에 띌 만큼 체인점이 많다. 일본 구석구석을 투어하면서 유명 맛집을 찾아다닐 법도 했지만 박인비는 그런 소소한 행복도 누리지 않았다.

그는 일본에서 안선주, 이보미 같은 또래 선수들과 잘 어울렸다. 안선주는 경기장 안팎에서 인연이 깊다. 3년간 총 10차례나 준우승했는데, 그중 세 개 대회는 안선주가 우승했다. 두 차례(2010 산쿄 레이디스 오픈·2012 월드 레이디스 챔피언십 살롱파스컵)는 연장전에서 졌다. 안선주는 2010년 박인비와 같은 해 일본에 데뷔했지만 코스 매니지먼트에서 박인비보다 한수 위 실력을 발휘했다.

평소 가깝게 지낸 일본 선수는 없어 보였다. 유일하게 관심을 가진 일본 선수는 미야자토 아이다. 잘 알려졌듯이 박인비의 스윙은 전혀 교과서적이지 않다. 스윙 자세보다 리듬감을 중요하게 여긴다. 스윙이 됐든 퍼트가 됐든 리듬감 유지를 위해 노력했다.

스윙 리듬감 유지를 위해 참고한 선수가 미야자토 아이다. 그는 박인비가 미국에서 잠시 자리를 비운 사이 승승장구하며 월드랭킹 1위까지 올라갔다. 박인비에겐 상당한 자극제였다.

미야자토 아이는 일본 기자들로부터 박인비가 자신의 스윙 리듬을 참고한다는 사실을 전해 들었다. 그는 "정말이냐? 얼마나 참고를 한 것이냐. 그렇다면 상금 일부를 받아야 하는 것 아니냐"[5]고 말해 웃음을 자아내기도 했다.

박인비의 LPGA 투어 활약상은 국내외 언론을 통해 상세하게 보도됐지만 일본 투어 성적과 기록, 그 기록이 지닌 가치·의미에 대해선 많이 알려지지 않았다.

박인비는 2018년 KLPGA 투어 두산 매치플레이 챔피언십 우승으로 한미일 3국 투어에서 전부 우승한 12번째 선수가 됐다. 국내 대회와 인연이 없던 그는 장타자 김아림과 결승전에서 만나 1업^{UP}으로 승리했다. 그것이 박인비의 국내 투어 첫 우승이었다.

2020년 ISPS 한다 호주여자오픈 우승까지 LPGA 투어 통산 20승(메이저 7승), JLPGA 투어 4승(메이저 1승), KLPGA 투어에서 1승을 장식했다. 그의 화려한 골프 인생에서 3년간의 일본 투어 활동을 배제할 수 없는 이유는 2008년 US여자오픈 우승 이후 찾아온 슬럼프 극복의 발판이 됐기 때문이다. 자신의 JLPGA 투어 마지막 시즌이던 2012년엔 LPGA 투어 에비앙 마스터스와 사임다비 말레이시아에서 우승했고, 세이프웨이 클래식과 로레나 오초아 인비테이셔널에서 준우승하며

LPGA 투어 상금왕과 베어트로피(최저타상), 대상을 수상했다. 2013년엔 6승을 달성했는데, 그중 3승은 메이저대회 3연승이다.

사상 첫 캘린더 그랜드슬램(한 시즌 4개 메이저대회를 전부 우승)은 놓쳤지만 올해의 선수와 다승왕, 상금왕을 휩쓸었다. 2015년에는 브리티시 여자오픈에서 우승하면서 커리어 그랜드슬램을 달성했고, 2016년엔 리우데자네이루 올림픽에서 여자골프(개인전) 금메달을 목에 걸었다.

남은 목표는 슈퍼 커리어 그랜드슬램뿐이다. LPGA 투어엔 5개 메이저대회가 있다. 박인비는 4개 메이저대회를 우승해 커리어 그랜드슬램을 달성했지만 에비앙 챔피언십을 제패해야 LPGA 투어 5개 메이저대회를 전부 우승한 사상 유일한 선수가 된다. 박인비는 에비앙 챔피언십이 메이저대회로 승격되기 전인 2012년에 에비앙 마스터스에서 우승했으나 메이저대회 승격 후에는 우승하지 못했다.

하야시 요헤林洋平 일본 『골프다이제스트 온라인』 기자는 미국 골프채널과 AP통신, 『뉴욕타임스』 같은 주요 외신 보도를 인용하면서 LPGA가 박인비의 커리어 그랜드슬램을 인정한 것에 대해 이견을 내놓았다. 그는 "(박인비가 에비앙 챔피언십에서 우승해) 슈퍼 커리어 그랜드슬램을 달성하면 논쟁에 마침표를 찍을 것"[6]이라며 가시달린 글을 남겼다.

그러나 박인비는 누가 뭐래도 전 세계인이 인정한 최고의 여자 프로골퍼다. 2019년 12월에는 미국 골프전문매체 『골프위크』가 선정한 '최근 10년간 베스트 LPGA 투어 선수 10명' 중에서도 1위에 올랐다.

만약 박인비 골프 인생에서 3년간의 일본 투어 생활이 없었다면 어땠을까. 박인비가 JLPGA 투어 경험을 통해 슬럼프 극복 열쇠를 찾은 사실은 부정할 수 없다. 미국과 일본을 오가면서 샷에 대한 불안감을 상당 부분 떨쳤다. 일본에서 좋은 성적을 거두면서 미국에서 잃어버린 자신감을 회복했다. 미국에선 느낄 수 없던 골프의 새로운 매력도 발견했다.

그는 단점 극복을 위해 치밀하게 노력하는 동시에 장점은 최대한 살렸다. 샷이 불안했던 만큼 쇼트게임과 퍼트에 더 많은 공을 들였다. 한때 전매특허라는 말이 전혀 아깝지 않았던 고감도 쇼트게임은 수년간의 시련 속에서 만들어진 땀과 눈물의 결정체였다. 일본이라는 낯선 무대도 마다하지 않은 용기와 결단력이 그랜드슬래머 박인비를 탄생시켰다.

한국인 첫 상금왕, **안선주**

일본 여성 특유의 비음 섞인 얇은 목소리에 귀를 쫑긋 세웠다. 기자들의 질문에 능수능란하게 대처하는 말솜씨만 봐도 톱 플레이어라는 걸 짐작케 한다. 많은 인터뷰 경험에서 우러나는 자신감인 듯하다. 그의 화법은 군더더기 없이 매끄럽게 이어졌다. 일본인 중에서도 언어 구사력을 위해 상당 시간 공을 들인 선수임에 틀림없다.

TV 화면을 보지 않고 선수 이름을 맞춰봤다. 의외로 재미있다. 제법 많은 선수의 이름을 맞췄다. 그런데 이 선수는 나의 추측에서 완전히 벗어났다. 일본인이 아니다. 목소리의 주인공은 JLPGA 투어에서 네 차례나 상금왕에 오른 안선주였다.

MBC 예능 〈복면가왕〉에서 정체를 알 수 없던 가면 속 주인공이 평소 알고 지내던 사람이라면 이런 기분일까. 안선주의 목소리는 숱하게 들었지만 일본어로 말하는 안선주는 낯설게 다가왔다. 일본인에 가까운 화법과 억양에 감쪽같이 속아 넘어갔다.

그의 일본어 실력은 일본인들도 엄지를 치켜세울 정도다. 달라진 일본어 실력만 봐도 그는 과거의 안선주가 아니다. JLPGA 투어 진출 한국인을 통틀어 가장 성공한 선수이자 경기장 안팎에서 완전히 새 옷으로 갈아입은 선수다.

안선주의 인터뷰 실력에 마음을 사로잡힌 대회는 2018년 시즌 최종전 투어 챔피언십 리코컵이다. 이 대회는 여느 대회와 분위기부터 많이 다르다. 상금왕을 비롯해 각종 타이틀 주인이 가려지는 만큼 보이지 않는 긴장감이 흐르지만 선수로서 투어 챔피언십 무대에서 경기하는 것만으로도 가슴 벅찬 일이다.

투어 챔피언십 리코컵은 비교적 인터뷰가 자유롭다. 참가 선수가 많지 않아 선수 한 명 한 명에 대한 주목도도 높다. 시즌 중 공인대회에서는 매 라운드 상위권 선수만이 인터뷰 존에 설 수 있다. 이 대회에서만큼은 출전한 모든 선수 인터뷰가 TV를 통해 전파를 탄다. 시즌 마지막을 장식하는 축제다.

안선주는 2020년까지 총 10차례나 이 대회에 참가했다. 신종 코로나바이러스 감염증(코로나19) 확산으로 경기에 출전하지 않은 2020년을 제외하고 단 한 차례도 출전권을 놓치지 않았다. 그만큼 많은 인터뷰를 했다. 능숙한 일본어 실력도 수많은 인터뷰를 거치면서 세련된 옷으로 갈아입은 듯하다.

일본 프로골프 대회장엔 그들만의 고집스러운 인터뷰 문화가 있다. 기자들은 경기를 마친 선수와 인터뷰하기 위해 인터뷰 존에 모인다. 인터뷰 존은 스코어카드 제출 장소에서 멀지 않은 곳에 마련된다. 기자보다 선수를 배려한다. 참고로 한국에선 경기를 마친 선수가 기자들이 있는 프레스룸으로 찾아가 인터뷰한다. 반대다.

인터뷰는 기자들이 선수 한 명을 에워싼 상태에서 질문과 답변을 주고받는다. 펜과 수첩을 든 기자들은 답변 한마디라도 놓칠세라 집중해서 받아 적는다. 스마트 기기나 녹음기를 들이대는 기자는 찾아보기 어렵다. 일본은 아직도 아날로그가 대세다. 취재 신청서도 팩스로 보낸다. 오랜 기간 이들과 인터뷰를 함께하면서 두 가지를 느꼈다. 기본에 충실하고 전통을 소중하게 여기는 사회라는 점과 변화 앞에선 소극적이고 둔감한 사회라는 점이다.

다시 안선주 이야기를 해보자. 1987년 8월 31일 경기도 광주에서 태어났다. 테니스를 하다 중학교 1학년 때 정식으로 골프에 입문했다. 어린 안선주는 드라이버 하나로 많은 사람을 놀라게 했다. 280야드에 이르는 드라이브샷을 펑펑 날렸다. 장타자 치고는 쇼트게임과 퍼트도 수준급이었다. 급기야 골프 입문 1년도 안돼서 전국대회 우승을 먹었다.

2004년에는 아마추어 신분으로 KLPGA 투어에 출전했다. 하이트컵 여자오픈이다. 안선주는 국가대표 박희영과 연장전 승부 끝에 준우승했다. 아마추어 선수끼리 프로 대회 연장전에서 맞붙은 건 KLPGA 투어에서 처음 있는 일이었다. 그만큼 슈퍼루키가 넘쳐나던 시절이다.

2005년에는 KLPGA 프로로 데뷔해 제니아 엔조이(2부) 투어 1차전부터 3개 대회를 연속 우승했다. 그해 가을부터는 정규 투어에 출전했다. 2009년까지 국내 무대에서 활동하면서 7승을 거뒀다. 최고 선수라는 수식어는 얻지 못했다. 신지애, 박희영, 최나연, 서희경, 유소연, 김하늘 같은 엄청난 실력자들 틈바구니에서 주연이었지만 조연 대접을 받았다. 기업 후원을 받는 일도 쉽지 않았다.

2008년 말 더 큰 무대에서 뛰기 위해 LPGA 투어에 도전했다. 하지만 파이널 QT를 앞두고 몸 상태가 좋지 않았다. 경기는커녕 연습조차 할 수 없었다. 결국 파이널 QT를 포기하고 한국으로 돌아왔다.

미국에서 쓴잔을 마신 안선주는 두 번째 도전 무대로 일본을 택했다. 그리고 전혀 다른 선수로 거듭났다. 막강한 비거리를 앞세운 닥공 골프에서 치밀한 코스 매니지먼트를 바탕으로 한 전략적 플레이어로 변신했다.

안선주는 일본 진출 후 2020년까지 28승(메이저 2승)을 달성하며 한국 선수 최다승 보유자라는 타이틀을 얻었다. 통산 30승 선수에게 주는 영구시드도 눈앞이다. JLPGA 투어 역사에서 영구시드를 획득한 선수는 6명뿐이다. 히구치 히사코, 후도 유리, 오사코 다쓰코大迫たつ子, 오카모토 아야코, 모리구치 유코, 투 아이유다.

그는 데뷔 첫해였던 2010년부터 엄청난 기록을 쏟아냈다. 시즌 개막전이자 자신의 데뷔전 다이킨 오키드 레이디스 골프 토너먼트에서 투어 최단 경기 우승을 차지해 일본 열도를 발칵 뒤집었다. JLPGA 투어에서 프로 데뷔 첫 대회 우승은 안선주가 유일하다. 1969년 오가와 미치에小川美智惠가 일본프로골프 여자부 창립기념경기에서 우승해 프로 데뷔 첫 대회 우승 기록으로 남아 있지만 투어 최단 경기 우승으로는 인정하지 않는다.

데뷔전을 앞둔 2010년 1월 1일에는 JLPGA 투어프로로 등록해 프로 데뷔 후 66일 만의 우승이라는 기록도 함께 수립했다. 이전 기록은 투어 제도 시행 전인 1986년 나카시마 에리카中島エリカ가 Qtai · 호쿠리쿠北陸 퀸스에서 기록한 132일이다.

그해 한국 여자골프는 안선주에 의해 새로운 역사가 만들어졌다. 시즌 4승을 달성하며 1억 4,507만 3,799엔(약 15억 원)을 획득해 한국인 첫 JLPGA 투어 상금왕 고지를 밟았다. 한국 여자골프 선구자 구옥희, 베테랑 이지희도 이루지 못한 대기록이었다. JLPGA 투어 외국인 상금왕은 1991년 투 아이유 이후 19년 만이자 두 번째였다.

JLPGA로선 자존심을 내려놓을 수밖에 없었다. 시즌 34개 대회 중 절반인 17개 대회 우승컵을 외국 선수(한국 15승)에게 빼앗겼다. 오랜 자존심으로 여겼던 상금왕 자리까지 내줬으니 어쩔 수 없는 일이다. 상금순위 3위(전미정)와 5위(박인비)도 한국 선수가 차지해 일본에서 열리는 한국 투어와 다르지 않았다.

안선주는 평균퍼트(파온 홀)에서도 1위를 차지하며 최우수선수상과 JLPGA 신인상, 일본프로스포츠 신인상을 휩쓸었다. 이듬해인 2011년에도 4승을 달성해 상금왕과 평균타수, 최우수선수상을 2년 연속 수상했다.

안선주 시대다. 후도 유리 이후 춘추전국시대로 접어든 JLPGA 투어를 안선주가 평정했다. 한국에선 단 한 차례도 상금왕에 오른 적이 없는 만년 2인자였다는 점이 일본인들의 심기를 더 불편하게 했다.

2014년과 2018년에도 상금 1위에 올라 개인 통산 네 차례나 상금왕 자리에 앉았다. JLPGA 투어는 2020년까지 총 21명의 상금왕을 배출했다. 상금왕을 4회 이상 차지한 선수는 안선주를 비롯해 히구치 히사코(11회), 투 아이유(7회), 후도 유리(6회)까지 네 명뿐이다.

국내에서 프로로 데뷔한 2005년부터 2018년까지 한 시즌도 우승을 거르지 않았다는 점도 칭찬받을 만하다. 지독한 슬럼프를 경험하면서도 목 디스크 수술을 한 2019년과 코로나19 확산으로 일본에 가지 못한 2020년을 제외하고 모든 시즌에 우승을 달성했다.

2015년에는 일본에서 열린 LPGA 투어 토토재팬 클래식 우승으로 한미일 3국 투어 대회를 전부 우승한 11번째 선수가 됐다.

한국에선 만년 2인자였다. LPGA 투어 진출도 실패했다. 그런 안선주가 일본에서 전혀 다른 선수로 거듭날 수 있었던 비결은 무엇일까.

첫 번째는 정교해진 퍼트에 있다. 안선주는 KLPGA 투어 활약 당시 드라이브샷 평균 비거리 1 · 2위를 다퉜지만 쇼트게임과 퍼트에는 약점이 있었다. 2008년 라운드당 평균퍼트는 31.82로 54위, 한국에서 마지막 시즌이던 2009년에도 30.75로 24위에 머물렀다.

그러나 안선주는 LPGA 투어 진출 실패 후 일본으로 활동 무대를 옮기기 위해 마음을 독하게 먹었다. 드라이브샷 거리는 줄이고 정확도를 높였다. 쇼트게임은 투어 최강 수준으로 끌어올렸다. 일본 코스에 최적화된 선수로 거듭났다.

퍼트는 더 이상 약점이 되지 않았다. 데뷔 첫해였던 2010년 파온 홀 평균퍼트 1위(1.7502)에 올랐고, 라운드당 평균퍼트는 29.2442로 7위를 마크했다. 슬럼프가 가장 심했던 2017년에도 파온 홀 평균퍼트는 10위(1.7928)를 유지할 만큼 퍼트 실력은 JLPGA 투어 최정상급이다. 3퍼트나 더블보기는 찾아보기가 어렵다. 더블보기율은 2014년과 2016년(투어 신기록), 2017년, 2018년, 3퍼트율은 2016년과 2018년에 1위에 올랐다.

한국과 일본 코스는 크게 다르지 않다. 차이점이 있다면 굴곡이 더 심하고 그린이 까다롭다. 그럼에도 불구하고 퍼트 최정상급 선수로 거듭날 수 있었던 건 남모르게 흘린 땀의 대가였다.

두 번째는 탁월한 코스 매니지먼트와 위기관리 능력이다. 안선주는 골프 선수로서 장점이 많다. 장타자이면서 정교한 게임을 한다. 전천후 공격수다. 거기에 코스 매니지먼트까지 잘한다. 앞에서도 언급했듯이 안선주는 골프여제 박인비보다 더 영리한 코스 매니지먼트를 했다.

안선주의 코스 매니지먼트와 위기관리 능력에는 미묘한 상관관계가 있다. 위기관리 능력이 좋아지면서 코스 매니지먼트에도 자신감을 갖게 됐다. 실수를 해도 극복할 수 있다는 자신감이 창의적인 게임을 할 수 있게 했다.

매 시즌 리커버리율 기록을 보면 더 분명하게 드러난다. 데뷔 첫해 22위였던 리커버리율은 이듬해 4위에 올랐고, 2014년과 2015년엔 1위를 차지했다. 특히 2014년엔 리커버리율 74.8879%로 JLPGA 투어 역대 최고 기록을 수립했다. 그해 개인 통산 세 번째 상금왕이 됐다.

2013년에는 28라운드 연속 오버파 없는 플레이를 펼쳤다. JLPGA 투어 최고 기록이다. 이 역시 탁월한 위기관리 능력이 뒷받침한 결과다. 2013년 6월 어스·몬다민컵 1라운드부터 9월 먼싱웨어 레이디스 도카이 클래식 3라운드까지 28라운드 동안 한 차례도 오버파 경기를 하지 않았다. 그 사이 두 차례나 우승컵을 안았다. 이 기록은 2019년 시부노 히나코澁野日向子가 29라운드로 경신하기 전까지 6년간 JLPGA 투어 최고 기록이었다.

세 번째는 적절한 시기의 연애와 결혼이다. 프로골퍼 김성호는 안선주의 부족했던 반쪽을 완벽하게 채웠다. 안선주는 2012년 3승, 2013년엔 2승을 추가했지만 정신적 스트레스가 겹치면서 힘든 시기를 보냈다. 그랬던 그가 2014년 무려 5승을 쓸어 담으며 통산 세 번째 상금왕을 차지했다. 코치 겸 캐디로서 늘 안선주 곁을 지킨 김성호의 힘이 컸다. 둘은 그해 12월 한국에서 결혼식을 올렸다.

좋은 흐름이 오래 가지는 않았다. 2015년까지 매년 2승 이상, 상금순위 4위 이내 성적을 유지하던 안선주는 갖가지 부상이 겹치면서 선수 생명까지 위협받았다. 2016년엔 어려운 환경에서도 2승을 올렸지만 2017년은 개막전에서 우승하고도 1승에 그쳐 상금순위 10위까지 밀려났다.

주변 시선은 따가웠다. 결혼 후 성적이 떨어졌다는 이유로 곱지 않은 시선이 김성호를 향했다. 그 역시 무거운 책임감을 느꼈다. 두 사람은 금실이 아주 좋았으나 이로 인해 다투는 일이 많아졌다.

결혼 후 성적이 떨어진 진짜 이유는 목 디스크 때문이다. 목통증이 심해지면서 결장과 기권이 잦아졌다. 기분도 우울했다. 매주 반복되는 투어프로 생활에도 신물이 났다. 어떻게든 골프라는 울타리에서 벗어나고 싶었다. 실제로 2016년 6월 산토리 레이디스 오픈을 기권한 뒤 한 달 이상 대회장에 모습을 드러내지 않았다.

슬럼프 극복 의지마저 상실했던 그에게 이번에는 아버지 안병길과 매니지먼트사가 따뜻한 손을 내밀었다. 그것이 네 번째 비결이다.

안병길은 차분하고 따뜻한 사람이다. 안선주의 성적에 일희일비하는 모습을 보이지 않았다. 어떤 상황이라도 묵묵히 안선주 곁을 지켰다. 아버지의 따뜻함이 주변 사람들의 차가운 시선보다 강하고 위대했다.

안선주는 일본 후쿠오카시에 본사를 둔 조인트원Joint one 소속이다. 조인트원은 2016년 설립한 스포츠마케팅 회사다. 요시다 하야토吉田隼人가 대표이사 사장이다. 요코미네 사쿠라, 아오키 세레나青木瀬令奈, 오카야마 에리岡山絵里, 이노우에 사키井上沙紀 등 여자 프로골퍼들이 소속돼있다. 일본 햄버거 체인 모스버거와 후원사 계약도 조인트원이 성사시켰다.

조인트원은 안선주에게 심리적 안정감을 줬다. 2018년 초 '골프가 너무 재밌다'며 환하게 미소 짓던 안선주의 얼굴에선 이전에 없던 여유가 묻어났다. 그해 7월 닛폰햄 레이디스 클래식 우승 땐 목 디스크로 인한 등 통증으로 진통제를 복용하면서 경기할 만큼 몸 상태가 좋지 않았지만 마음의 안정이 기적을 불러 일으켰다.

조인트원은 선수에게 과한 부담감을 주지 않는다는 운영 철학이 확고하다. 온갖 부상과 스트레스로 성적이 곤두박질칠 때도 "괜찮아. 상금왕 같은 건 안 해도 돼"라며 안선주를 격려했다고 한다. 그간 얼어붙어 있던 안선주의 마음을 녹아내리게 한 한마디였다. 그 한마디의 격려가 그렇게 큰 힘이 될 줄은 안선주 본인도 알지 못했다.[1]

이번에는 경기 외적인 부분을 들여다보겠다. 먼저 일본어 실력에 대해 좀 더 자세히 알아보자. 현지인 수준이다. 말만 익힌 게 아니다. 억양과 발음이 일본인에 가깝다. 그만큼 많은 노력을 기울였다는 걸 알

수 있다. 재일동포 일본어 강사에게 1년간 개인 지도를 받았고, 일본 드라마나 애니메이션을 보며 듣고 따라하기 연습을 반복했다고 한다.

JLPGA 회장 고바야시 히로미도 안선주 일본어 실력에 칭찬을 아끼지 않았다. 다음은 고바야시 히로미가 들려준 안선주에 대한 이야기다.

"일본어를 정말 잘하는 선수다. 깜짝 놀랄 수준이다. 그냥 일본인 같다. 일본에 와서 많은 노력을 기울였다는 걸 알 수 있다. 늘 적극적이면서 재미있어서 그를 좋아하는 선수가 많다. 긍정 에너지가 넘쳐나는 선수다."

실제 성격도 활달하다. 온순하고 정이 많다. 직설적인 화법 때문에 오해를 사는 경우도 있었다. 이런 화법은 일본 진출 후 대부분 사라진 것 같다.

성적에 대한 부담감이 일종의 강박증처럼 비쳐지기도 했다. 데뷔 시즌부터 역사에 남을 기록을 수립하면서 더 많은 부담감을 떠안았으니 어쩌면 당연한 현상이다.

일본 진출 후 달라진 또 한 가지는 두터운 팬덤이다. 일본 여자골프 최고 스타라고 할 순 없지만 그를 응원하는 골프 팬이 제법 많다. 출중한 실력과 꾸준한 성적, 넘치는 에너지, 익살스러운 성격 등 인기 비결은 한두 가지가 아니다.

'가와이(귀엽다·예쁘다)'라며 짧고 분명한 이유를 대는 일본인도 적지 않다. '가와이'는 '오이시(맛있다)', '스고이(대단하다)'와 함께 일본인이 자주 사용하는 그림씨 중 하나다. 얼굴 생김새뿐만 아니라 때때로 변하는 표정과 행동, 옷매무새, 말투 따위에도 '가와이'란 표현을 자주 쓴다. 쓰임새가 다양하기 때문에 알아두면 요긴하게 써먹을 수 있다. 입버릇처럼 사용해도 욕먹을 일이 없다.

일본 사회에서 팬덤은 우리와 많이 다르다. 그중 하나가 취향의 다양성이다. 국내에선 거들떠보지도 않았던 최호성의 낚시꾼 스윙을 생각해보라. 일본에선 엄청난 인기를 얻었다. 최호성은 대회마다 사인 공세를 받았다. 이시카와 료石川遼처럼 힘 있고 멋진 스윙을 좋아하는 사람이 많지만 개성 있는 스윙으로 많은 사람에게 웃음을 주는 스윙을 좋아하는 사람도 적지 않다. 한국과 일본의 팬덤 문화 차이를 분명하게 보여준다.

외모보다 실력으로 선수를 평가하는 업계 분위기도 우리와는 약간 다르다. 안선주는 2010년 JLPGA 투어 진출 당시 한국에서 7승을 달성했지만 메인 후원사가 없었다. 한동안 골프클럽 후원사 모자를 써야 했다.

일본 기업들은 안선주의 외모보다 실력과 잠재력을 높이 샀다. 안선주는 메인 후원사 모스버거를 비롯해 SMBC닛코증권, 47(OSM인터내셔널), 클럽하우스, 카세븐, 아사히공무점, 미즈노(아이언), 타이틀리스트(골프공)와도 후원 계약을 맺었다. 더 이상 후원사를 받지 못할 만큼 온몸이 광고판이다.

국내 기업의 문제로 치부해서는 안 된다. 선수가 아닌 기업의 시선에서 바라보면 완전히 다른 논리가 만들어진다. 현대 스포츠에서 엔터테인먼트는 떼려야 뗄 수 없는 관계가 됐다. 앞서 언급했듯이 3세대 선수들은 갖춰야할 덕목이 많아졌다. 골프 실력뿐만 아니라 비주얼, 언론 인터뷰, 팬 서비스, 개성, 패션 스타일까지 평가받는다. '난 프로골퍼니까 공만 잘 치면 되지'라는 생각은 통하지 않는다. 미디어도 팬도 외면한다. 그런 선수에게 관심을 가질 기업이 있을까.

안선주의 골프 인생에서 절대 빼놓을 수 없는 건 목 디스크다. 그만큼 오랜 기간 안선주를 괴롭혔다. 2019년 초 안선주의 목 상태는 최악이었다. 시즌 세 번째 대회 티포인트×에네오스 골프 토너먼트에선 2라운드 종료 후 목통증으로 기권했고, 시즌 네 번째 대회 악사 레이디스 골프 토너먼트 in 미야자키는 아예 출전하지 못했다.

목 디스크 수술 전에 출전한 야마하 레이디스 오픈 가쓰라기에서는 2018년에 이어 대회 2연패를 노렸지만 마지막 날 나리타 미스즈에게 한 타 차 역전을 허용하며 준우승했다. 대회장 시즈오카현 가쓰라기 골프클럽 야마나山名코스는 알아주는 난코스다. 이 대회에서 나흘간 언더파를 기록한 선수는 네 명에 불과했다.

안선주는 이 코스에만 서면 신들린 듯 플레이했다. 2014년과 2018년에는 우승컵을 들어 올렸고, 목통증으로 기권한 2016년을 제외하고 2014년 이후 단 한 차례도 톱5 밑으로 떨어진 일이 없다. 준우승이란 빛나는 성적에도 아쉬움이 남을 만하다.

그는 SNS로 팬들과 소통하는 걸 좋아한다. 휴식기는 물론이고 시즌 중에도 일거수일투족을 한글과 일본어로 친절하게 적어 근황을 알린다. 목 디스크 수술 사실도 SNS에 남겼다.

수술 결과는 좋았다. 그는 목 디스크 수술 후 회복되지 않은 몸으

로 대회장에 나가 경기를 지켜봤다. 한 대회라도 빨리 필드에 서야 한다는 생각에 억눌려 있었던 것으로 보인다. 5월 첫 주 열린 파나소닉 오픈 레이디스엔 참가 의사를 밝혔다가 목통증이 심해져 출전하지 못했다. 결국 5월 중순 후쿠오카컨트리클럽에서 열린 호켄노마도구치ほけんの窓口 레이디스가 복귀전이 됐다. 성적은 예선 탈락이었지만 목표했던 36홀을 완주하면서 다시 날아오를 준비를 마쳤다.

통산 네 번째 상금왕에 오른 2018년에도 안선주의 목 상태는 좋지 않았다. 상금왕은 고사하고 대회 출전도 쉽지 않았다. 목이 좋지 않을 때는 앉아 있어도 통증이 심했다. 잠자리에 누워 목 방향만 살짝 바꿔도 통증이 밀려왔다. 잠을 이루지 못하는 날이 많았다.

9월 말 지바컨트리클럽에서 열린 일본여자오픈 전에는 목 상태가 호전됐다고 생각했지만 실전에선 경기에 집중할 수 없을 만큼 심한 통증이 찾아왔다. 예선 탈락했다. MRI(자기공명영상법) 검사를 해보니 상태가 더 나빠져 있었다. 목 디스크와의 싸움이 아니라 자신과의 싸움이었다. '몸을 망가트리면서까지 골프를 해야 하나'라는 생각에 눈물이 멎지 않았다[2]고 한다. 아마도 남들과 다른 자신의 골프 인생에 자괴감이 몰려왔던 것 같다.

목 디스크가 시련만 안긴 건 아니다. 목 디스크를 이겨내는 과정에서 마음의 근육을 키울 수 있었다. 정신적 성장은 플레이에 윤기를 더했다. JLPGA 투어 데뷔 초기만 해도 승부에 대한 집착이 대단히 강해보였다. 투박했다. 주변을 돌아볼 여유도 없었다. 앞만 보고 달렸다. 어쩌다 실수라도 하면 분위기가 가라앉는 모습이 보였다.

2018년부터는 플레이에 여유가 묻어났다. 짧은 거리에서 3퍼트를 해도 기분전환이 빨라졌다. 표정에도 자신감이 넘쳤다. 한국에서는 말할 것도 없고 일본 데뷔 초기에도 절대 볼 수 없던 표정이었다.

안선주는 통산 네 번째 상금왕에 오른 2018년이 자신의 골프 인생에서 최고의 한해라고 했다. 한 시즌 개인 최다승 타이(5승)로 상금왕에 오른 것도 있지만 결혼 후 첫 번째 상금왕이라는 데 더 큰 의미를 뒀다. 결혼 후 성적에 대한 부담감이 어느 정도였는지를 미루어 짐작할 수 있다. 목 디스크로 인한 경기력 저하 책임을 온전히 신랑에게 떠넘겼다는 자책감이 적지 않았던 것 같다.

2019년 시즌 개막전을 앞두고 가진 JLPGA와의 인터뷰에서는 이렇게 말했다.

"지난해(2018년)는 큰 경험을 하면서 남편도 나도 더 강해진 것 같다. 그러면서 두 사람이 조금씩 성장해가는 기분이다."[3]

안선주에 대해 잘못 알려진 사실이 있다. 갤러리를 크게 의식하지 않는다는 점이다. 아니다. 민감하다. 작은 응원 소리에도 감정의 기복이 일어난다. 내색을 하지 않았을 뿐이다. 다음 인터뷰를 보면 분명하게 알 수 있다.

"예선 통과가 어려울 만큼 몸 상태가 좋지 않은 상황이었지만 '안 짱, 간바레(안선주 힘내라)'라는 따뜻한 응원을 받고 힘을 낸 적이 있다. 2018년 노부타 그룹 마스터스GC 레이디스는 응원에 힘입어 마음을 다 잡고 우승할 수 있었다. 그 응원이 개인 통산 네 번째 상금왕으로 이끌었다."[4]

안선주는 구옥희 이후 가장 위대한 업적을 써내려간 한국 선수다. 한국인 첫 상금왕에 올랐고, 한국인 최다승 기록도 경신했다. 일본 투어 성적만 놓고 보면 신지애와 이보미를 압도한다. 오직 실력만으로 모든 것을 뒤집었다. 한 번의 실패를 성장 발판으로 삼아 더 높이 날아올랐다. 보란 듯이 최고의 별이 됐다.

한→미→일 섭렵한 골프 달인들, 김영·강수연

차분한 말투와 상냥한 어조로 한때 골프 방송계 대세로 떠오른 사람이 있다. 한국과 미국, 일본 여자 프로골프 투어에서 전부 우승컵을 거머쥔 김영이다. 2015년 말 선수 생활을 정리한 김영은 2016년부터 SBS골프 해설위원으로 데뷔해 주목받았다. 같은 방송 채널 〈SBS골프아카데미〉에서는 지도자 겸 방송인으로 변신해 선수 시절 숨겨왔던 매력을 발산했다. 172cm의 큰 신장부터 하얀 피부, 겸손해 보이는 얼굴, 침착하고 세련된 말투까지 그의 인기 비결은 헤아리기가 어려울 만큼 많다.

김영은 LPGA 투어에서 활약하던 2005년과 2006년 12월 생방송으로 진행된 KLPGA 대상시상식 사회를 맡아 전문 사회자 못지않은 입담을 발휘하기도 했다. 『골프다이제스트』가 선정한 2018-2019 대한민국 베스트 골프 지도자 10인에도 선정됐다. 10명 중 9명은 남자였는데, 김영이 유일하게 여성으로서 이름을 올렸다. 탁월한 언어 전달력과 이해하기 쉬운 레슨 진행은 선수 출신 중 최고로 평가된다.

1980년 2월 2일 강원도 춘천에서 태어난 김영은 11살(봉의초등학교 5학년) 때 골프채를 잡았다. 골프 시작 전에는 농구를 했다. 농구를 시작한 초등학교 3학년 때도 키가 컸다. 당시 봉의초등학교엔 한 학급 40~50명 정도였다. 남녀 학생을 통틀어 김영보다 큰 아이는 2~3명밖에 없었다.

농구를 하다 골프로 전향한 이유는 살을 빼기 위해서였다. 어렸을 땐 통통한 체형이어서 '골프를 하면 날씬해진다'는 부모님 이야기에 솔깃해 거리낌 없이 골프채를 잡았다.

골프는 김영과 잘 맞았다. 남춘천여중을 거쳐 강원체고에 진학하면서 국가대표로 선발될 만큼 두각을 나타냈다. 강원체고 3학년이던 1998년에는 KLPGA 투어에 데뷔했다. 데뷔 첫해 7개 대회에 출전해 오필여자오픈 골프선수권대회 준우승, 한국여자프로골프선수권대회 5위에 올라 가능성을 확인했다. 이듬해는 롯데컵 한국여자오픈에서 우승해 상금순위를 2위까지 끌어올렸다. 그해 획득한 상금은 7,275만 7,286원이다. 2019 시즌 KLPGA 투어 상금순위 2위 장하나(11억 5,772만 3,636원)와 비교하면 15분의 1도 안 되는 금액이다. 한국 여자골프 투어가 단기간에 얼마나 빠르게 성장했는지를 보여준다.

2001년에는 LPGA 투어에 진출했다. 데뷔 첫해엔 퓨처스(2부) 투어 바로나크릭 위민스 클래식에서 우승해 이듬해 정규 투어 출전권을 따냈다. 투어 6년차였던 2007년 5월에는 코닝 클래식에서 감격의 첫 우승을 일궜다. 그땐 애니카 소렌스탐Annika Sorenstam과 캐리 웹Karrie Webb의 전성기였다. 베테랑 줄리 잉스터Juli Inkster도 건재한 기량을 발휘했다. 한국 선수는 박세리, 김미현, 박지은이 맹위를 떨쳤다. 강자들의 틈바구니에서 우승 기회를 잡는 일은 결코 쉽지 않았다.

일본으로 자리를 옮긴 건 2010년이다. LPGA 투어에서 뛰던 김영에게 일본은 시시한 느낌이 있었다. 잘은 몰랐지만 한국보다 한 수 아래라는 생각이 강했다. 뚜껑을 열어보니 많이 달랐다. 베테랑 이지희, 전미정을 비롯해 함께 데뷔한 안선주, 박인비가 매 대회 두각을 나타냈다. 신지애도 간간히 일본 대회에 모습을 드러냈다. LPGA 투어 못지않게 우승 경쟁이 치열했다.

김영이 LPGA 투어를 떠난 이유는 글로벌 금융 위기로 인한 대회 감소 때문이다. LPGA 투어는 2008년 34개 대회를 치렀으나 2009년 28개, 2010년에는 24개 대회를 여는 데 그쳤다. LPGA 투어에서 함께 활약하던 김나리, 이선화도 일본 무대에 데뷔해 주목받았다.

김나리는 데뷔 첫해 다이오제지 엘르에어 레이디스 오픈에서 첫 우승했다. 2013년에는 스튜디오 앨리스 여자오픈에서 JLPGA 투어 개인 통산 두 번째 우승을 장식했다. 이후 2016년까지 일본에서 활동하다 한국으로 돌아와 선수 생활을 마무리했다.

이선화는 미국 투어와 병행하며 8개 대회에 출전했는데, 한 차례도 톱10에 들지 못했다. 훈도킨 레이디스 공동 14위가 최고 성적이다.

김영의 영향으로 JLPGA 투어에 데뷔한 선수도 있다. 대만 출신 테레사 루다. 한때 청야니와 대만 여자골프 간판이었다. 2006년 LPGA 투어에 데뷔했지만 이렇다 할 성적을 내지 못했다. 2010년부터는 미국과 일본 투어를 병행하다 김영이 일본에 정착한 모습을 보고 JLPGA 투어 이적을 결심했다. 그는 2020년까지 JLPGA 투어 통산 16승으로 상금 순위 2위와 3위를 두 차례씩 차지했다. 비거리보다 정확한 샷으로 정평이 있다.

김영의 JLPGA 투어 첫 우승 시기는 데뷔 4년차였던 2013년 7월이다. 도야마현富山県 야쓰오八尾컨트리클럽에서 열린 니치이코 여자오픈 골프 토너먼트가 우승 무대다. 일본에서 첫 우승이자 마지막 우승이었다. 타이틀 후원사 니치이코는 일본 도야마현에 본사를 둔 제네릭 의약품 메이커다.

시모무라 마유미下村真由美를 한 타 차로 따돌린 짜릿한 승부였다. 강우로 인해 두 차례나 경기가 중단됐으나 한국과 미국에서 숱한 경기 경험을 쌓은 김영이 집중력과 노련미에서 한수 위 경기를 펼쳤다.

2011년에 데뷔한 장은비는 2타 차 공동 3위에 올랐다. 장은비는 2010년 QT를 거쳐 이듬해 일본 무대를 밟았다. 그해 메이지컵과 NEC 가루이자와72 골프 토너먼트에서 준우승했고, 2012년엔 요시다 유미코와 연장전 끝에 우승을 놓친 뼈아픈 기록도 있다.

김영은 2015년 일본에서 선수 생활을 마칠 때까지 한국에서 5승(메이저 1승), 미국과 일본에서 1승씩을 달성해 통산 7승을 이뤘다. 한국과 미국, 일본 투어 대회를 전부 우승한 7번째 선수다.

그가 일본에서 거둔 가장 소중한 결실은 골프라는 게임에 다시 한 번 눈을 뜬 것이라 해도 과언이 아니다. LPGA 투어에서 대성한 선수라고 할 순 없지만 한국과 미국에 이어 일본까지 섭렵하면서 자신만의 색깔 있는 골프를 완성했다. 은퇴 후 레슨으로 명성을 날릴 수 있었던 원동력도 한미일 3국 투어를 통해 얻은 풍부한 경험과 지식이다.

김영에게 일본은 낯선 무대였다. 일본에 대해 깊이 있게 알지 못했다. 투어 정보도 거의 없었다. 하지만 적응마저 어렵지는 않았다. 육체·정신적 피로도가 높았던 미국과 비교하면 투어 환경이 편안하고 좋았다. 서른을 넘긴 나이와 예전 같지 않은 체력 때문에 힘들었던 것을 제외하면 천국이 따로 없었다. 대회가 많았고 대회장 환경이나 운영 체계도 잘 갖춰져 있었다. 대회장 간 거리도 길지 않았다. 한국과도 가깝다. 홈그라운드와 진배없었다. 사생활을 존중하고 남에게 피해를 주지 않으려는 민족성도 김영의 성격과 잘 맞았다. 음식도 거부감이 없었다. 어떤 음식이든 가리지 않고 잘 먹었다. 뱀장어 요리와 에비프라이 (일본식 새우튀김)는 더 좋아했다. 지금도 즐겨 먹는다.

그가 일본 투어에 빠르게 적응할 수 있었던 비결은 무엇일까. 크게 네 가지를 들 수 있다.

첫 번째는 기술이든 체력이든 충분히 해볼 만한 나이였다. 그가 JLPGA 투어에 데뷔한 2010년은 서른 살이었다. 체력은 이전 같지 않았지만 샷 기술이나 경기 운영은 정점에 있었다. 오히려 풍미 있는 플레이를 펼쳤다.

두 번째는 악천후에 강했다. 강풍이나 비가 내리는 날 오히려 좋은 경기를 했다. 일본은 기상 변화가 심하고 비바람이 잦다. 경험이 적은 선수는 애를 먹는다. 김영은 악천후에서 경기 경험이 많다. 날씨가 좋지 않은 날 집중하는 방법도 알고 있었다. 2005년 브리티시 여자오픈(공동 3위)과 강우로 두 차례나 경기가 중단된 니치이코 여자오픈 골프 토너먼트(우승)에서도 빛나는 플레이를 선보였다.

세 번째는 퍼트 실력이다. 그는 데뷔 첫해 파온 홀 평균퍼트와 라운드당 평균퍼트에서 2위와 3위에 올랐다. 3퍼트율도 2위를 기록할 만큼 퍼트 실력이 좋았다. 2011년엔 4위와 5위를 기록했고, 상금 시드를 잃은 2015년에도 라운드당 평균퍼트는 7위였다.

원래는 퍼트보다 샷이 좋았다. 부족한 퍼트에 집중해서 연습하다 보니 샷보다 퍼트 실력이 좋아졌다. 언제부터라고 할 순 없지만 미국에서 활동했던 20대 중반부터 퍼팅에 눈을 뜬 것으로 보인다. 일본에서도 퍼트 연습에 공을 들였다. 하루 2~3시간은 퍼트 연습에 할애했다. 대회 기간에도 퍼팅 연습매트를 가지고 다니며 매일 두 시간 이상 연습했다.

마지막 네 번째는 꾸준한 연습과 성실성이다. 이건 본인도 인정하는 부분이다. 김영이 인터뷰 때 했던 말을 그대로 적어봤다.

"연습량이 많았다. 하루도 거르지 않고 꾸준히 했다. 한눈 팔지 않고 성실하게 생활한 것이 일본에서도 좋은 결과로 이어진 것 같다."

그러나 성공이라는 말을 입에 올릴 만큼 만족스러운 성적은 아니었다. 2009년 말 JLPGA 투어 QT를 수석으로 합격해 기대감이 컸다. QT 합격 후에는 일본 골프채 브랜드 마루망과 서브 후원사 계약을 체결했다. 계약 조건이 메인 후원사만큼이나 좋아서 잘해야 한다는 부담감이 있었다.

김영은 일본에서 호텔 생활을 했다. 집은 구하지 않았다. 대회장 인근 호텔에서 투숙하다 대회가 끝나면 다음 대회장 인근 호텔로 이동하는 방식이다. 어차피 집을 구해도 한 달에 한 번 정도밖에 돌아가지 못한다는 점을 감안했다. 그보다 한 달에 한 번은 한국으로 돌아가 마음 편히 쉬는 것이 합리적이라는 셈법이었다. 2010년 이후 일본에 데뷔한 다수의 한국 선수가 이런 방법을 택했다. 저비용 항공사LCC가 늘어나면서 하늘길이 넓어진 것도 적잖은 영향을 줬다.

호텔 생활이 마냥 좋았던 건 아니다. 한국과 미국에 비해 좁은 호텔 방에서 많은 시간을 보내야했기 때문에 답답함을 느꼈다. 더구나 일본어를 못해서 늘 매니저의 통역이 필요했다. 다른 한국 선수들과 소통도 많지 않았다. 그만큼 매니저 의존도가 높았다. 한국 선수 간 소통과 매니지먼트 의존도는 밀접한 상관관계가 있다. 매니지먼트 의존도가 높을수록 선수들 사이엔 더 높은 장벽이 세워진다.

가족의 영향도 컸다. 1~2세대 선수들과 달리 가족이 일본까지 동행하면서 한국 선수끼리 의지하던 풍경은 완전히 옛날이야기가 되어버렸다.

김영은 아버지 김정찬이 함께했다. 한국은 물론이고 미국과 일본에서도 김영의 매 대회를 따라다녔다. 그런데 김정찬의 얼굴을 본 사람은 거의 없다. 언론은 말할 것도 없고 주변 사람에게도 얼굴을 보이지 않았다. 원래 조용한 성격인 데다 딸에게 피해가 가지 않도록 늘 조심했다. 김영이 경기에 들어가면 차 안에서 기다리거나 사람들 눈에 띄지 않는 곳에서 시간을 보냈다. 한국에선 그를 빨치산이라 불렀다. 빨치산은 러시아어 파르티잔Partizan에서 유래했다. 비정규 군사 조직을 뜻한다. 일본도 파르티잔이란 말은 그대로 쓰지만, 뜻을 아는 사람은 거의 없다. 한국식 별명은 일본에서 통하지 않았다.

일본 생활이 길지는 않았다. 2010년 데뷔해 2015년까지 6년을 뛰었다. 서른다섯에 은퇴했다. 더 뛸 수도 있었지만 미국에서 함께 운동하던 선수들이 하나 둘 은퇴하면서 흥미를 잃었다. 체력이나 기술도 어느 정도 한계가 왔다. 2014년에는 상금순위 64위로 QT를 치러 정규 투어에 복귀했고, 2015년에도 상금순위 59위에 머물러 또다시 QT를 치러야 하는 상황이었다. 무엇보다 동기부여가 없었다. 1~2년 더해서 한두 번 더 우승을 하더라도 인생이 크게 달라질 것이라 생각하지 않았다.

김영은 LPGA 투어에서 함께 활약한 박세리, 김미현, 박지은, 한희원, 장정 등과 한국 여자골프 황금기를 이끌었다. 트레이드마크였던 벙거지모자에 가려진 하얀 피부와 차분해 보이는 얼굴 덕에 많은 팬을 몰고 다녔다.

그는 수려한 외모와 달리 지독한 연습벌레였다. 오로지 실력으로만 자신의 존재감을 드러냈다. 외유내강의 전형이다. 그의 열정과 노력은 한미일 3국 투어 우승이라는 아름다운 꽃으로 결실을 맺었다.

미국에서 일본으로 활동 무대를 옮겨 제2의 황금기를 연 또 다른 선수는 강수연이다. 김영과 강수연은 닮은꼴이다. 한국과 미국에 이어 세 번째 도전 무대로 일본을 택했고, 3국 투어에서 전부 우승을 장식했다. 두 선수의 일본 정착은 국내 골프 팬과 언론이 JLPGA 투어를 또 다른 시각으로 바라보게 하는 마중물이 됐다.

강수연이 새로운 도전을 위해 일본 무대에 둥지를 튼 것은 김영보다 1년 늦은 2011년이다. 그의 나이 서른다섯 살 때다. 웬만한 한국 여자 선수는 이미 은퇴를 했을 나이지만 그의 몸에선 골프에 대한 뜨거운 열정이 타오르고 있었다.

그의 골프 인생은 한편의 드라마 같았다. 22년간 한국과 미국, 일본에서 총 12차례의 우승컵을 거머쥐며 한국 골프사에 커다란 발자취를 남겼다. 강수연의 마지막 대회는 2018년 10월 일본 효고현 미키시三木市 마스터스골프클럽에서 열린 노부타 그룹 마스터스GC 레이디스였다. 한 주 앞서 한국에서 은퇴식을 가진 그는 일본으로 건너가 현역으로서 마지막 경기를 펼쳤다. 은퇴식은 따로 열지 않았다. 대회 개막 이틀 전 일본에서 함께 뛰던 후배 선수들과 송별회를 겸한 점심 식사로 아쉬움을 달랬다.

1976년 3월 15일 서울에서 태어난 강수연은 스피드스케이팅을 하다 초등학교 5학년 때 골프로 전향했다. 고교 2학년이던 1993년에는 국가대표 상비군을 지냈다. 이듬해부터 3년간은 국가대표로 활동했다. 1996년엔 한희원, 김경숙과 세계아마추어팀선수권대회를 제패했고, 이듬해 한국에서 프로 무대에 뛰어들어 통산 8승을 달성했다. 2003년에는 LPGA 투어에 정식으로 데뷔, 세이프웨이 클래식(2005년)에서 첫 우승을 와이어 투 와이어로 장식했다.

2010년 12월엔 JLPGA 투어 QT를 통과해 이듬해부터 8년간 일본에서 활동했다. 은퇴를 고민하다 모든 것을 내려놓고 새롭게 시작했다. 처음엔 1~2년 활동하다 그만둘 생각이었으나 한국과 미국에서 느끼지 못한 골프의 또 다른 매력을 발견했다.

강수연은 2013년 스탠리 레이디스 골프 토너먼트에서 JLPGA 투어 데뷔 첫 우승을 차지했다. 2016년 산토리 레이디스 오픈 골프 토너먼트와 2017년 리조트 트러스트 레이디스에서도 우승을 달성해 통산 세 차례나 우승컵을 들었다.

데뷔 첫해였던 2011년엔 25개 대회에 출전했다. 톱10에 네 차례 진입했지만 상금순위는 38위에 머물렀다. 일본 코스와 환경에 완전히 적응한 강수연은 이듬해부터 달라진 경기력을 뽐냈다. 플레이가 한층 안정돼 보였다. 우승은 없었지만 준우승을 두 차례 차지하며 상금순위를 17위까지 끌어올렸다. 2013년 스탠리 레이디스 골프 토너먼트에선 열망하던 첫 우승을 일궜다. 노무라 하루쿄野村敏京와 요코미네 사쿠라를 3타 차로 눌러버린 통렬한 역전극이었다. 선두에 2타 차 공동 3위로 출발했는데, 마지막 날 6타를 줄이는 저력을 뽐냈다.

노무라 하루쿄는 일본인 아버지와 한국인 어머니 사이에서 태어났다. 한국에서 학창 시절을 보내 우리말을 잘한다. 한국에선 노무라 하루로 알려졌다. 2011년 LPGA 투어에 데뷔했다.

강수연은 2017년 5월 리조트 트러스트 레이디스에서 후지타 사이키藤田さいき, 전미정과 연장 혈투를 치렀다. 이날도 둘째 날까지 선두에 2타 차 공동 4위였으나 마지막 날 4타를 줄이며 선두 그룹을 따라잡았다. 플레이오프에서도 오름세가 꺾이지 않았다. 현역 마지막 우승을 장식했다.

미국에서 일본으로 활동 무대를 옮긴 2011년 강수연의 몸은 종합 병동이었다. 성한 곳이 없었다. 매 대회가 마지막이라는 생각으로 투혼을 불태웠다. 그러나 눈에 보이지 않는 규제들이 스트레스로 작용했다. 미국에서 자유롭게 투어 생활을 하던 그였기에 규제가 많은 일본 투어 시스템을 이해하고 적응하기까진 어느 정도 시간이 필요했다.

일본 무대 데뷔 후 3년이 가장 힘들었다. 우승에 목말라 있던 그의 어깨엔 엄청난 중압감이 짓누르고 있었다. 즐기면서 플레이하는 데도 한계가 있었다. 그때 함께 투어를 전전하던 후배들이 큰 힘이 됐다. 함께 이야기하면서 속마음을 털어놓으니 어깨를 짓누르던 짐들도 하나 둘 내려놓을 수 있었다. 골프를 또 다른 측면에서 즐길 수 있게 됐다. 그리고 기다리던 우승이 찾아왔다.

2013년 스탠리 레이디스 골프 토너먼트는 2005년 세이프웨이 클래식 이후 8년 만의 우승이었다. 팬들 기억에서 희미해졌던 강수연은 이 우승으로 다시 한 번 존재감을 알릴 수 있었다. 상당수 팬은 이미 은퇴한줄 만 알았던 강수연이 일본에서 활동하고 있다는 사실을 뒤늦게 알게 됐다.

그가 적지 않은 나이에도 일본에서 3승이나 올릴 수 있었던 비결은 쇼트게임에 있었다. 그중에서도 퍼팅은 JLPGA 투어에서 가장 잘하는 선수 중 한 명으로 손꼽혔다. 2016년 라운드당 평균퍼트 1위에 올랐고, 2011년과 2017년에는 이 부문 2위를 차지했다. 2017년엔 3퍼트율 1위를 차지할 만큼 안정된 퍼트 실력을 뽐냈다. 매년 상위권을 벗어나지 않았던 리커버리율도 안정된 쇼트게임 기술이 있었기에 가능했다.

일본 코스도 잘 맞았다. 롱 게임보다 쇼트게임에 강점이 있던 터라 페어웨이 폭이 좁고 그린이 까다로운 코스에서 더 안정감 있는 플레이를 펼쳤다. 특히 짧은 파3홀에서 스코어가 좋았다. 대회마다 기복은 있었지만 2013년 파3홀 평균 스코어 1위에 오를 만큼 짧은 클럽을 잘 다뤘다. 같은 해 파4홀 평균 스코어는 41위, 파5홀은 28위에 머물렀다.

명예롭지 않은 기록도 있다. 8년간의 일본 생활에서 무려 22차례나 기권을 해 JLPGA 투어에서 가장 많은 경기를 포기한 선수가 됐다. 2017년과 2018년엔 5차례씩 기권했다. 기권 사유는 요통이 가장 많았다. 허리 디스크로 인해 스윙이 제대로 되지 않는 몸 상태였지만 통증을 무릅쓰고 대회에 출전한 결과다.

일본인이 존경하는 베테랑 오야마 시호는 2019년까지 20년간 투어 생활을 하면서 단 한 차례 밖에 기권하지 않았다. 오모테 준코는 23년 동안 3차례 기권했다. 어찌됐든 강수연과는 대조되는 기록이다.

JLPGA 투어를 취재하면서 강수연이 왼쪽 어깨를 움켜잡고 기권하는 모습을 눈앞에서 본 일도 있다. 다른 선수였다면 크게 놀랐겠지만 강수연의 부상과 기권엔 무덤덤했다. 기권하는 대회가 늘어날수록 그에 대한 신뢰감도 떨어졌다.

그러나 강수연은 언제 아팠냐는 듯 다음 대회장에 또다시 모습을 드러냈다. 이후에도 2년 이상 선수 생활을 더했다. 그만한 깡이 없었다면 한미일 3국 투어를 거치면서 마흔 살이 넘도록 생존하지 못했을지도 모른다.

2018년 10월 강수연 은퇴 경기를 취해하기 위해 일본 효고현 마스터스골프클럽에 간 일이 있다. 효고현을 비롯한 간사이 지방 골프장은 산 위에 지어진 구릉 코스가 많다. 국내 골프장과 유사한 느낌이다. 마스터스골프클럽도 비슷하다. 클럽하우스 주변 야자나무들이 이국적인 정취를 풍긴다는 점만 다르다. 간사이국제공항에서 고속버스와 택시를 이용하면 골프장까지 2시간 30분에서 3시간이 걸린다. 택시가 많지 않아서 더 걸릴 수도 있다. 외국인이 자동차 없이 찾아가기엔 매우 불편한 코스다. 자차도 매니저도 없이 대회장을 찾아다녔던 1세대 선수들의 고충이 어느 정도였을지 짐작할 수 있다.

클럽하우스에 들어서니 일본 기자들과 인터뷰하던 강수연이 눈에 들어왔다. 이전과 달리 밝고 여유 있는 표정이다. 마지막 대회를 앞둔 홀가분한 마음이 얼굴에 그대로 드러났다. 일본 기자들과 인터뷰가 끝날 때까지 기다렸다 클럽하우스에 놓인 널따란 테이블에 강수연과 나란히 앉았다. 강수연의 현역 마지막 인터뷰였다.

그는 JLPGA 투어에 데뷔하기 전까지 일본을 싫어했다고 했다. 그런데 지내다보니 배울 점이 많았다. 남에게 피해를 주지 않으려는 국민성이 인상에 남았다. 2011년 발생한 동일본대지진 때는 다른 사람들을 위해 꼭 필요한 물건만 구매하는 모습도 봤다고 했다.

문화나 음식도 한국과 크게 다르지 않아 편안했다. 덕분에 온천과 맛집을 찾아다니는 여유도 생겼다. 그 소소한 행복이 녹록치 않았던 8년을 지탱해준 듯하다.

김영은 강수연을 한마디로 표현하면 '영원한 보스'라고 했다. 후배들을 잘 챙겨주면서 잘 혼내는 선배였는데, 여럿이 밥을 먹어도 계산은 늘 강수연의 몫이었다. 어릴 적부터 우두머리 기질이 몸에 밴 선수였다.

강수연의 매니지먼트사 대표로서 일본에서 8년간 동고동락한 김애숙은 '골프라는 게임을 할 줄 아는 몇 안 되는 여자 선수'라고 평가했다. 그는 KPS 소속 선수들이 많아지고 업무가 늘어나면서 대회장에 자주 나타나지 않았는데, 강수연의 은퇴 경기는 매 라운드 매 홀을 지켜봤다. 강수연의 마지막 플레이를 눈앞에서 지켜보며 기억 속에 영원히 간직해두고 싶은 마음이었던 것 같다.

"또 하나의 별이 지고 있네요."

강수연의 마지막 플레이를 지켜보던 김애숙이 흘려보내듯 던진 말이다.

"골프라는 게임을 할 줄 아는 선수였죠. 여자 프로 중 이런 선수 흔치 않잖아요. 참 멋있는 선수예요."

강수연을 떠나보내는 아쉬움이 진하게 묻어나는 말이다.

KPS 공동 대표이자 김애숙의 남편인 야마다 게이이치는 강수연과 첫 대면 순간을 잊지 못했다. 클럽하우스 식당에서 홀로 앉아 있던 강수연에게 다가가 인사를 건넸을 때 위아래로 훑어보며 초강력 레이저 눈빛을 발사했다는 것이다. 강수연은 야마다 게이이치가 정중하게 자기소개를 한 뒤에야 레이저 눈빛을 풀고 반갑게 맞았다고 한다. 강수연의 촌철살인 카리스마에 당황했던 야마다 게이이치의 기억은 이제 추억의 한 장면이 됐다.

강수연은 일본에서 8년간 호텔을 전전했다. 오래 있지 않을 생각에 집을 구하지 않았는데, 8년간 대회마다 호텔을 옮겨 다녀야 했다. 호텔에선 한국 드라마를 즐겨 봤다. 일본어를 잘 알아듣지 못해 뉴스는 거의 보지 않았다. 2017년 5월 미야자토 아이의 은퇴 발표로 일본 열도가 떠들썩했을 때도 강수연은 알지 못했다. 리조트 트러스트 레이디스 우승 인터뷰에서 기자들의 말을 듣고 뒤늦게 미야자토 아이의 은퇴 사실을 알았다.

"미야자토 아이가 은퇴를 했다고요?"

강수연이 놀란 표정으로 기자들에게 물었다.

"하앗! 에에~~~!?"

일본 기자들은 긴 감탄사만 연발했다.

강수연은 박세리나 박인비, 신지애만큼 세계 골프사를 움직인 큰 인물이 아니다. 세계랭킹 1위는 물론이고 LPGA 투어 다승자도 아니다. 메이저대회 우승도 없다.

그럼에도 한국 골프사가 그를 기억해야 하는 이유는 큰 틀에서 두 가지다. 첫째는 한국과 미국, 일본 투어를 장기간 경험했다는 점이다. 2020년까지 한미일 3국 투어 대회를 전부 우승한 선수는 13명(일본에서 열린 LPGA 투어 대회 포함)이지만 3국 투어를 1년 이상 경험하면서 우승한 선수는 강수연이 5번째다. 한국어와 영어, 일본어를 모두 구사하는 몇 안 되는 선수이자 한미일 3국 투어 시스템을 누구보다 잘 아는 선수다.

둘째는 40대 이상 베테랑 선수가 없던 국내 골프계에 새로운 패러다임을 제시했다. 40대 이후에도 두 차례나 우승해 나이가 들어서도 정규 투어에서 충분히 해볼만 하다는 것을 입증했다.[1]

하루아침에 만들어진 기록이 아니다. 어지간히 골프에 미치지 않고선 불가능했을 기록들이다. 22년간 꾸준한 자기 관리와 피땀 어린 노력 속에서 맺은 결실이기에 그의 22년 투어프로 인생은 눈이 부시도록 아름답다.

대체불가 골프 한류 주역 **이보미**

매년 3월 첫째 주 오키나와 류큐골프클럽으로 가는 길엔 두 가지 설렘이 있다.

첫 번째는 낯선 여행지로 향하는 설렘이다. 나하那覇공항에서 자동차로 20분만 달리면 현도県道 86호에 접어든다. 난조시南城市의 고즈넉한 해안가 마을 풍경이 눈앞에 펼쳐진다. 이른 봄이지만 낮 최고 기온이 20도를 웃도는 포근한 날씨가 안온하게 감싸준다. 호사스러운 차창 밖 풍경에 잠시 마음을 내려놓아도 좋다.

두 번째는 시즌 개막을 맞은 설렘이다. 류큐골프클럽은 JLPGA 투어 시즌 개막전 다이킨 오키드 레이디스 골프 토너먼트 대회장이다. 3개월간의 겨울잠에서 깨어난 선수와 관계자, 골프 팬들은 이곳에서 호화로운 기지개를 켠다.

2015년 상금왕 이보미는 흰색 모자에 연분홍색 바람막이 차림으로 프로암대회에 모습을 드러냈다. 2016년 개막전부터 요란한 스포트라이트를 받았다. 족히 10여 명이 그를 따라 움직였다. 매니저와 캐디, 용품·의류 후원사 관계자, 그리고 여러 명의 사진 기자가 무리에 끼어 있다. 시선이 쏠렸다. 위풍당당하다. 하나같이 자신감에 찬 얼굴을 하고 있다. 모두가 이보미의 수행원 같다. 이 거추장스러운 행렬은 수년 사이 이보미의 달라진 위상을 대변하는 듯 했다.

달라진 위상이 타고난 품성까지 변화시키진 못한 것 같다. 프로 암과 기자 회견을 마친 이보미는 샷 연습에 한창이었다. 나는 이보미 와 따로 만나 몇 가지 질문을 더 하고 싶었다. 매니저 반응은 차가웠다. "일정이 많아서 더 이상 인터뷰는 어렵다"고 못을 박아버렸다. 시즌 첫 대회다 보니 이보미 취재 경쟁은 더 치열했다. 인터뷰를 못할 수도 있 다는 불길한 생각이 머릿속에 맴돌았다. 매니저와 가벼운 실랑이를 벌 였다. 그때 이보미가 다가왔다. 놀란 듯 큰 눈을 동그랗게 뜨며 이렇게 말했다.

"어떻게 여기까지 오셨어요? 오키나와에서 한국 기자는 처음 봐 요. 잘 오셨어요. 저야 감사하죠."

미소를 한가득 머금은 얼굴이었다. 편안해 보이는 얼굴 덕에 나 역시 안심할 수 있었다. 그는 더 이상 묻지도 따지지도 않고 인터뷰에 응했다. 매니저는 겸연쩍은 표정을 지으며 한발 물러섰다. 순간 어깨가 으쓱 올라가는 기분을 느꼈다. 참고로 난 이보미를 깊이 알지 못한다. 그럼에도 불구하고 이보미는 왜 자기 연습까지 멈춰가며 성가신 인터 뷰에 응한 것일까. 한국에서 오키나와까지 취재를 온 기자에게 그만의 서근서근함으로 환대하며 예를 갖춘 것으로 본다. 이보미가 왜 슈퍼스 타인지를 보여주는 장면이다.

이보미는 강원도 인제에서 나고 자랐다. 원통초등학교 5학년이 던 11살 때 골프를 시작했고, 원통중학교와 홍천농고를 나왔다. 2007년

KLPGA 프로 데뷔 후에는 2년간 하부 투어에서 뛰었다. QT에서 한 차례 미끄러졌다. 두각을 나타낸 건 2009년 정규 투어에 데뷔하면서다. 데뷔 첫해부터 우승 1회 포함해 톱10에 8차례 진입하며 상금순위 5위에 올랐다. 이듬해는 세 차례나 우승컵을 들어 올리며 상금왕 타이틀을 손에 넣었다.

2011년에는 한국과 일본 투어를 병행했다. 국내에서 12개, 일본에서 14개 대회에 나가 만족스런 데뷔 시즌을 보냈다. 우승은 없었지만 개막전 다이킨 오키드 레이디스 골프 토너먼트 3위를 포함해 네 차례 톱10에 진입하며 상금순위 40위를 차지했다. 2012년 상금 시드도 따냈다.

이보미는 어릴 적부터 JLPGA 투어를 목표했다. 코스나 투어 환경이 좋았고, 자신의 골프 스타일과도 잘 맞을 것이라 생각했다. 예상은 적중했다. 운동 환경뿐만 아니라 갤러리 매너도 좋아서 운동에만 몰두할 수 있었다.[1]

일본 투어에 전념한 건 2012년부터다. 그해 26개 대회에 출전해 3승을 올렸다. 특히 투어 챔피언십 리코컵에서 우승해 상금순위 2위, 메르세데스랭킹 2위를 차지했다. JLPGA 투어 판도를 흔들었다.

2014년엔 아버지 이석주가 췌장암으로 세상을 떠났지만 목표 의식은 더 뚜렷해졌다. 2015년 무려 7승을 거둬들여 생전 아버지와 약속했던 상금왕에 올랐다. 한 시즌 7승은 한국인 JLPGA 투어 최다승이다. 거기에 메르세데스랭킹과 평균타수까지 1위를 차지해 3관왕 영예를 안았다.

그해 이보미의 샷 감은 최고조였다. 9월 기후현岐阜県 미즈나미컨트리클럽에서 열린 골프5 레이디스 프로골프 토너먼트에선 나리타 미스즈와 연장전 끝에 우승을 차지, 한 주 앞서 열린 니토리 레이디스 골프 토너먼트에 이어 JLPGA 투어 사상 첫 2주 연속 와이어 투 와이어를 달성했다.

2015년 그가 벌어들인 상금은 2억 3,049만 7,057엔(약 23억 원)으로 일본 남녀 프로골프를 통틀어 한 시즌 가장 많은 금액이었다. 그 전까지 JLPGA 투어 한 시즌 최다 상금 기록은 2009년 요코미네 사쿠라가 6승을 달성하며 벌어들인 1억 7,501만 6,384엔(약 18억 원)이었다.

이보미는 2016년에도 5승으로 상금왕이 됐다. 메르세데스랭킹과 평균타수, 신설된 JLPGA 시세도資生堂 뷰티 오브 더 이어, 미디어상(베스트샷 부문)도 수상해 JLPGA 투어 첫 5관왕이 됐다. 2년 연속 최우수선수상 수상도 JLPGA 투어 사상 처음이었다.

메르세데스랭킹으로 결정되는 최우수선수상은 JLPGA 투어 매 대회 순위와 출전 라운드 수를 포인트로 환산하는 연간 종합평가 순위다. 최우수선수상 수상자는 다음 해부터 3년간 시드가 보장된다. 2012년 도입돼 전미정이 첫 수상했고, 2013년에는 요코미네 사쿠라, 2014년엔 안선주가 받았다. 2017년은 스즈키 아이, 2018년은 신지애, 2019년은 시부노 히나코가 타이틀의 주인공이 됐다.

개막전 이후 연속 대회 톱10 기록도 수립했다. 2015년 3월 열린 개막전 다이킨 오키드 레이디스 골프 토너먼트(6위)부터 어스·몬다민 컵(우승)까지 12개 대회 연속 톱10에 진입해 오사코 다쓰코(1988), 투 아이유(1991), 요코미네 사쿠라(2009)의 8경기 연속 톱10 기록을 뛰어넘었다. 2015 시즌까지 포함하면 15개 대회 연속 톱10이었다. JLPGA 투어 연속 대회 톱10 기록은 후도 유리가 보유한 16개 대회다. 연속 대회 톱10 기록을 수립하는 과정에서는 11개 대회 연속 톱5 기록도 작성했다.

매년 5월 후쿠오카컨트리클럽에서 열리는 호켄노마도구치 레이디스는 이보미의 인기를 실감할 수 있는 대회다. 대회장 후쿠오카컨트리클럽은 후쿠오카시 히가시구東区 가미와지로上和白라는 조용한 마을에 자리한 오래된 골프장이다. 1973년 JGTO 특급 대회인 KBC 오거스타를 처음 개최했다. 이 동네 사람들은 와지로코스라고 부른다. 이 대회를 유치한 건 2012년 훈도킨 레이디스가 시작이다. 이듬해부터는 메인타이틀 후원사가 바뀌면서 호켄노마도구치 레이디스로 치러졌다.

이보미는 2014년과 2015년 2년 연속 우승했다. 갤러리 투표로 결정되는 베스트 스마일 상과 베스트 드레서 상은 늘 이보미 몫이었다. 베스트 스마일 상은 2014년부터 2019년까지 6년 연속 받았고, 2015년부터는 베스트 드레서 상까지 수상했다. 2017년부터 3년간은 성적 부진으로 최종 라운드 진출에 실패했지만 경쟁자들을 많은 표 차로 따돌리고 두 상의 주인이 됐다.

두 상은 갤러리 서비스 질 향상을 위해 마련된 이벤트지만 인기상의 중복 수여라는 지적을 받아왔다. 전문가 의견이 전혀 반영되지 않은 두 상 사이 경계가 모호해서 서로 다른 선수가 두 상을 나눠 가진 경우는 2013년과 2014년뿐이다.[2]

이보미는 정확한 스윙과 쇼트게임이 특기다. 전성기에는 드라이브샷부터 퍼트까지 흠잡을 데가 없었다. 핀에 붙이는 기술이 탁월해서 일본에선 '손꼽히는 샷메이커'로 불렸다. 샷이 정확한 덕에 퍼트 수도 많지 않았다. 더구나 연습보다 실전에서 더 정확한 샷을 날렸다.

시즌 7승으로 상금왕에 오른 2015년에는 평균퍼트(파온 홀)와 그린 적중률, 파세이브율, 더블보기율 1위를 차지했다. 평균 버디와 3퍼트율은 전부 2위에 자리했다. 기록만 봐도 얼마나 안정되고 효율적인 경기를 했는지를 알 수 있다. 2년 연속 상금왕에 오른 2016년에도 그린 적중률과 파세이브율, 리커버리율에서 1위를 휩쓸었다. 평균퍼트(파온홀)는 1.7718개로 3위였다.

투어프로 코치 나이토 유지는 "간결한 톱에서 어깨 높이가 변하지 않는 몸통 회전 스윙이 비거리와 방향성을 좋게 한다. 영리한 코스 매니지먼트도 이보미의 강력한 무기다. 매홀 베스트 포지션을 꿰뚫어 보고 공략한다. 우연히 만들어진 결과는 단 하나도 없다"[3]며 이보미의 스윙과 경기력을 극찬했다.

지금부터는 이보미의 인기에 대해 한걸음 더 들어가 보겠다. 그의 인기는 실력과 비례한 것일까. 맞는 말이지만 반드시 그렇지는 않다. JLPGA 투어에서 이보미만큼 출중한 실력을 갖춘 선수가 전혀 없었던 건 아니다. 통산 50승 후도 유리는 2003년 10승을 쓸어 담았다. 적수가 없었다. 2000년부터는 무려 6년간 상금왕에 올랐다. 하지만 이보미 같은 미녀 선수가 완벽에 가까운 팬 서비스를 하는 경우는 없었다.

일본은 한국보다 대회장 갤러리가 많다. 신인이라도 많은 팬에 둘러싸여 사인 공세를 받는다. 투어 환경도 좋다. 연습과 경기 이외엔 신경 쓸 것이 없다. 그러다보니 골프 팬과 후원사의 소중함을 깨닫지 못하는 선수를 종종 본다. 예를 들어 스코어가 좋지 않은 날엔 사인을 요청하는 갤러리의 수줍은 손을 뿌리치고 대회장을 떠나버리는 선수도 많다. 선수와 팬 사이에 존재했던 차가운 장벽을 녹여버린 선수가 바로 이보미다. 그의 등장은 일본 골프 팬들에게 신선한 충격을 안겼고, 동료 선수들에겐 엄청난 자극제가 됐다.

국내 언론사 기사 중에는 '능숙한 일본어 실력이 인기를 뒷받침했다'는 분석도 있다. 냉정하게 평가하면 이보미의 일본어 실력은 알려진 것만큼 뛰어나지는 않은 것으로 보인다. 일본 기자들과 인터뷰에서 중간 중간에 모호한 단어 한두 가지 때문에 매니저 (통역) 도움을 받는 경우를 자주 봤다. 일상생활에선 흔히 사용하지만 대회장에선 쓸 일이 없는 단어들이다. 그런 것만 봐도 그의 어휘력이 그리 풍부하지는 않다는 걸 알 수 있다. 하지만 그에겐 남들이 갖지 못한 재주가 있다. 센스다. 말과 행동으로 사람을 즐겁게 하는 방법을 안다.

1승에 그친 2017년부터는 그의 장점이 하나 둘 사라졌다. 기록만 봐도 답이 쉽게 나온다. 투어 최강을 자랑하던 평균퍼트(파온 홀)가 17위로 내려앉았다. 그린 적중률은 23위까지 밀려났다. 단 1승도 건지지 못한 2018년과 2019년 평균퍼트(파온 홀)는 57위와 46위에 머물렀다. 퍼트뿐 아니라 모든 샷에서 총체적인 문제가 노출됐다.

도쿄지케카이東京慈恵会 의과대학 골프 코치 고구레 히로노리小暮博則는 2018년 말 이보미의 스윙에 대해 "드라이버 정확성은 높지만 그린을 노리는 아이언에 문제가 있다. (이전에는) 백스윙톱에서 손 위치가 높아서 다운블로로 쳤는데, 레이드 오프(백스윙 톱에서 클럽이 왼쪽을 향하는 현상)로 바뀌면서 플랫한 스윙이다. 지금까지 익숙했던 섬세한 감각이 변해 거리감이 맞지 않은 것 같다"[4]고 분석했다. 아이언샷이 부정확한 만큼 퍼트 수도 늘어났다.

문제점은 아이언샷만이 아니었다. 샷이 잡혔다 싶으면 퍼트가 부진했다. 퍼트 감이 돌아왔다 싶으면 샷이 흔들렸다. 샷 연습에만 몰두하면 멘탈이 무너졌다. 그렇다고 속마음을 겉으로 드러내지는 않았다. 성적과 상관없이 늘 특유의 미소를 잃지 않았다.

속내를 완벽하게 감추지는 못했다. 성적이 떨어지면서 시선이 밑으로 향하는 버릇이 생겼다. 시야도 좁아진 느낌이었다. 이전엔 뒤에도 눈이 달린 것처럼 주변 사람들을 잘 챙겼다. 슬럼프가 깊어질수록 시야가 좁아졌다. 좁아진 시야는 경기력에도 적지 않은 영향을 미쳤으리라 본다.

동료 선수들은 이보미의 슬럼프 원인을 대부분 심리 면에서 바라봤다. 오야마 시호는 "과거 상금왕이던 자신을 버리고 새롭게 진화해야 한다"고 지적했고, 우에다 모모코는 "상금왕이 되면 쫓기는 입장이기 때문에 더 높은 목표를 세워야 한다"[5]고 조언했다. 좋은 말이다. 그런데 마음가짐으로 슬럼프를 극복하기엔 너무 늦은 상황이었다. 원인이 그렇게 단순하지도 않았다.

주변 사람들의 이보미에 대한 평판도 살펴보자. 밝고 유쾌한 성격의 소유자다. 의심의 여지가 없다. 얼굴엔 늘 미소를 띠고 있다. 별명도 '스마일 캔디'다. 기자들의 평판도 좋다. 인터뷰 중에도 가벼운 농담을 섞을 줄 안다. 때에 따라선 애교를 부리며 딱딱한 분위기를 녹여버린다. 그와 인터뷰한 기자가 10명이라면 10명 모두 칭찬을 늘어놓을 만큼 됨됨이가 좋다. 선수와 관계자, 언론사, 골프 팬들이 운집하는 대회장에서도 자신보다 주변 사람을 먼저 배려하고 챙길 만큼 엽렵한 모습도 보인다. 골프클럽 업계 관계자 중에는 '좋은 인성을 타고난 선수 같다'고 말하는 사람도 있다.

황아름은 이보미와 전지훈련을 함께하면서 친해졌다. 2017년 겨울엔 미국에서 함께 훈련했다. 이보미의 스윙 코치였던 조범수와 인연을 맺은 계기가 되기도 했다. 그는 "(이보미가) 처음엔 도도하고 까칠해 보였는데, 착하고 정이 많은 선수였다. 배려심도 많아서 늘 주변 사람을 잘 챙긴다"고 말했다.

이보미를 좋아하는 일본 선수도 많다. 황금세대 마쓰다 레이松田鈴英는 가장 존경하는 선수로 주저 없이 이보미를 꼽았다. 골프 실력은 말할 것도 없고 패션 스타일, 완벽에 가까운 팬 서비스까지 갖췄다는 이유에서다. 성적이나 컨디션에 상관없이 늘 미소로서 팬을 대하는 모습에서 훌륭한 프로 정신을 느꼈다고 했다.

JLPGA 투어 통산 5승 류 리쓰코笠りつ子는 이보미보다 한 살이 많지만 이보미를 존경한다. 그가 들려준 이야기를 정리해봤다.

"(이)보미의 플레이 리듬에 배울 점이 많다. (이)보미와 함께 라운드를 할 때마다 리듬을 배우고 있다. 함께 라운드하면 늘 기분이 좋다. 플레이 속도와 리듬에 민감한 일본 선수들도 (이)보미의 리듬을 좋아한다."

'일본에서 이보미의 인기가 어느 정도냐'고 묻는 사람이 많다. 골프는 몰라도 이보미를 모르는 사람은 없는 것 같다. 골프를 잘 모르는 일본인에게 '골프대회 취재를 위해 일본에 왔다'고 말하면 '이보미도 만날 수 있냐'는 질문이 돌아오곤 했다. '그렇다'고 답하면 너나할 것 없이 '에~~!'라는 일본인 특유의 긴 감탄사와 함께 '스고이'라는 말이 뒤따랐다. 부러움과 놀라움이 뒤섞인 표현임에 틀림없다.

그때마다 여러 가지 생각이 엇갈렸다. 이보미는 2010년 KLPGA 투어 상금왕에 올랐지만 슈퍼스타는 아니었다. 또래인 박인비와 신지애는 LPGA 투어 메이저대회를 제패했고, 김인경, 최나연도 일찌감치 LPGA 투어 무대를 호령했다. 일본 상금왕으로는 국내 골프 팬 눈높이를 맞출 수 없었다. 그의 성실한 팬 서비스와 인성도 LPGA 투어라는 큰 그림자에 가려져 있었다.

일본은 이보미의 상품성에 날개를 달았다. 일본에서 유명세를 탄 이보미는 뒤늦게 한국에서도 슈퍼스타 대접을 받았다. 우리는 왜 이보미의 스타성을 먼저 발굴하지 못했을까. 세계 최고 무대라는 LPGA 투어 우승에 집착한 채 우리 곁 진정한 스타플레이어에겐 지나치게 무관심했던 건 아닐까.

2018년과 2019년 투어 챔피언십 리코컵 흥행은 이보미라는 스타가 혼자 만들어지지 않았다는 것을 입증한다. 2018년 리코컵은 시작 전부터 흥행이 우려됐다. 이보미와 김하늘 같은 두터운 팬덤을 가진 선수가 성적 부진으로 출전할 수 없었기 때문이다. 그러나 나흘간 1만 7,176명의 유료 입장객이 방문해 이보미와 김하늘이 모두 출전한 2017년(1만 3,441명)보다 3,735명이나 많은 갤러리가 대회장을 찾았다. 대회 시작

전 많은 비가 내린 1라운드(2,033명)를 제외하면 라운드당 관중 수도 전년도를 크게 웃돌았다.

황금세대의 약진이 두드러진 2019년 리코컵 역시 이보미와 김하늘이 모두 빠졌지만 유료 입장객은 2만 5,117명으로 전년도보다 많은 사람이 대회장을 찾았다. 대회 흥행에는 의심의 여지가 없었다. 대회장에서 10㎞가량 떨어진 아오시마 지역 호텔도 대부분 만실을 기록했다. 다인실 게스트하우스에서도 빈 객실을 찾기가 어려웠다.[6]

JLPGA는 대회를 앞두고 갤러리 서비스를 대폭 늘렸다. 코스 세팅도 새롭게 했다. 대회 성공 개최를 위해 팔을 걷어붙였다. 고바야시 히로미는 대회 개막을 하루 앞두고 열린 기자 회견에서 "마지막까지 우승자를 예측할 수 없는 흥미진진한 경기가 될 것"이라며 만전을 기한 코스 세팅에 자신감을 내비쳤다. 실제로 드라마틱한 승부가 펼쳐졌다. 2018년엔 신지애와 배희경의 연장전 명승부가, 2019년엔 신지애와 스즈키 아이의 상금왕 경쟁이 마지막까지 손에 땀을 쥐게 했다.

이보미의 맹활약은 LPGA 투어에 집중됐던 국내 골프 팬과 미디어의 관심을 JLPGA 투어로 향하게 했다. 이보미는 한때 일본의 모든 스포츠 선수를 통틀어 가장 인기 있는 선수 중 한 명이었다. 그의 인기는 웬만한 연예인을 능가했다. 일본 언론은 어떤 대회든 이보미의 일거수일투족을 생생하게 보도했다. 출판 시장에는 이보미를 소재로 한 서적이 쏟아져 나왔다. 그간 JLPGA 투어 보도에 인색했던 국내 언론사도 경쟁하듯이 일본 매체 기사를 인용 보도하는 이상기류까지 나타났다. 이보미가 사용한 일본산 골프채와 골프의류 생산 업체는 호황을 누렸다. 그와 얽힌 사람들은 늘 화제의 중심에 있었다. 오랜 기간 이보미 캐디를 맡았던 시미즈 시게노리清水重憲도 그중 한 명이다. 그는 2013년부터 2018년 8월 니토리 레이디스 골프 토너먼트까지 이보미 캐디로 활동하며 총 18승을 함께했다.

화려한 기록을 남긴 찰떡궁합인 만큼 두 사람의 결별은 큰 화제를 낳았다. 이보미는 2017년 여름과 가을에 시미즈 시게노리와 충돌을 겪었다. 긴 슬럼프가 원인이었다. 둘은 털어놓고 대화하며 곤란한 상황을 극복하려 했으나 서로 말하고 싶어도 하지 못한 말이 많았던 것 같다.[7]

시미즈 시게노리는 이보미 캐디로서 국내 골프 팬들에게도 잘 알려졌다. 이보미와 결별 후에는 황금세대 아라카키 히나의 캐디를 맡았는데, 2018년 8월 강원도 춘천시 제이드펠리스컨트리클럽에서 열린 KLPGA 투어 한화 클래식에 이보미가 아닌 아라카키 히나의 백을 메고 나타나 눈길을 끌었다.

이보미의 스윙 코치였던 조범수는 국내보다 일본에서 더 큰 명성을 얻었다. 그는 이보미를 고교 3학년 때부터 지도해 한국과 일본에서 화려한 시절을 함께했다. 스타덤에 올랐다. 일본에서는 '이보미 지도법'을 소개한 기사가 무수히 쏟아졌다. 관련 단행본도 출간됐다. 서로에 대한 신뢰도 높았다.

그러나 슬럼프는 현실이었다. 국내 정규 투어 시드전에서 한 차례 미끄러진 일이 있지만 프로 데뷔 후 큰 고비 없이 탄탄대로를 달려온 그였기에 누구보다 고달픈 경험이었을지도 모른다.

이보미는 2017년 이후 조범수와 결별-재회-결별을 반복했다. 결과는 나아지지 않았다. 일본 언론에 좋은 먹잇감만 제공한 꼴이 됐다. 이 역시 이보미 인기의 방증이다.

2018년 11월에는 배우 이완과 열애 사실이 드러나면서 다시 한 번 세상을 떠들썩하게 했다. 2017년 초 성당 지인의 소개로 만난 두 사람은 2018년 초부터 골프를 통해 사랑을 꽃피웠다. 둘의 열애 사실은 일본에서도 속보로 다룰 만큼 파급력이 컸다.

이완은 배우 김태희의 친동생이다. 2003년 SBS 드라마 〈천국의 계단〉으로 데뷔해 다수의 TV 드라마와 영화에 출연했는데, 일본에서 이름이 알려진 배우는 아니다. 둘은 2019년 12월 결혼으로서 사랑의 결실을 맺었다.

1980년대만 해도 스포츠 스타와 연예인 커플은 흔치 않았다. 스포츠 스타와 연예인 커플이 부쩍 늘어난 건 2000년 이후다. 스타라는 공통분모에서 그 이유를 찾을 수 있다. 전혀 다른 듯 비슷한 환경에 놓여 있어서 서로에 대한 이해도가 높다는 것이다.

대중문화평론가 배국남은 "대중을 상대로 하는 특수성이 있어서 서로의 직업에 대한 이해도가 높다. 과거에 비해 사회·경제적 위상이 높아지면서 결혼을 전제로 한 만남이 늘었다. 사교 모임을 통한 만남 기회도 많다. 연예인들의 골프에 대한 관심이 높아져 골프 스타와 연예인의 교제가 더 쉬워졌다"고 설명했다.

이보미는 역대 JLPGA 투어 활약 한국 선수 중 일본 사회에 가장 큰 영향력을 발휘한 선수다. 2년 연속 상금왕과 한 시즌 최다 상금 기록 경신도 컸지만 골프 한류 중심에서 한국 선수에 대한 일본인들의 편견을 돌려놓은 것이 가장 위대한 기록이다.

1984년 구옥희가 JLPGA 투어에 정식 데뷔했을 땐 한국 선수를 대하는 일본인들의 자세는 거만하기 이를 데 없었다. 1990년대 중반에는 한국 선수 기량이 크게 향상됐지만 일본인들은 인정하지 않았다. 선수라기보다 돈을 벌기 위해 일본에 온 노동자라는 인식도 있었다.

이보미는 달랐다. 스타 없이 불안한 흥행을 이어가던 JLPGA 투어에 흥행카드 역할을 톡톡히 했다. 역대 최강 실력을 갖췄음에도 팬을 대하는 태도는 갓 데뷔한 신인보다 공손했다. 상금과 각종 타이틀, 인기마저 독차지한 이보미를 보면서 일본 선수들도 변하기 시작했다. 이보미의 플레이 스타일은 물론이고 패션과 팬 서비스마저 배우려는 분위기가 대세였다. 2018년과 2019년 데뷔한 황금세대는 미야자토 아이를 보며 성장한 선수들이지만 이보미 영향을 가장 많이 받은 선수들이기도 하다.

윈즈 대표 윤상준은 "일본인들이 기존 한국 선수를 경쟁자로만 생각했다면 이보미는 한배를 탄 동업자로 인식하기 시작했다. JLPGA 투어 흥행과 분위기 쇄신에 막대한 영향을 미쳤기 때문이다. '이보미=동업자'라는 인식은 곧 '한국 선수=동업자'로 확대 적용됐다"고 말했다.

이보미로 인해 한국 선수에 대한 인식이 얼마나 개선됐는지를 짐작할 수 있다. 2010년 이후 한국 선수들은 성적으로서 일본을 압도했지만 이보미처럼 동반자라는 인식을 심어주지 못했다. 어떤 기록으로도 뛰어넘을 수 없는 이보미만의 위대한 기록이다.

일본 어린이들의 우상, **신지애**

도쿄 미나토구 롯폰기六本木 그랜드(서비스 아파트먼트)에서는 매년 말 화려한 드레스의 향연이 펼쳐진다. 새하얀 드레스로 사랑스러운 매력을 뽐내는 여성부터 형형색색 기모노를 곱게 차려입은 여성, 올 블랙 슈트로 카리스마를 발산하는 여성까지 드레스가 지닌 마성을 한자리에서 만끽할 수 있다. 우리나라의 전통 의상 한복도 화려한 드레스의 향연에서 빠질 수 없다. 수많은 드레스 사이로 한복의 고운 자태가 눈길을 끌어당겼다. 군청색 치마와 흰색 저고리가 아름답게 조화를 이룬 개량 한복이다. 한복의 주인공은 2019년 12월 JLPGA 어워드에 참석한 신지애다.

JLPGA 투어에 정식 데뷔한 2014년부터 2019년까지 연말 시상식에 단 한 차례도 빠지지 않은 신지애는 이날 처음으로 한복을 입고 시상식 무대에 올랐다. 평상시 한복을 입고 시상대에 오르고 싶다는 생각은 여러 번 했지만 실천에 옮긴 건 처음이다. 시즌을 마친 뒤 한국에서 마음에 드는 한복을 사비로 구입해 일본으로 날아갔다.

신지애의 한복 패션은 그간 일본인들이 가지고 있던 한복에 대한 편견을 깨끗하게 지워버릴 만큼 참신했다. 시상식에 참석한 선수와 관계자들 사이에선 '기레이(예쁘다)!'라는 찬사가 이어졌다. 시상식의 주인공은 단연 신지애였다.

신지애는 한때 월드랭킹 1위로서 LPGA 투어를 호령했다. 그가 일본으로 활동 무대를 완전히 옮긴 건 2014년이다. 그해 2월 김애숙에게 전화를 걸어 JLPGA 투어 진출 의사를 밝혔다. 모두를 놀라게 한 결정이었다. 심지어 LPGA 투어 출전권까지 반납했다. 사활을 건 선택이었다. 신지애 전에도 LPGA 투어 출전권을 반납하고 JLPGA 투어로 이적한 선수가 있었다. 앞서 소개한 김영과 강수연이다. 둘은 서른을 넘긴 나이에 일본으로 옮겨 선수 생활 말미를 보냈다. 신지애는 달랐다. 슬럼프가 있었지만 여전히 세계 최고 수준의 선수였다.

결코 쉽지 않은 결정이었다. 신지애의 일본행에 대해 '돌연', '갑작스러운' 결정이라는 말도 있는데, 미국과 일본 투어를 병행하면서 줄곧 고민해왔다. 충분한 시간을 두고 내린 결론이었다. 신지애는 자신의 일본 에이전시 김애숙과 긴밀하게 연락을 주고받으며 일본 이적 문제를 논의해왔다.

김애숙은 신지애로부터 전화가 걸려온 날을 잊지 못한다. 시즌 개막이 임박해 더 이상 결정을 미룰 수 없는 상황이었다. 김애숙은 "(신지애가) 두 시간만 생각할 시간을 달라고 했다. 그리고 한 시간 만에 전화가 왔다"고 말했다. 신지애는 '미국에서 더 이상 할 일이 없습니다. 일본으로 가겠습니다'라고 말하며 일본 진출 의사를 밝혔다고 한다.

기대와 걱정이 엇갈렸다. 스타 선수 에이전시로서 스포츠마케팅 사업을 키울 수 있는 기회였지만 이미 이룰 것은 다 이룬 신지애가 미국과 전혀 다른 일본 사회에서 제대로 적응할 수 있을지 고민이었다.

김애숙은 신지애에게 한 가지 조건을 내걸었다. 그간의 명예와 미련은 모두 버리고 오라는 것이었다. 신지애는 흔쾌히 그러겠다고 했다. 빈말이 아니었다. 그가 일본에 도착했을 때 쓴 모자엔 아무런 로고도 없었다. 빈 모자였다. 후원사가 없는 선수는 보통 골프채 후원사 모자를 쓰는데, 신지애는 아무 것도 없었다. 몸도 마음도 깨끗하게 비운 채 일본에 나타났다. 당시 신지애의 마음가짐을 엿볼 수 있는 장면이다.

신지애는 LPGA 투어 데뷔 첫해(2009년) 신인상과 상금왕을 휩쓸었다. 2010년에는 한국인 첫 여자골프 세계랭킹 1위를 경험했다. 더 이상 그의 아성에 범접할 선수는 없어 보였다. 2013년까지 LPGA 투어 통산 11승(메이저 2승)을 장식하며 세계 여자골프를 휘어잡았다.

신지애가 일본으로 활동 무대를 옮긴 이유는 순수하게 자신만의 골프를 위해서였다. 이 짧은 진리를 깨우치기까지 상당히 오랜 시간 고민했다. 그는 LPGA 투어에서 슬럼프를 겪으면서 "'왜 골프를 하는가'에 대한 고민을 하는 순간에도 내 머릿속에는 나 자신이 없었다. 나는 지금껏 내가 아닌 누군가를 위해 골프를 해야 하는 존재로 살아왔다"[1]고 털어놨다.

신지애가 JLPGA 투어에 처음으로 모습을 드러낸 건 한국에서 활동하던 2008년 3월이다. 시즌 세 번째 대회 요코하마타이어 골프 토너먼트 PRGR 레이디스컵에 출전해 정상에 올랐다. 요코미네 사쿠라와 연장전 승부 끝에 거머쥔 첫 승이었다. 이후에도 여러 차례 JLPGA 투어 대회에 출전해 5번이나 우승컵을 가져갔다. 일본에서 활약하던 선배 선수들은 신지애가 LPGA 투어 진출 당시 '다시는 일본에 오지 마'라며 농담 섞인 작별 인사를 했는데, 5년 만에 돌아올 것이라고는 누구도 생각지 못했을 것 같다.

신지애는 JLPGA 투어 정식 데뷔 첫 시즌(2014년)부터 4승을 달성하며 상금순위 4위를 찍었다. 2015년엔 투어 챔피언십 리코컵 포함, 3승을 장식했다. 상금순위는 3위였다. 이듬해도 3승을 거둬들여 상금순위 2위까지 치고 올라갔다. JLPGA 투어에 데뷔하면서 팬들과 약속한 상금왕을 향해 한걸음 더 다가섰다.

2017년엔 2승으로 상금순위 5위를 마크했다. 상금순위만 놓고 보면 부진했던 시즌 같지만 그렇지가 않다. 오히려 안정된 경기를 했다. 그것을 입증하듯 평균타수는 1위(70.2920타)였다. JLPGA 투어 진출 후 처음으로 손에 넣은 타이틀이었다. 신지애는 쉼 없이 진화하고 있었다.

신지애의 진면목이 드러난 건 2018년부터다. 어느덧 서른 살을 넘긴 나이였지만 그의 플레이에는 이전에 없던 깊이가 생겨났다. 그는 골프라는 게임을 통해 다양한 맛을 이끌어내는 능력을 지녔다. 드라이브샷 평균 비거리는 50위권이다. 하지만 호쾌한 장타력 없이도 심장을 쥐었다 놓을 만큼 스릴 있는 경기를 한다. 20대 초중반 선수들의 플레이가 날것이라면 신지애의 플레이엔 오랜 시간 공을 들여 가공한 흔적이 보인다.[2]

신지애는 일본 진출 후 경기력 전반에 상당한 진화를 이뤘다. 코스 매니지먼트를 비롯해 쇼트게임 기술, 경기 운영, 집중력에도 놀랄 만한 변화가 생겼다. 2018년은 깊어진 플레이가 광채를 발한 시기다. 4

승 중 3승이 메이저대회였다. 최우수선수상과 미디어상, JLPGA 영예
상까지 받았다.

JLPGA 투어엔 4대 메이저대회가 있다. 월드 레이디스 챔피언십,
일본여자프로골프선수권대회, 일본여자오픈, 투어 챔피언십이다. 신지
애는 일본여자오픈을 제외하고 3개 메이저대회를 우승했다. 일본여자
오픈마저 우승한다면 JLPGA 투어 사상 처음으로 그랜드슬램을 완성
한다.

2018년 일본여자프로골프선수권대회 코니카 미놀타컵과 투어 챔
피언십 리코컵은 신지애 골프 인생을 통틀어 가장 빛나는 명승부로서
손색이 없다. 일본여자프로골프선수권대회는 2015년 JLPGA 투어에
입성한 정재은과 우승을 다퉜다. 정재은은 준우승했지만 일본 데뷔 이
래 가장 인상에 남는 경기를 펼쳤다.

대회장 도야마현 고스기杉컨트리클럽은 역대급 고난이도 코스
세팅에 강한 비바람까지 몰아쳤다. 신지애는 3라운드까지 2위 정재은
에 3타를 앞섰지만 최종 점수는 9타 차 압승이었다. 강한 바람 때문에
수평으로 날아드는 빗줄기와 마주하기도 했다. 앞이 보이지 않았다. 그
런데도 신지애의 샷은 믿을 수 없을 만큼 정확했다. 대체 무엇을 보고
쳤단 말인가.

투어 챔피언십 리코컵에서는 역시 2015년 JLPGA 투어에 데뷔한
배희경과 우승 경쟁을 펼쳤다. 이 대회는 배희경의 우승이 유력했다.
260야드를 넘나드는 막강한 드라이브샷이 전혀 휘어지지 않았다. 쇼트
게임도 나무랄 데가 없었다. 배희경은 3라운드까지 2위 신지애에게 3

타나 앞서 있었다. 최종 라운드에서도 신지애의 추격을 허용하지 않았다. 분위기가 바뀐 건 경기 중반부터다. 신지애는 8번홀(파3)과 9번홀(파5)에서 연속 버디를 잡으면서 추격을 시작했다. 경기 막판에는 거짓처럼 동타를 이뤘다. 승부는 연장전으로 넘어갔으나 한 홀 만에 신지애의 승리로 끝났다. '역시 신지애'라는 말 외엔 덧붙일 것이 없었다.

신지애는 존Zone의 마술사다. 존은 스포츠에서 선수가 고도의 집중력을 보이는 상태를 말한다. 2019년 후지산케이 레이디스 클래식에서는 인코스 9홀을 플레이하는 동안 무려 7개의 버디를 낚아채며 7타 차 뒤집기를 선보였다. 한국에서 5타 차, 미국에서 6타 차를 뒤집은 일이 있지만 7타 차 역전 우승은 처음이었다.

대회장 가와나호텔 골프코스 후지코스는 선수들 사이에서도 어렵기로 유명하다. 그럼에도 불구하고 경이로운 타수를 적어낼 수 있었던 건 존을 조절하는 믿기 힘든 능력 덕이었다. 그는 일본 진출 후 존을 컨트롤하는 능력이 생겼다고 했다. 존에 들었을 때 가급적 오랜 시간 머무르도록 할 수 있다는 것이다.

김애숙은 흥분된 마음을 가라앉히지 못했다. 그날 밤 떨리는 목소리로 이렇게 말했다.

"경기 시작 전 몸 상태가 엉망이었다. 믿을 수 없는 결과다. 신지애는 우리가 알고 있는 것보다 더 대단한 선수다. 정말 무서운 선수다."

신지애는 2018년 투어 챔피언십 리코컵 우승 때도 존 이야기를 꺼냈다. 이전(한국·미국 투어 활동 시기)에는 존에 들어도 길게 유지하지 못했지만 지금은 제법 오랜 시간 유지할 수 있게 됐다는 내용이었다.

존에 들었을 때 나타나는 현상은 사람마다 다르다. 신지애는 주변 경치가 사라지고 혼자서 플레이하는 기분이 든다고 했다.[3]

그는 유틸리티 클럽의 달인이기도 하다. 그가 사용하는 유틸리티 클럽은 로프트 20도와 23도인데, 당일 컨디션이나 남은 거리, 공이 놓인 위치, 잔디 상태, 바람에 따라 둘 중 하나를 선택한다. 두 개의 유틸리티 클럽을 들고 목표 지점을 바라보며 고민하다 하나를 선택하는 장면은 다른 선수들이 그린 주변에서 웨지를 선택하는 모습과 미묘하게 닮았다.[4] 그만큼 섬세한 골프를 한다.

신지애의 캐디 사이토 유키齋藤優希는 "두 개의 유틸리티 클럽을 웨지 사용하듯이 한다. 유틸리티 클럽으로 쳐서 그린 위 목표 지점에 정확하게 세우는 선수는 내 캐디 인생에서 신지애가 처음이다"라며 극찬했다. 사이토 유키는 과거 마루야마 시게키의 캐디였다.

샷 정확도에서도 세계 최고 수준이다. 유틸리티 클럽과 아이언을 주로 사용하는 파3홀에선 더 정확하다. JLPGA 투어에 정식 데뷔한 2014년과 2015년, 2017년엔 파3홀 스코어 1위에 올랐다.

2018년 투어 챔피언십 리코컵 최종 4라운드에서도 파3홀 공략의 진수를 보여줬다. 16번홀(171야드)에서 23도 유틸리티 클럽으로 쳐 핀 1m 이내에 붙였다. 완벽한 버디 기회였다. 신지애를 우승으로 이끈 명장면이었다. 티샷 후 서로 얼굴을 바라보며 회심의 미소를 교환하던 신지애와 사이토 유키의 모습은 마치 영화 속 한 장면을 보는 듯 했다.

신지애의 고감도 플레이는 페어웨이와 그린이 좁은 코스에서 더 위력을 발휘했다. 매년 5월 열리는 호켄노마도구치 레이디스 대회장

후쿠오카컨트리클럽 와지로코스, 6월 열리는 니치레이 레이디스 대회장 소데가우라袖ヶ浦컨트리클럽 신소데新袖코스는 손꼽히는 우승 텃밭이다. 페어웨이 폭이 좁고 러프가 긴 신소데코스에서는 2014년부터 3년 연속 우승을 먹었고, 2018년엔 준우승했다.

JLPGA 투어에서 동일 대회 3연패를 가장 먼저 달성한 선수는 로라 데이비스다. 1994년부터 3년간 이토엔 레이디스 우승을 차지하며 대기록을 남겼다. 애니카 소렌스탐은 2001년부터 미즈노 클래식을 5년 연속 우승했다. 투어 제도 시행 전에는 히구치 히사코가 일본여자프로골프선수권대회를 1968년부터 7회 연속 우승한 기록도 있다.

신지애는 일본으로 활동 무대를 옮기면서 자신만의 플레이 스타일을 완성했다. 한때 비거리로 인해 고민한 적도 있지만 욕심을 버리고 자신의 장점을 살렸다. 그 결과 2018년 드라이브샷 평균 비거리는 58위(232.94야드)에 머물렀으나 페어웨이 안착률 2위(75.9027%), 그린 적중률 1위(75.3358%), 파세이브율 4위(88.7668%)의 고감도 플레이어가 됐다.

일본 진출 뒤 달라진 점이 또 있다. 티잉그라운드에서 티샷 전 행동이다. 장외 아나운서가 자신을 소개할 땐 차려 자세로 전방 15도를 주시하다 자신의 이름이 불리면 관중석을 향해 허리 숙여 인사한 후 경기에 들어간다. 어떤 위치에서도 초심을 잃지 않겠다는 마음가짐이 담겨 있다. 이 같이 인사하는 선수는 일본에서도 신지애뿐이다. 다소 딱딱하고 기계처럼 보일 수도 있지만 JLPGA는 일본 선수들에게 '신지애의 인사법을 배워야 한다'며 공개적으로 칭찬하기도 했다. 2015년 JLPGA 투어에 데뷔한 김하늘도 한때 신지애의 인사법을 따라했다가

어지럼증 때문에 그만뒀다.

신지애는 이 같은 바른 이미지 덕에 많은 어린이 팬을 확보했다. 매니저 강경미는 "꼬마 팬이 유난히 많다. 아이들은 신지애를 '신짱'이라고 부른다. 아이가 신지애를 좋아해서 대회장을 처음 찾게 된 어른도 많이 봤다. 인형과 액세서리를 직접 만들어서 신지애에게 선물하거나 일본어가 서툰 신지애를 위해 한글로 편지를 써서 건네는 어린이도 있다. '신짱, 간바레(신지애 힘내라)'를 외치며 18홀을 전부 따라 도는 아이도 봤다. 그런 아이들에게 입고 있던 점퍼에 사인을 해서 선물로 주기도 했다"고 말했다.

국내엔 〈짱구는 못 말려〉로 알려진 일본 만화 〈크레용 신짱クレヨンしんちゃん〉의 주인공 노하라 신노스케野原しんのすけ가 신짱으로 불리는 주인공이다. 신지애의 동글동글한 얼굴과 작은 눈, 선해 보이는 눈웃음이 일본 어린이들에게 또 다른 이미지의 친숙한 신짱으로 비쳐진 것으로 분석된다.

신짱 말고도 별명이 하나 더 있다. 파이널 퀸이다. 신지애는 대회 마지막 날 유난히 강하다. 그래서 붙은 별명이다. 일본에서도 신지애를 파이널 퀸이라고 부른다. 놀랍게도 신들린 경기력을 뽐낸 날은 최악의 컨디션일 때가 많았다. 2018년 일본여자프로골프선수권대회 코니카미놀타컵 우승 때도 그랬다.

신지애는 대회 전날 열린 프로암에서 9홀 라운드 후 경기를 포기할 만큼 몸이 좋지 않았다. 왼 팔꿈치와 오른 손목 통증이 심했다. 왼 팔꿈치는 2012년 왼 손목 수술 후유증으로 통증이 시작됐고, 오른 손목은 고질적인 손바닥 통증으로 테이핑을 했다. 매일 아침 진통제를 두 알씩 복용 후 필드에 나섰다.

일본 기자들은 신지애의 부상이 심각하다는 것을 알고도 부상과 관련된 내용은 단 한 줄도 쓰지 않았다. 김애숙은 우승 기자 회견에서도 "몸이 많이 아팠다. 경기 전에 진통제를 복용할 만큼 통증이 심했다"며 부상의 심각성을 재차 강조했지만 분위기는 싸늘했다. 반면 목 부상으로 두 달간 대회에 참가하지 않았던 스즈키 아이의 복귀전에 대해선 약속이나 한 듯 '부상 투혼'이란 제목으로 기사를 냈다.[5]

신지애는 미디어의 견제를 가장 많이 받은 선수다. 슬로 플레이 오명 때문이다. 신지애의 슬로 플레이 오명은 2009년 4월 라이프카드 레이디스 골프 토너먼트(KKT컵 반테린 레이디스 오픈 전신) 최종 라운드에서 경기 지연으로 1벌타를 받은 것이 발단이 됐다. 이지희, 요코미네 사쿠라와 마지막 조로 출발한 신지애는 공동 7위에 머물렀다. 우승컵은 이지희에게 돌아갔다. 요코미네 사쿠라는 한 타 차 준우승했다. 몇몇 일본 기자들은 "신지애 슬로 플레이가 요코미네 사쿠라의 리듬감에 좋지 않은 영향을 줬다"고 주장했다.

2016년 6월 지바현 소데가우라컨트리클럽 신소데코스에서 열린 니치레이 레이디스 최종 3라운드는 가쓰 미나미와 챔피언 조 대결이었다. 당시 고교생 아마추어 가쓰 미나미는 2014년 KKT컵 반테린 레이디스 오픈에서 JLPGA 투어 최연소(15세 293일) 우승을 달성한 기대주였다. 그는 2라운드까지 선두였다. 마지막 날은 1번홀(파5) 버디를 잡고도 신지애에게 역전패했다. 경기 중반부터 연속 보기를 범하며 자멸했다.

일본 기자들은 이번에도 "신지애 슬로 플레이가 가쓰 미나미의 리듬감을 해쳤다"며 격분했다.

이날 두 선수는 인코스 들어 경기 지연으로 홀과 홀 사이를 뛰면서 플레이했다. 이 과정에서 가쓰 미나미의 상기된 얼굴과 싱글벙글 웃으면서 뛰는 신지애의 얼굴이 방송 카메라에 차례로 잡혔다. 격노한 일본 기자들은 경기를 마친 가쓰 미나미에게 "신지애의 슬로 플레이 때문에 힘들지 않았냐"며 유도 질문을 던졌다. 그는 "내 경기에 집중하느라 신경 쓰지 못했다"고 답했다. 신지애의 플레이와 가쓰 미나미의 자멸 사이엔 상관관계가 성립하지 않는다는 것을 보여준다.

그럼에도 신지애의 우승 기자 회견은 슬로 플레이를 추궁하는 자리가 됐다. "슬로 플레이를 어떻게 할 거냐", "언제 어떻게 고칠 거냐", "고친다고만 하지 말고 구체적으로 답을 해라"며 불만 섞인 질문을 퍼부었다. 누가 봐도 우승자에 대한 예우가 실종된 기자 회견이다.

2017년 8월 니토리 레이디스 골프 토너먼트에서는 시즌 첫 우승을 하고도 한국과 일본 언론으로부터 비난의 화살이 쏟아졌다. 일본의 『닛칸겐다이』가 확신범確信犯이라는 험한 표현까지 들먹이며 신지애의 플레이를 맹비난했기 때문이다. 이 매체는 취재원 실명을 공개하지 않은 채 "신지애와 경기하는 것을 꺼려하는 선수가 여럿"이라고 주장했다. 경기 지연으로 한 차례 경고를 받은 것이 빌미가 됐다.

국내 언론사는 이 대회를 취재하지 않았으나 『닛칸겐다이』 기사를 인용 보도해 일이 커졌다. 뉴스는 물론이고 SNS를 통해 확대 재생산되면서 신지애의 이미지에 커다란 흠집을 냈다.

앞에서도 지적했지만 일본 언론은 추측성 끼워 맞추기 기사를 잘 쓴다. 해외 언론의 인용 보도를 좋아하는 한국 기자들이 사실 확인도 하지 않고 인용하면 시대적 참극이 발생할 수 있다. 명심해야 한다.

신지애의 슬로 플레이를 두둔하는 게 아니다. 다른 선수들과 비교해 신지애의 플레이 속도가 느린 건 사실이다. 특히 어드레스부터 샷(스트로크)까지 시간이 길다. 플레이 속도가 빠른 선수와 경기할 땐 더 느리게 느껴진다. 중요한 건 느린 정도다. 상대적으로 느린 건 비난의 대상이 아니다.

나는 신지애의 슬로 플레이 논란이 있을 때마다 현장에 있었다. 전부는 아니지만 대부분 눈앞에서 경기를 지켜봤다. 정해진 시간을 충분히 활용했을 뿐이다. 문제될 건 없다. 룰 위반도 비신사적인 행위도 없었다.

선수들의 경기 질 향상은 외면한 채 빠른 경기 진행만을 강요하는 JLPGA가 문제다. 일본 선수 중에도 JLPGA 투어의 빠른 경기 진행에 공개적으로 불만을 나타낸 일이 많다.

미야자토 아이는 "일본 투어는 미국에 비해 플레이 속도가 지나치게 빠르다. 미국에서는 자기 순서가 돌아오면 그때 클럽을 선택해도 되는데, 일본에서는 다른 사람이 플레이할 때 미리 선택해둬야 한다. 일본에 돌아와 경기할 때마다 주의를 기울이고 있지만 빠른 경기 진행으로 인해 루틴과 스윙 리듬이 나빠진다"[6]며 불편한 속내를 감추지 않았다.

착각해선 안 될 게 있다. 플레이 리듬감 유지와 빠른 경기 진행

못지않게 중요한 것이 플레이 질이다. 선수가 할 수 있는 최고의 서비스는 대회 후원사와 대회장을 찾은 갤러리, TV 시청자들에게 최상의 플레이를 펼쳐 보이는 것이다. 빠른 플레이만이 미덕이 될 순 없다. JLPGA는 그걸 소홀이 했다. 아시아의 리더 자리를 한국에게 내준 수많은 원인 중 하나다.

1스트로크 시간이 10초나 짧아진 2018년 신지애의 성적에 주목할 필요가 있다. 사실상 신지애를 겨냥해 룰을 바꿨는데, 오히려 펄펄 날았다. 무려 4승(메이저 3승)을 달성하며 메르세데스 최우수선수로 선정됐다. 2019년에도 3승이나 했다. 상금순위 3위, 메르세데스랭킹 2위, 평균타수는 1위를 차지했다. 평균타수는 69.9399타를 기록해 JLPGA 투어 사상 처음으로 꿈의 60대 타수를 실현했다.

일본 기자들의 옹졸한 태도를 한 가지 더 들추겠다. 2018년 투어 챔피언십 리코컵 마지막 날의 일이다. 스즈키 아이는 이날 경기 결과에 따라서 사상 첫 60대 평균타수 달성 가능성이 있었다. 일부 일본 기자는 '만약 스즈키 아이가 60대 평균타수를 달성한다면 (인터뷰 시간이 신지애와 겹치기 때문에) 신지애의 우승 인터뷰엔 참석할 수 없다'며 대회 운영사 엠씨피알mcpr에 거부 의사를 전달했다. 경기 결과, 스즈키 아이의 60대 평균타수는 이뤄지지 않았다. 신지애의 우승 인터뷰는 예정대로 열렸는데, 시즌 왕중왕의 인터뷰라는 말이 무색할 만큼 무성의하고 단출하게 진행됐다.

신지애는 일본 미디어의 노골적인 견제 속에서도 경이로운 기록을 써내려갔다. 아직도 기록 행진을 멈추지 않았다. 그랜드슬램과 한미일 3국 상금왕은 고지가 코앞이다. 매년 잡힐 듯이 잡히지 않았다.

50년 이상의 역사를 지닌 JLPGA 투어엔 2020년까지 그랜드슬래머가 탄생하지 않았다. 4대 메이저대회 형태를 갖춘 것은 월드 레이디스 챔피언십 살롱파스컵이 메이저대회로 창설된 2008년부터다. 이전까지는 일본여자오픈과 일본여자프로골프선수권대회, 투어 챔피언십이 3대 메이저대회로 치러졌다.

오사코 다쓰코, 모리구치 유코, 시오타니 이쿠요, 히고 가오리, 투아이유 등 '80~'90년대 전성기를 이룬 레전드들은 3대 메이저 대회를 전부 우승했다. 히구치 히사코는 일본여자오픈 8차례와 일본여자프로골프선수권대회 9차례를 우승했다. JLPGA 투어 초창기는 메이저대회가 2개뿐이었는데, 1978년 호주·일본 친선 골프 매치가 메이저대회로 치러지면서 3대 메이저대회 시대가 열렸다.

후도 유리는 2019년까지 월드 레이디스 챔피언십을 제외한 세 개 메이저대회를 우승했다. 전신인 살롱파스 월드 레이디스 골프 토너먼트(2005)와 니치레이컵 월드 레이디스 토너먼트(2002)에서 우승했으나 그땐 메이저대회 승격 전이었다.

신지애는 2006년부터 3년간 KLPGA 투어 상금왕에 올랐다. 2009년엔 LPGA 투어로 활동 무대를 옮겨 한국인 첫 상금왕을 차지했다. 일본에서도 상금왕에 오른다면 전 세계 남녀 골프선수를 통틀어 사상 첫 한미일 3국 투어에서 상금왕을 경험한 선수가 된다.[7] 누구도 넘볼 수 없는 그만의 전매특허 기록이 될 가능성이 높다.

신지애의 기록과 업적은 일일이 나열하기가 어려울 만큼 방대하다. 경기력만 놓고 신지애를 위대한 선수라고 평가하진 않는다. 그의 놀라운 성실성과 인성이야말로 모든 사람에게 존경받을 만하다. 영웅이란 말이 아깝지 않은 선수다.

'미야자키의 여왕'이 된 **김하늘**

2016년 4월 일본 구마모토의 봄은 평온했다. JLPGA 투어 생활 2년째를 맞은 김하늘은 맏언니 강수연, 절친한 동생 배희경과 한 방에 모여 수다를 떨고 있었다. KKT컵 반테린 레이디스 오픈을 하루 앞둔 4월 14일 목요일 밤의 일이다.

미녀들의 화끈한 수다는 굵고 짧았다. 늘 그랬듯이 이날도 너무 늦지 않은 시간에 각자의 방으로 흩어졌다.

밤 9시 26분. 김하늘은 시간을 확인한 뒤 잠자리에 누웠다. 그때 '쾅'하는 요란한 폭발음과 함께 엄청난 진동이 시작됐다. 말로만 듣던 지진 공포가 엄습했다. 생명에 위협을 느꼈다. 어찌할 바를 몰랐다. 머릿속이 하애졌다. 매니저는 도쿄에 가고 없었다. 전화기는 불통이었다. 마침 강수연으로부터 모바일 인터넷 전화가 걸려왔다. 지갑과 여권만 챙겨서 주차장으로 빨리 나오라고 했다. 차 안으로 몸을 피해 뜬눈으로 밤을 지새웠다.

다음 날 아침, KKT컵 반테린 레이디스 오픈은 취소됐다. 이 험악한 진동은 리히터 최대 규모 7.3으로 1,100명 이상 사상자를 낸 구마모토 지진이다.

일본 투어 도전은 험난했다. 뒤돌아보면 한국에선 편안하게 투어 생활을 했다. 하지만 태어나 처음으로 죽음의 공포를 느끼게 해준 구마모토 지진은 김하늘의 달라진 위상을 확인하는 매개체가 됐다.

JLPGA는 구마모토 지진 이후 매 대회 지진 피해지 돕기 모금 행사와 팬 사인회를 열었다. 매 대회 2라운드 종료 후 같은 조에서 경기를 마친 3명의 선수가 모금함에 나란히 서서 팬들을 맞이하는 행사다. 갤러리들은 자신이 좋아하는 선수와 악수하기 위해 해당 선수 앞에 놓인 모금함에 기부를 했다. 인기 좋은 선수의 모금함 앞엔 많은 갤러리가 줄을 섰다. 그렇지 않은 선수는 멀뚱멀뚱 서서 시간을 보내야 했다. 김하늘은 늘 길게 늘어선 갤러리를 맞았다. 2016년 들어 꾸준히 좋은 성적을 내면서 많은 팬을 확보한 덕이다.

그해 5월 열린 호켄노마도구치 레이디스에서도 많은 팬과 악수를 나눴다. 경기 후에는 기약 없이 기다리던 팬들을 위해 깜짝 사인회를 열기도 했다. 밀려드는 팬들로 인해 클럽하우스 앞은 금세 아수라장이 되어버렸다. 줄은 형식일 뿐 먼저 팔을 내미는 사람이 임자다. 일본에선 쉽게 볼 수 없는 광경이다. 김하늘의 인기는 대단했다.

대회 마지막 날에도 흥미로운 장면이 펼쳐졌다. 한국 선수 세 명이 챔피언 조에서 맞붙었다. 김하늘과 신지애, 이보미다. 셋은 1988년생 동갑내기다. 2000년대 중반부터 KLPGA 투어 중흥을 이끈 주역이다. 2016년 이후엔 JLPGA 투어 판도와 흥행의 주역이 됐다. 한동안 서로 다른 무대에서 활동하다 일본에서 재회하면서 한국 골프 팬들의 추억을 2000년대 중후반으로 소환했다.

김하늘은 경기도 남양주시 심석초등학교 5학년 때 골프를 시작했다. 또래에 비해 크게 두각을 나타내지는 못했다. 국가대표나 상비군 경력도 없다. KLPGA 투어에 데뷔하면서 그의 골프 인생에 꽃망울이 터졌다. 2007년부터 2014년까지 8년간 8승을 장식하며 두 차례(2011·2012)나 상금왕에 올랐다.

그는 KLPGA 투어 흥행 주역이다. 매 대회 하늘사랑 팬클럽 회원들을 몰고 다녔다. 대회장엔 이전에 없던 진풍경이 연출됐다. 국내 골프선수 중 팬클럽이 조직적으로 운영된 건 김하늘이 처음이다. 플레이에 방해가 된다며 몇몇 선수와 부모들의 항의도 있었지만 팬클럽의 조직적인 응원은 KLPGA 투어 특유의 응원 문화로서 버젓이 자리를 잡았다.

세리키즈 같은 영향력 있는 선수가 많이 나타나면서 투어 환경도 좋아졌다. 2006년 16개 대회가 열린 KLPGA 투어는 김하늘이 데뷔한 2007년 20개 대회로 늘었고, 2008년에는 25개 대회가 치러졌다. 대회 수뿐 아니라 상금 규모도 커졌다. 기업 후원도 줄을 이었다. 1978년 한국 여자골프 투어 출범 30년 만에 찾아온 호황이었다. 그 중심엔 김하늘이 있었다.

풍요로운 투어 환경은 선수들의 해외 진출에 대한 생각마저 바꿔놓았다. 모험 같은 해외 진출보다 국내에서 안정된 투어 생활을 계획하는 선수가 많아졌다. 김하늘도 그중 한 명이었다. 그러나 20대 중반을 넘어서자 목표 의식에 그림자가 드리웠다. 20세 전후 어린 선수들은 해마다 무서운 기세로 치고 올라왔다. 그에 반해 자신은 다람쥐 쳇바퀴

도는 것 같았다. 은퇴 후를 감안해도 해외 투어 경험은 필요하다는 생각이 들었다. 그가 불현듯 일본으로 떠난 이유다.

김하늘은 2014년 12월 열린 JLPGA 투어 QT 파이널 라운드를 13위로 통과했다. 같은 해 JLPGA 투어 QT에 참가한 배희경은 9위, 정재은은 18위를 차지해 나란히 일본으로 날아갔다. 시즌 개막 전에는 도쿄에 집을 구했다. 설렜다. 모든 준비는 끝났다고 생각했다. 결과는 비참했다. 개막전 다이킨 오키드 레이디스 골프 토너먼트(공동 37위)부터 17개 대회를 치르는 동안 단 한 차례도 톱10에 들지 못했다. 걷잡을 수 없는 부진 속에서 속은 새까맣게 타들어갔다. 겉은 웃고 있지만 속으론 울고 있었다.

한국에서는 페어웨이가 좁고 나무가 많은 코스를 좋아하지 않았다. 일본은 입이 떡 벌어질 만큼 페어웨이가 좁고 나무가 빼곡했다. 현기증이 났다. '자신과 맞지 않는 곳'이라고 생각했다. 한국으로 복귀를 결심했다. 9월 나고야에서 열린 먼싱웨어 레이디스 도카이 클래식을 마지막으로 국내 투어 복귀를 계획했다. 도쿄 집도 내놨다.

마음을 완전히 비웠다. 욕심도 미련도 없이 그냥 재미있게 쳤다. 치다 보니 공이 잘 맞았다. 둘째 날 공동 선두에 올랐고, 마지막 날은 신지애와 마쓰모리 아야카松森彩夏를 한 타 차로 누리고 우승 트로피를 거머쥐었다. 거짓말 같았던 이 우승은 한국으로 돌아가려던 김하늘을 돌려세웠다. 그때부터 호텔 생활이 시작됐다.

부진은 심리적 요인이 컸다. 생소한 코스에서 말이 통하지 않는 낯선 사람과의 라운드가 편할 리 없었다. 한국에서 두 차례나 상금왕을 경험했던 터라 나름의 자존심도 있었다. 알아들을 수 없는 말을 하며 깔깔거리는 동반 선수들을 보면서 소외감마저 느꼈다. 말을 못 알아들을 때마다 의문의 1패를 당하는 기분이 들었다. 때론 크고 작은 오해도 있었다. 그러면서 트레이드마크였던 미소 띤 얼굴엔 자신감 대신 위축감이 엿보였다. 원인 모를 위축감은 경기력에도 적지 않은 영향을 미친 듯하다.

먼싱웨어 레이디스 도카이 클래식 우승으로 일본에 남은 김하늘은 2016년부터 전성기 이상의 완성도 높은 플레이를 펼쳤다. 시즌 네 번째 대회 악사 레이디스 골프 토너먼트 in 미야자키에서 우승했고, 투어 챔피언십 리코컵에서도 정상에 올라 상금순위와 메르세데스랭킹 4위, 평균타수 3위를 차지했다. 그해 우승한 두 대회장 소재지는 전부 미야자키여서 '미야자키의 여왕'이라는 새로운 별명도 얻었다.

일본에서 먼저 자리를 잡고 슈퍼스타가 된 이보미와 맞대결은 늘 풍성한 이야깃거리를 낳았다. 실력과 미모를 갖춰 이보미 버금가는 인기를 누렸다. 일본 언론은 미니스커트를 즐겨 입는 두 선수가 같은 조에 편성되면 '미니스커트 매치'라는 흥미로운 제목을 달기도 했다.

2017년 상반기 김하늘의 샷 감은 정점에 있었다. 사이버에이전트 레이디스 골프 토너먼트와 월드 레이디스 챔피언십 살롱파스컵을 연속으로 제패했고, 6월 열린 산토리 레이디스 오픈 골프 토너먼트마저 우승했다. 연간 3승은 국내에서 활동하던 2011년 이후 6년 만이었다.

김하늘은 이 대회 우승으로 상금순위를 비롯해 메르세데스랭킹과 평균타수까지 1위 자리를 굳게 지켰다. 상금왕도 노려볼 만했다.

산토리 레이디스 오픈 골프 토너먼트에선 행운도 따랐다. 3라운드에 단독 선두로 나선 김하늘은 마지막 날 호리 고토네堀琴音에게 맹추격을 당했다. 김하늘은 16번홀(파3) 보기 후 리듬감이 깨졌다. 아니나 다를까 17번홀(파5) 세컨드 샷에서 실수가 나왔다. 22도 유틸리티 클럽으로 친 공이 왼쪽으로 감겼다. 그런데 페어웨이를 크게 벗어날 듯했던 공이 큰 나무에 맞고 페어웨이로 다시 들어왔다. 기회를 놓칠 김하늘이 아니다. 세 번째 샷을 핀 50cm 지점에 붙인 뒤 버디 퍼트를 성공시켰다. 호리 고토네를 한 타 차로 뿌리쳤다. 시즌 세 번째이자 JLPGA 투어 통산 6번째 우승컵을 품에 안았다.

1990년 시작된 산토리 레이디스 오픈 골프 토너먼트는 1996년 원재숙이 한국인 첫 우승했다. 이후 이지희(2003), 안선주(2011 · 2014), 김효주(2012), 강수연(2016), 김하늘이 차례로 정상을 밟았다.

미야자토 아이는 이 대회와 인연이 깊다. 김하늘이 우승한 날은 미야자토 아이의 현역 마지막 날이었다. 타이틀 후원사인 산토리는 미야자토 아이가 프로 데뷔한 2003년부터 줄곧 후원했다. 극심한 슬럼프와 각종 루머에 시달렸을 때도 미야자토 아이에 대한 신뢰는 변하지 않았다. 미야자토 아이가 은퇴 후에는 그의 공적을 기리기 위해 대회명을 미야자토 아이 산토리 레이디스 오픈 골프 토너먼트로 변경했다.

김하늘은 이후에도 닛폰햄 레이디스 클래식과 NEC 가루이자와 72 골프 토너먼트에서 준우승해 상금왕 고지를 향해 순항했다.

좋았던 흐름이 끊긴 건 무리한 일정을 소화하면서다. 급격한 체력 저하가 나타났다. 거기에 상금왕 부담까지 더해져 더 이상 우승은 추가하지 못했다. 상금왕은 스즈키 아이에게 넘어갔다. 김하늘은 4위까지 밀려났다. 마지막까지 타이틀 경쟁이 치열했던 메르세데스랭킹도 스즈키 아이보다 1점이 적어 2위에 머물렀다.

김하늘이 일본에서 제2의 황금기를 열 수 있었던 건 아이언샷 덕이다. 자로 재놓고 치는 것처럼 정확했다. 2015년 JLPGA 투어에 함께 데뷔한 배희경은 "(김하늘의) 아이언샷은 한국 선수 중 최고"라고 극찬했다.

그의 아이언샷은 2016년부터 날카로운 칼날을 드러냈다. 시즌 세 번째 대회 티포인트 레이디스 골프 토너먼트 2라운드에서는 아이언샷으로 이글을 두 차례나 만들어냈다. 5번홀(파4)에서는 102야드 거리 세컨드 샷을 컵에 넣었고, 17번홀(파3)에서는 133야드 거리를 9번 아이언으로 쳐서 일본 진출 첫 홀인원을 기록했다. 김하늘은 2라운드까지 단독 선두였으나 마지막 날 16번홀(파5)과 17번홀에서 보기를 범해 오에 가오리大江香織에게 우승컵을 내줬다.

그해 김하늘이 기록한 홀인원은 세 개나 된다. 사이버에이전트 레이디스 골프 토너먼트 2라운드(17번홀)와 NEC 가루이자와72 골프 토너먼트 2라운드(12번홀)에서도 홀인원을 했다. 한 시즌 홀인원 3개는 JLPGA 투어에서 처음 있는 일이었다. 연말 열린 투어 챔피언십 리코컵 최종 4라운드에선 이글을 2개나 기록했다. 그만큼 아이언샷이 정교했다. 2016년 기록한 이글은 총 8개(홀인원 3개 포함)로 이 부문 1위였다.

공교롭게도 한 라운드 이글 두 개나 홀인원을 기록한 대회에선 우승과 인연이 없었다. 2016년 사이버에이전트 레이디스 골프 토너먼트에서는 후쿠시마 히로코福嶋浩子와 극적으로 동타를 이뤄 승부를 연장 전으로 이어갔지만 1m 파 퍼트를 놓쳐 준우승했다. 우승자 후쿠시마 히로코는 통산 24승으로 두 차례 상금왕에 오른 후쿠시마 아키코의 친동생이다. 이 대회에서 프로 데뷔 10년 만이자 38세 245일의 나이로 첫 우승했다. JLPGA 투어에서 최고령 첫 우승 기록은 하라다 요시코原田佳子가 1991년 주간여성·JUNON 여자오픈에서 기록한 44세 90일이다.

후쿠시마 히로코는 우승이 확정된 순간 김하늘을 향해 미안한 표정을 지었다. 김하늘의 보기 드문 실수로 인해 달성한 우승이란 게 마음에 걸렸던 모양이다. 김하늘은 후쿠시마 히로코의 마음을 읽었다는 듯 11살이나 많은 그를 한참 동안 꼭 끌어안고 진심어린 축하를 보냈다. 그것도 모자라 울먹이던 그의 두 손을 잡고 인간미 넘치는 눈빛을 교환했다.[1] 김하늘은 이 아름다운 세리머니로 더 많은 일본 팬을 얻었다.

강한 집념과 승부 근성도 돋보였다. 2016년 상반기는 김하늘에게 대단히 중요한 시기였다. 데뷔 시즌은 우여곡절 끝에 시드를 건졌지만 상승세를 이어가기 위해선 시즌 첫 승이 급했다. 출발은 좋았다. 개막전 다이킨 오키드 레이디스 골프 토너먼트(공동 7위)를 시작으로 3개 대회에서 전부 톱10에 들었다. 경기 내용까지 만족스러운 건 아니었다. 미야자키현 UMK컨트리클럽에서 열린 시즌 4번째 대회 악사 레이디스 골프 토너먼트 in 미야자키 전 두 개 대회는 2라운드까지 단독 선두를 달리다 우승을 놓쳤다. 좋은 흐름이 언제까지 계속된다는 보장이 없었기에 초조한 마음이 들었다.

악사 레이디스 골프 토너먼트에서도 2라운드까지 단독 선두였다.

일본 언론은 김하늘의 높은 경기력과 함께 미니스커트 패션에 주목했다. 하지만 김하늘은 이 대회에서 치마를 입지 않았다. 대회 마지막 날은 파란색 니트와 하늘색 바지를 입고 나타났다. 대회 시작 전부터 '(날씨가) 너무 추워서 바지를 입을 것'이라고 말했는데, 바지를 입은 진짜 이유는 분위기 쇄신과 경기에 집중하기 위해서였다. 어떻게든 우승을 목표했던 그는 평소 사용하던 퍼터까지 바꿨다. 분위기 쇄신 전략은 대성공이었다. 2위 신지애를 5타 차로 여유 있게 따돌리고 와이어 투 와이어를 완성했다.

지금부터는 김하늘의 일본 생활 적응 과정에 대해 써볼까 한다. 일본 진출 첫해는 한국인 캐디와 호흡을 맞췄다. 모든 환경이 익숙지 않은 상황에서 캐디와 의사소통마저 자유롭지 못하면 견디기 어려울 것 같았다. 그런데 그해 우여곡절을 겪으면서 생각이 바뀌었다. 과감하게 일본인 캐디를 고용했다. 고타니 겐타小谷健太라는 무명 프로캐디였다.

고타니 겐타는 2014년부터 2년간 JLPGA 투어에서 활동하며 1승을 장식한 정연주의 캐디였다. 도쿄에서 태어나 호리코시堀越고등학교와 주쿄학원대학을 졸업한 평범한 청년이었다. 골프가 좋아 프로캐디 일을 시작했다.

2015년 시즌 마지막 대회 투어 챔피언십 리코컵은 김하늘과 고타니 겐타가 호흡을 맞춘 첫 무대였다. 결과는 15위로 톱10에 들지 못했다. 시즌 왕중왕전 성격을 띤 대회라는 점을 감안하면 나쁘지 않았다.

일본인 캐디는 일본 코스를 잘 아는 장점이 있다. 경기 중 갤러리 통제에 능숙하고 플레이 중에는 간단한 대화를 나누면서 일본어 공부도 할 수 있다. 고타니 겐타는 무던한 성격이지만 일에는 철저했다. 늘 약속 시간보다 10분 전에 미리 나와 기다렸다. 무엇을 맡겨도 마음이 편할 만큼 일을 잘했다. 한국에도 관심이 많아서 경기 중엔 한국에 대한 이야기를 자주 나눴다고 한다. 일본에서 장식한 6승 중 5승(메이저 2승)을 고타니 겐타와 함께할 만큼 잘 맞았지만 슬럼프에 접어들면서 결별했다.

일본 진출 초기 가장 어려웠던 건 일본어와 대인관계였다. 대부분 일본인은 개인주의 성향이 강하고 경계심이 많다. 처음 보는 사람과 쉽게 가까이 하지 못한다. 어렵지만 화목한 가정에서 밝게 자란 김하늘은 붙임성이 좋고 남들과 어울리는 것을 좋아하는 성격이어서 적응이 쉽지는 않았을 듯하다.

통산 3승 기쿠치 에리카와 이치노세 유키一ノ瀬優希는 동갑내기 친구인데도 말을 편하게 하기까지 1년이나 걸렸다. 일본어를 존댓말부터 배워 말 놓는 방법을 몰랐다. 일본어가 익숙해지면서 '오하요(안녕)'라고 짧게 인사하거나 손인사로 대신하게 됐다. 그러기까지는 서로 어색한 시간이었다.

모든 선수가 어려웠던 건 아니다. 통산 7승 요시다 유미코는 일본어로 어색한 인사를 건네던 김하늘에게 '안녕하세요', '귀엽다' 같은 미리 준비한 한국말 몇 마디로 친절하게 답례했다. 발음이 좋을 리 없지만 진심이 느껴지는 배려였기에 감동을 받았다고 한다. 요시다 유미코는 김하늘보다 한 살이 많다. 겸손하고 성품이 착해서 대부분 사람에게 평판이 좋다.

일본 데뷔 후 오랜 부진 속에서도 든든한 힘이 되어준 건 배희경이다. 김하늘과 절친한 사이다. 김하늘보다 4살이 어린데도 친구처럼 지냈다. 휴식기에 전지훈련을 떠나 같은 방을 쓰면서 친해졌다. 1년 365일 중 300일 이상 함께 지낼 정도다. 배희경에 따르면 김하늘은 애교가 많고 응석부리는 타입이다. 후배들에게 잘하고 배울 점도 많다.

배희경은 2018년 주쿄TV·브리지스톤 레이디스 오픈에서 JLPGA 투어 첫 우승을 차지했다. 2016년과 2018년엔 상금순위 14위에 올랐다. 안정된 플레이가 큰 장점이다. 2020년 일본여자프로골프선수권대회 코니카 미놀타컵에선 마지막 날 7번홀(파4)까지 선두를 달리다 8번홀(파3) 더블보기 후 무너졌다. 최종 순위는 5위였다.

김하늘은 일본 진출 후에도 하늘사랑 팬클럽의 응원을 받았다. 팬클럽 회장 문영재가 일본으로 원정 응원을 갔을 때 홀로 김하늘을 응원하던 일본인을 하나 둘 모아 2016년 하늘사랑 일본 지부를 출범했다. 회원은 30~60대 남성이 대부분이다. 김하늘의 메인 후원사 하이트진로 로고가 새겨진 하늘색 모자에 김하늘 캐리커처 패치를 달고 매 대회 매 라운드를 따라다닌다. 전부 문영재의 아이디어다.

초대 일본 지부장이던 오히가시 후미히로大東史博는 나라현奈良県에 사는 정년퇴직자다. 김하늘 출전 대회는 연간 20개 정도를 관전했다. 집에서 근거리 대회장은 자가용으로 가고, 먼 거리는 대중교통을 이용한 뒤 갤러리 버스를 탔다. 입장권은 JLPGA 클럽 카드(1만 8,000엔·10개 대회 관전)를 활용했다. 숙소는 가급적 저렴한 곳을 예약했다.

취재 중에 그와 같은 호텔에서 묵은 일이 몇 번 있다. 1박 5,000

~6,000엔(5만~6만 원) 정도 하는 비즈니스호텔을 선호하는 듯했다. 호텔에 식당이 딸려 있으면 대부분 그곳에서 저녁을 먹고, 그렇지 않으면 편의점에서 먹을거리를 사다 방에서 혼자 간단하게 끼니를 해결한다. 그가 대회장 갤러리를 하면서 지출한 연평균 금액은 약 150만 엔(약 1,500만 원)이라고 했다.

여성 팬 마쓰사와 아유미松澤步는 도쿄에 사는 평범한 직장인이다. 김하늘의 플레이 스타일과 패션에 매료됐다. 매년 가을 휴가를 내서 하이트진로 챔피언십 관전 차 한국을 찾는다. 2018년 10월엔 새벽 비행기로 인천공항에 도착한 뒤 택시를 타고 대회장 블루헤런골프클럽(경기도 여주)까지 달려갔다. 열성팬이다. 김하늘 경기를 보면서 '같은 여자가 봐도 멋있다'는 느낌을 받았고, 그것이 골프 입문 계기가 됐다고 털어놨다.

처음부터 많은 팬을 거느린 건 아니다. 데뷔 첫 시즌엔 날카로운 인상 때문에 크게 눈길을 끌지 못했다. 출중한 실력과 귀여운 이미지로 일본 팬을 사로잡은 이보미와 비교되는 일도 많았다. 그럼에도 불구하고 이보미 버금가는 스타 선수로 자리매김할 수 있었던 건 문영재의 팬클럽 (응원) 문화 수출 노력과 김하늘 양친의 헌신적인 뒷바라지가 컸다.

김하늘은 매년 10월 자신의 후원사 메인타이틀 대회인 KLPGA 투어 메이저대회 하이트진로 챔피언십에 출전했다. 대회장은 한일 양국 하늘사랑 회원들의 만남의 광장이 됐다. 문영재와 김하늘의 양친은 한국을 찾은 일본 팬들을 위해 팬 미팅을 마련하기도 했다. 고기 파티와 쇼트게임 이벤트를 열어 김하늘의 머리글자와 사인이 들어간 골프

채·골프백·모자를 참가자 전원에게 선물했다. 2019년엔 더 많은 응원단이 방한 예정이었으나 일본의 경제 도발로 한일 관계가 나빠지면서 4명만 참석했다.

2019년 한국을 찾은 사이타 유이치才田裕一는 "한국에 오기가 쉽지 않았다. 마지막까지 고민하다 오게 됐다. '안전하지 않을 것'이라며 한국에 가는 걸 말리는 (일본) 사람이 많았다. 막상 한국에 와보니 모두가 친절했다. 다시 한번 감동을 받았다. 일본으로 돌아가면 한국에서 있었던 일들을 회원들과 공유할 생각이다"라고 말했다.

이들은 김하늘을 응원하면서 간단한 한국어를 익히고 한국 문화와 음식을 접했다. 매년 한 차례는 한국을 방문해 마지막까지 김하늘 경기를 관전했다. 국경도 이념도 편견도 뛰어넘은 팬덤이다.

1988년생으로 대표되는 세리키즈는 역사에 남을 훌륭한 골프선수가 가장 많이 몰려 있는 세대다. 골프 실력은 기본이고 엔터테인먼트 감각까지 갖춰 기술과 흥행이라는 두 토끼를 잡았다. 국내에선 세 명(신지애·이보미·김하늘)이나 상금왕이 배출됐고, 월드랭킹 1위도 두 명(신지애·박인비)이나 나왔다. 김하늘은 또래와 경쟁에서 살아남기 위해 끊임없는 자기 계발로 상품 가치를 높였다. 짧은 치마와 대회 마지막 날 하늘색 의상 코디는 김하늘의 전매특허 패션이다. 거기에 화사한 미소를 더해 많은 골프 팬을 필드로 불러들였다.

김하늘의 주가는 일본에서도 상종가였다. 데뷔 초기 성적 부진과 스트레스로 어려움을 겪었지만 한국에서 2년 연속 상금왕에 오른 저력으로 슬럼프를 뛰어넘었다.

2020년까지 한일 양국에서 총 14승(메이저 3승)을 올린 김하늘은 양국 투어 흥행의 견인차 역할을 했다. 한일 양국 투어 메이저대회를 모두 제패한 9번째 선수로서 한국 여자골프의 JLPGA 투어 도전사에 큼직한 발자취를 남겼다.

무엇보다 아름다운 골프 한류를 꽃피웠다. 자신이 목표했던 수준까지 오르지 못했을 수도 있으나 필드 패션과 응원 문화, 팬 서비스 등 일본 골프계 풍경을 다각적으로 바꿔놓은 선수였다는 건 부인할 수 없다.

김하늘은 2015년 JLPGA 투어 데뷔 당시 KLPGA 투어 상금왕 출신으로서 적지 않은 주목을 받았다. 마음은 늘 상위권이었다. 몸과 마음이 따로 움직이는 게 문제였다. 우승 문턱에서 좌절하는 일도 많았다. 그런 일이 반복될수록 일본 언론의 시선은 싸늘해졌다.

저널리스트 다치가와 마사키太刀川正樹는 "김하늘은 결단력이 좋고 남성적인 성격을 지녔지만 감정에 기복이 있어서 성적에 미묘한 영향을 주는 것 같다"[2]고 지적했다. 나름의 분석력으로 김하늘을 관찰한 듯하다.

그러나 어떤 선수라도 좋은 때가 있으면 나쁜 때도 있다. 중요한 건 슬럼프 이후 쇠퇴와 성장이라는 갈림길에 놓인다는 점이다. 김하늘은 늘 성장했다. 크고 작은 슬럼프를 발판 삼아 더 강한 플레이어가 됐다. 슬럼프 극복 방법도 대단히 적극적이었다. 슬럼프라는 것을 쿨하게 인정하면서 끊임없이 해결 방법을 모색했다. 일본 진출 후 찾아든 슬럼프도 그렇게 쫓아냈다.

일본의 스포츠심리학자 고다마 미쓰오児玉光雄는 "타이거 우즈Tiger Woods와 아오키 이사오青木功가 롱런할 수 있었던 비결은 끊임없이 슬럼프를 극복했기 때문이다. 더 이상 실력이 향상되지 않는 막다른 길에 다다랐을 때 대부분 골프를 벗어나려 하는데, 아무리 역경에 몰리더라도 피하려 하지 말고 골프라는 테두리 속에서 문제를 해결해야 한다"[3]고 역설했다.

일본프로골프전당에 오른 미야모토 도메키치宮本留吉는 생전 언론과 인터뷰에서 "슬럼프는 한두 번 극복했다고 해서 끝나는 게 아니다. 슬럼프를 많이 극복한 사람일수록 플레이가 풍부해지고 골프의 맛이 살아난다"[4]라는 명언을 남겼다. 김하늘 역시 슬럼프를 거듭하면서 풍부한 플레이어로 거듭났다. 그의 눈부신 기록도 숱한 슬럼프 속에서 탄생했기에 가치가 있다.

Why?
일본은 왜 한국 여자 선수를 영입했을까

JLPGA 투어 제도는 한국 여자골프 발전과 기이한 인연이 있다. 투어 제도 변경이 한국 여자골프 세계화에 커다란 전환점이 됐다.

1세대 선수들이 일본 무대를 누비던 1980년대는 QT 제도가 없었다. JLPGA 프로테스트를 통과한 선수는 월례대회에서 공인대회 출전권을 놓고 경쟁했다. 상금 시드를 잃은 선수는 매월 월례대회에 출전해 포인트를 쌓아야만 하반기 또는 다음 시즌 출전권을 되찾을 수 있었다. 그러나 월례대회에 제도적 허점이 노출되면서 1991년을 끝으로 더 이상 시행되지 않았다.

1992년부터는 통일예선회統一予選会라는 제도가 도입됐다. JLPGA 프로테스트를 통과한 선수는 지구예선회地区予選会를 치렀다. 그중 상위권 선수가 통일예선회에 참가해 공인대회 출전 우선순위를 가렸다. QT와 흡사한 방식인데, 전기와 후기로 나누어 두 차례 실시됐다는 점이 다르다.

2002년에는 TPD 비회원등록제(차후 TPD 단년등록제→TP 단년등록제로 변경)와 QT 제도가 신설됐다. JLPGA 비회원이라도 QT만 통과하면 1년간 단년등록자 신분으로 투어에서 활동할 수 있게 됐다. TPD는 토너먼트 플레이어스 디비전Tournament Players Division의 약자다. 오직 대회 출전만을 목적으로 하는 비회원 선수를 별도로 관리하되 대회 출전 기회를 열어주는 방식이다. 사실상 한국인에 대한 문호 개방이었다.

그렇다면 일본은 왜 그 시점에서 한국 여자 선수들에게 문호를 개방했던 걸까. '새로운 선수를 영입해 침체된 투어를 활성화해야 한다'는 목소리가 높아졌기 때문이다. 출범 이래 폐쇄적인 투어 제도를 고집해온 일본이었지만 1990년대 중반부터 지독한 흥행 부진을 겪으면서 문호 개방이라는 특단의 카드를 꺼내들었다. 투어 부흥을 위해 한국과 불편한 동행을 결심한 것이다.

일본의 위기가 우리에겐 기회였다. 세계무대로 뻗어갈 수 있는 길이 넓어졌다. 상위권 선수가 아니라도 일본에서 제 2의 골프 인생을 설계할 수 있게 된 점도 호재였다. 한국 여자골프의 세계무대 도약에 훌륭한 발판이 됐다.

2002년 개선된 투어 제도는 큰 틀에서 변화 없이 무려 18년간 이어졌다. 그 사이 JLPGA 투어엔 문호 개방 효과가 나타났다. 세계적인 선수들과 기량을 겨루면서 투어의 질적 향상에 크게 기여했다는 것이 대세론이다. 미야자토 아이, 요코미네 사쿠라 같은 스타 선수 등장도 컸다. 갤러리 수는 늘어났고, TV 시청률은 상승 곡선을 그렸다. 한국과 일본의 불편한 동행이 깨지지 않은 이유다.

5부

마지막 3세대가
남긴
극일의 과제

日 남성 팬 매료시킨 패셔니스타,
안신애 · 윤채영

2017년 JLPGA 투어는 두 미녀 골퍼의 출현으로 술렁였다. 주인공은 안신애와 윤채영이다.

안신애의 데뷔전은 기념비적이었다. 2017년 5월 시즌 첫 메이저 대회 월드 레이디스 챔피언십 살롱파스컵이 그 뜨거운 무대다. 대회장 이바라키현茨城県 이바라키골프클럽 서코스엔 연일 구름 관중이 몰려들었다. 이 대회는 매년 골든위크와 맞물린다. 한국에서 온 섹시퀸 안신애의 데뷔전과 겹치면서 평소보다 많은 갤러리가 대회장을 찾았다.

대회 3라운드는 어둠이 가시지 않은 새벽부터 구름 갤러리가 드라이빙레인지를 에워싸는 진풍경이 연출됐다. 오전 8시 티오프하는 안신애를 눈앞에서 보기 위해 모인 사람들이다. 샷 연습을 하던 안신애를 좀 더 가까이에서 지켜보려는 남성 팬이 대부분이다. 오전 6시 30분께 이미 많은 갤러리가 드라이빙레인지를 포위하다시피 했다. 가까이 다가가지 못한 사람들은 먼발치에서 쌍안경을 통해 안신애를 관찰했다. 일본 매체는 일제히 '섹시퀸 선풍'이라고 보도했다.

안신애는 일본 진출 전부터 한일 양국 미디어의 스포트라이트를 받았다. 스타 부재 속에서 불안한 호황을 이어가던 일본 골프계는 섹시퀸 선풍이 호재로 이어지길 바랐다. 골프 전문 매체『알바』는「섹시퀸이 일본 데뷔… 안신애가 메이저 첫 대회에 출전 결정」이라는 제목으로 대회 전부터 바람을 넣었다.

기대감은 곧 현실이 됐다. 대회장 갤러리는 증가했고, TV 시청률도 전년도 같은 대회보다 큰 폭으로 상승했다. 대회 1라운드는 1만 3,097명이 방문해 JLPGA 투어 역대 모든 대회를 통틀어 대회 첫날 입장객 수 최고 기록을 갈아치웠다.

일본 언론은 더 자극적인 제목으로 섹시퀸 선풍을 부추겼다. '무릎 위 30cm 미니스커트', '섹시한 풍모', '풍만한 가슴' 등 스포츠 기사로서 적정 수위를 넘나드는 표현이 쏟아져 나왔다. TV 스포츠뉴스는 기본이고 심야방송과 아침 와이드쇼에서도 안신애 소식을 경쟁하듯 다뤘다. 평소 골프의 골자도 몰랐던 사람이라도 안신애란 이름은 알고 있을 만큼 선풍 위력은 막강했다.[1]

재일교포 3세 스포츠 라이터 김명욱은 "모델 뺨치는 스타일과 초미니스커트 차림에 갤러리 시선이 고정됐다. 경기를 마친 뒤 사인회에도 팬들이 쇄도했다"[2]며 안신애의 데뷔전 첫날 풍경을 소개했다.

섹시퀸 선풍이 한창이던 그해 5월 후쿠오카현 구루메시久留米市의 하쿠토지伯東寺라는 사찰에 들른 적이 있다. 이 사찰의 주지 호소카와 센코細川千興로부터 '안신애는 어떤 선수입니까?'라는 질문을 받았다. 안신애를 어떻게 알았는지 그것이 신기하기도 했다. 그는 이렇게 말했다.

"골프는 전혀 모르지만 TV를 켤 때마다 안신애 이야기가 나온다.

모를 수가 없다."

1990년 12월 18일 서울에서 태어난 안신애는 초등학교 때 뉴질랜드로 이민을 떠나 정식으로 골프에 입문했다. 어릴 적부터 잘나가는 선수였다. 4년간 뉴질랜드 국가대표로 활동하다 한국으로 돌아와 KLPGA 드림 투어에 출전했다. 2009년엔 정규 투어에 데뷔했다.

데뷔 2년 차였던 2010년 여름은 절정의 샷을 품어냈다. 7월 SBS 투어 히든밸리 여자오픈에서 첫 우승했고, 8월 하이원리조트컵 SBS 채리티 여자오픈에서 다시 한번 우승컵을 거머쥐었다. 그 외에도 6월 S-OIL 챔피언스 인비테이셔널 준우승, 8월 볼빅 라일앤스코트 여자오픈 J골프 시리즈 4위, 같은 달 넵스 마스터피스와 LIG 클래식에선 준우승했다. 그해 상금순위 3위를 찍었다. 이후 오랜 슬럼프를 겪다 2015년 9월 메이저대회 이수그룹 KLPGA 챔피언십 우승으로 재기했다.

일본 진출 첫발을 내디딘 건 2017년이다. 데뷔전 월드 레이디스 챔피언십 살롱파스컵에는 2016년 챔피언 렉시 톰슨Lexi Thompson을 비롯해 2주 연속 우승을 노리던 김하늘, JLPGA 투어 최고 스타 이보미, 당시 KLPGA 투어에서 활동하던 고진영, 은퇴를 앞둔 미야자토 아이가 출전자 명단에 이름을 올렸다.

그중에서도 가장 주목받은 스타는 안신애였다. 대회 첫날 공동 53위에 머물렀지만 섹시퀸을 눈앞에서 보려는 일본 골프 팬들의 열기는 수그러들지 않았다. 둘째 날에도 1만 2,202명이 대회장을 찾았다.

팬 서비스는 감동이었다. 대회 첫날 무려 500명의 갤러리에게 사인을 해 관계자들을 놀라게 했다. 둘째 날도 200명에게 사인을 했다.

사인 일정이 없던 셋째 날에는 긴 줄을 늘어선 갤러리를 외면하지 못해 일정을 바꿨다. 팬들에게 사인을 해주는 것이 연습보다 중요하다고 판단했다.

김하늘의 2주 연속 우승으로 막을 내린 이 대회는 나흘간 유료 입장객이 4만 1,484명으로 집계됐다. 역대 갤러리 수 9위에 해당하는 기록이다. 골든위크에 스타 선수가 많이 참가한 것도 있지만 안신애의 섹시퀸 선풍 영향이 가장 컸다. 참고로 JLPGA 투어 사상 가장 많은 갤러리가 입장한 대회는 2005년 일본여자오픈(4만 8,677명)이다.

섹시퀸 선풍은 이어 열린 호켄노마도구치 레이디스에서도 이어졌다. 성적에 상관없이 매 대회 구름 관중이 몰렸다. 평소 골프에 관심이 없던 사람도 상당수였다. 투어 흥행에 큰불을 일으켰다.

문제는 따라주지 않는 경기력이었다. 2017년 데뷔 이후 단 한 차례도 톱10에 들지 못했다. 상금 시드 획득도 따내지 못했다.

다음은 고바야시 히로미가 본 안신애에 대한 의견이다.

"상위권 성적은 아니지만 인기가 좋아서 관심 있게 봐왔다. 경기력은 물론이고 팬 서비스에서도 일본 선수들이 배울 점이 많다. 실제로 안신애를 보며 많은 일본 선수가 자극을 받은 것 같다. 뛰어난 기술을 가진 선수다. (JLPGA 투어 대회) 출전 기회가 많지 않아서 낯선 코스에 적응하는 게 쉽지는 않을 것이다. 좀 더 시간이 필요할 수도 있다."

안신애 역시 부진한 성적으로 많은 스트레스를 받았다. 대회장에서 마주칠 때마다 근황을 물어보면 "매년 시드 걱정을 해야 하는 처지"라며 힘들어했다. 한국에선 단 한 차례도 시드 걱정을 해본 적이 없었다. 부담감을 떨쳐내기가 쉽지는 않았을 듯하다.

그를 쫓던 갤러리도 시나브로 사라져버렸다. 2018년 하반기로 기억한다. 안신애는 (갤러리가 줄어서) 오히려 마음이 편해졌다고 했다. 경기력이 올라가지 않은 상황에서 팬들이 과하게 관심을 보이면 부담이 된다는 것이다. 일리 있는 말이지만 씁쓸한 본심을 완벽하게 감추지는 못했다. 이전에 없던 어두운 그림자가 얼굴에 보였다. '사실은 나 힘들어'라고 말하는 것 같았다.

이미지에 타격을 입은 건 성적 때문만이 아니다. 규정 골프채 개수(14개) 초과로 벌타를 받은 뒤 기권한 일이 있다. 2017년 10월 노부타그룹 마스터스GC 레이디스에서다. 프로답지 못한 모습이었다.

사건 직후 안신애는 이렇게 말했다.

"20년간 골프를 하면서 처음 일어난 일이라 큰 충격을 받았다. 심장이 두근거려서 뭐라 표현하기 어려운 상태다. 좋은 공부를 했다."[3]

JGTO 통산 7승 미즈마키 요시노리水巻善典는 "선수와 캐디의 업무는 다르지만 골프채 개수 초과는 선수 책임이다. 확인을 소홀히 한 캐디에게 맡긴 것이 원인이다. 사람을 지나치게 믿기 때문에 확인하지 않았을 것"[4]이라며 질타했다.

일거수일투족이 언론의 표적이었다. 국내 데뷔 초기만 해도 이러지는 않았다. 좀 더 솔직히 말하면 관심을 갖는 기업이나 언론사가 많지 않았다. 비행기를 타고 2시간 날아갔을 뿐인데 완전히 딴 세상이었다. 달라진 환경이 편하지만은 않았다. 모든 언론과 팬들이 호의적이지만은 않을 것이라 생각하면 두렵기도 했다. 다음은 안신애가 밝힌 일본 데뷔 초기 심정이다.

"일본에도 잘 못했고, 아는 사람도 많지 않아서 외롭게 느껴졌다. 낯선 환경과 낯선 사람 속에서 이것저것 신경이 쓰이는 것도 많았다."[5]

인간 안신애에 대해서 한 걸음 더 들어가 보자. 한국에서 안신애를 처음 본 건 2008년 11월 전남 무안컨트리클럽에서다. KLPGA 투어 시드순위전에 출전한 281명 중 눈에 들어오는 선수가 몇몇 있었다. 클럽하우스 주변 연습 그린에선 제법 많은 선수의 몸 푸는 모습을 볼 수 있었다. 김해림, 이솔라, 장은비도 그 시기 QT를 봤다, 그중에서 호리호리하고 작은 몸으로 어프로치 연습을 하던 안신애가 눈에 띄었다. 볼을 자유자재로 가지고 놀 듯 원숙한 손놀림이 예사롭지 않았다. 아니나 다를까 정규 투어에서 훨훨 날아올랐다.

그는 천재 골퍼의 전형이다. 연습량이 많지 않은데도 볼을 다루는 솜씨가 좋았다. 화려한 플레이는 아니지만 그린 주변 쇼트게임을 잘해서 영리하게 타수를 줄였다. 여자 선수들 사이에서는 경계 대상이었다. 연습량이 많은 상위권 선수들은 '안신애가 노력까지 한다면 모든 대회에서 우승할 것'이라며 뼈있는 농담을 하곤 했다.

투어프로 코치 호리오 겐지堀尾研仁는 안신애의 쇼트게임 기술을 이렇게 분석했다.

"상당히 간결하고 기본에 충실한 스윙을 한다. 하체 움직임은 거의 없다. 척추를 축으로 하반신이 돌아간다. 몸과 팔을 완전히 고정시켜서 퍼트와 같은 방식으로 스윙하는 것이 정확한 쇼트게임의 비결인 것 같다."[6]

분위기를 잘 타는 무대 체질이기도 하다. 많은 사람의 시선이 집중되는 큰 무대에서 떨기는커녕 오히려 흥이 나서 플레이하는 편이다. 달리 표현하면 주목받는 걸 즐긴다. 많은 상금과 구름 갤러리가 몰리는 메이저대회에서 더 좋은 성적을 올릴 수 있었던 것도 그런 체질과 무관하지 않다. 안신애의 무대 본능이 깨어난 시점이 2010년 여름이다. 좋은 흐름을 오래 가져가지 못한 게 실수라면 실수였다. 자기 관리 실패다.

그런 면에서 JLPGA 투어 데뷔는 안신애의 골프 인생 전환점이었다. 9년간 KLPGA 투어에서 쌓인 권태감을 씻어내고 새로운 도전을 시작할 수 있었다. 이렇다 할 흥행 요소가 없던 일본 여자골프계도 안신애 섹시퀸 선풍에 눈과 귀를 기울였다.

안신애는 2017년 5월 2주 연속 출전한 월드 레이디스 챔피언십 살롱파스컵과 호켄노마도구치 레이디스를 마친 뒤 일본 언론과 인터뷰에서 "한국에서 뛴 지난 9년간 '나는 무엇이었나?'라는 생각이 들었다"고 털어놨다. 일본에서 받은 충격이 이 한마디에 고스란히 묻어있다.

이 말을 다른 측면으로 해석하면 '지금까지 나는 프로골퍼가 아니었다'라는 뜻으로도 풀이할 수 있다. 국내 프로골프 투어 환경에 대한 아쉬움을 우회적으로 표현한 말처럼 들린다. 거기까지 생각했는지는 모르겠지만 상당히 울림이 강한 한마디였던 건 분명하다.

안신애는 보기와 달리 털털하고 남자 같은 성격이다. 처음 만난 사람과도 거리낌 없이 친해지는 쾌활함을 지녔다. 인사성도 바르다. 모든 사람에게 친절하다. 허점도 많다. 조심성이 부족하고 지나치게 쿨하다는 지적도 있다. KLPGA 투어 데뷔 초기에는 치마를 입고도 조심성

없이 행동하면서 일부 짓궂은 사진 기자들의 표적이 되기도 했다.

안신애는 일본에서도 사진 기자들을 몰고 다녔다. 데뷔전에선 어림잡아 20명 정도가 그를 따라 움직였다. 일본 사진 기자들에게 안신애는 신선한 충격이었을 듯하다.

일본에선 카메라를 향해 반응하는 선수가 많지 않다. 황금세대 미우라 모모카三浦桃香는 2018년 3월 악사 레이디스 골프 토너먼트 in 미야자키 최종 3라운드에서 TV 카메라를 향해 웃으며 손을 흔들었다가 TV 해설자에게 쓴소리를 들었다. 경기에 집중하지 않았다는 이유에서다. 미야자토 아이처럼 부리부리한 눈으로 진중하게 경기하기를 바랐던 것 같다. 요즘 시대와는 전혀 어울리지 않는다.

황금세대는 일본 대회장 풍경을 다각적으로 변화시켰다. 미우라 모모카를 비롯해 하라 에리카, 나가이 가나永井花奈 등은 경기 중에도 카메라를 보면 그냥 지나치지 않을 만큼 끼가 많다. 기성세대와는 생각도 행동도 다르다. 플레이 스타일도 많이 다르다. 한국 선수 영향이라고 보는 사람도 있는데, 그보다 자연스러운 사회 현상으로 해석하는 것이 옳을 듯하다.

한 가지만 예를 들어보겠다. 황금세대는 기성세대에 비해 치마 길이가 많이 짧다. 보기가 민망하다는 사람도 있다. 몸매가 훤히 드러날 만큼 몸에 착 달라붙는 의상을 입고 플레이하는 선수도 꾀 많다. 얼핏 보면 이보미, 김하늘, 안신애 같은 한국 선수들의 패션 따라 하기 같다. 그러나 이 역시 사회 현상으로 봐야 한다.

안신애의 섹시 콘셉트는 의류 후원사 아디다스의 전략적 마케팅이기도 했다. 치마를 일부러 짧게 제작해 안신애의 섹시한 매력을 부각했다. 안신애 의견도 일정 부분 반영이 됐으나 의도와 무관하게 짧게 제작된 치마를 받아 들 때가 많았다. 선수가 대회 의상을 온전히 자기 의지대로 선택할 순 없다는 뜻이다. 안신애의 섹시 콘셉트를 활용한 마케팅은 골프계 비주류에서 주류로 자리 잡은 2030세대 공략에 쏠쏠한 재미를 본 것으로 알려졌다.

일본도 비슷하다. 선수 의상에는 의류 후원사의 마케팅 전략이 고스란히 녹아 있다. 유명 선수의 의류 콘셉트만으로도 골프의류 트렌드를 읽을 수 있다. 선수들의 의상이 더 짧고 과감해졌다는 건 그것을 요구하는 소비자가 그만큼 많다는 걸 의미한다.

안신애의 일본 무대 데뷔는 한국 여자골프의 JLPGA 투어 도전사를 통틀어 가장 강렬하고 파급력이 컸던 사건이라고 해도 과언이 아니다. 파격적인 패션 스타일로 언론의 주목을 끌었고, 완벽에 가까운 팬 서비스로 갤러리를 매료시켰다. 2018년 5월에는 일본에서 화보집을 발간하며 필드 밖에서도 활발한 활동을 이어갔다.

엔터테인먼트에 치우친 행보라며 우려를 나타내는 사람도 많다. 스포츠는 결코 엔터테인먼트가 될 수 없다는 이유에서다.

한국외대 국제스포츠레저학부 교수 박성희는 현대 스포츠의 엔터테인먼트화에 대해 "미녀 스타나 미남 스타를 활용한 마케팅은 해당 종목의 흥행과 붐 조성을 위해 반드시 필요하지만 정답은 아니다. 경기 수준과 환경을 개선하지 않고 단순히 눈길을 끄는 데만 집착한다면 장기 흥행은 있을 수 없다"[7]고 지적한 바 있다. 안신애가 반드시 넘어야

할 산이다.

안신애만큼은 아니지만 미녀 골퍼 선풍을 일으킨 또 한 명의 스타가 있다. 윤채영이다. 그는 2016년 4월 일본 시즈오카현 가쓰라기골프클럽 야마나코스에서 일본 골프 팬과 관계자들의 눈도장을 찍었다. 난코스로 손꼽히는 이곳에서 JLPGA 투어 시즌 5번째 대회 야마하 레이디스 오픈 가쓰라기 최종 4라운드가 열렸다. 챔피언 조로 출발한 세 선수가 모두 한국인이라는 점이 흥미롭다. 베테랑 이지희, 파이널 퀸 신지애, 후원사 초청으로 참가한 윤채영이다.

3라운드까지 단독 선두였던 윤채영은 마지막 날 이븐파를 쳐 이지희에게 역전 우승을 허용했다. 신지애는 2위, 윤채영은 와타나베 아야카渡邊彩香와 공동 3위를 차지했다. 비록 우승은 놓쳤지만 초청 선수로서 생소한 코스에서 거둔 결실이어서 의미가 있었다. 무엇보다 윤채영이란 이름 석 자를 알렸다. 대회 첫날 경기 후에는 한국에서 온 미녀 골퍼 윤채영의 사인을 받기 위해 몰려든 갤러리들이 끝도 보이지 않을 만큼 긴 줄을 늘어서 관계자들마저 당혹스럽게 했다.

일본 미디어는 윤채영의 미모와 패션에 각별한 의미를 부여했다. 대회 3·4라운드 TV 중계를 맡은 BS아사히는 "실력과 미모를 갖춰 한국에서 큰 인기를 얻고 있는 선수인데, (이 대회를 통해) 일본에서도 인기가 올라갈 것 같다. 이보미 인기도 대단하지만, 이 선수가 일본 투어에 데뷔한다면…"이라고 소개해 JLPGA 투어 데뷔에 대한 기대감을 내비치기도 했다.

윤채영은 1987년 3월 5일 서울에서 태어났다. 초등학교 5학년 때 골프를 시작해 아마추어 시절 국가대표 상비군을 지냈다. 2005년에는 KLPGA 제니아 엔조이 투어를 거쳐 2006년 정규 투어에 데뷔했다.

프로 입문 후에는 꾸준히 상위권을 유지했다. 우승은 쉽지 않았다. 데뷔 9년차에야 첫 우승을 일궜다. 2014년 제주 삼다수 마스터즈에서다. 장수연, 김해림과 연장전까지 가는 접전 끝에 프로 데뷔 후 160개 대회 만에 마수걸이 우승을 캐냈다.

윤채영이 일본 필드를 처음 밟은 건 2014년 4월로 거슬러 올라간다. 그때도 골프채 후원사 야마하의 초청을 받아 야마하 레이디스 오픈 가쓰라기에 참가했다. 성적은 공동 23위였다.

2년 뒤 같은 대회에 다시 출전했다. 이번에는 예상 밖 선전을 펼쳤다. 성적도 성적이지만 현지 언론으로부터 '팔등신 미녀 골퍼'로 소개돼 우승자 못지않은 주목을 받았다. 윤채영의 골프 인생 전환점이었다.

국내 투어로 복귀한 윤채영은 현실에 안주하는 자신의 모습에서 상실감을 느꼈다. 고민은 길지 않았다. 그해 JLPGA 투어 QT에 출전해 2017년 출전권을 얻었다. '일본에서 같이 뛰자'며 꼬드기던 김하늘, 이보미도 윤채영의 갑작스러운 일본행에 일정 부분 영향을 준 듯하다.[8]

일본 데뷔는 대성공이었다. 데뷔 첫해 3,484만 6,044엔(약 3억 5,000만 원)을 벌어 상금순위 35위를 차지했고, 이듬해엔 개막전 다이킨 오키드 레이디스 준우승, 악사 레이디스 골프 토너먼트 in 미야자키 공동 3위에 오르며 5,560만 1,586엔(약 5억 6,000만 원)의 상금을 벌어들였다. 상금순위는 17위에 올라 JLPGA 정회원 자격을 얻었다. 그는 단년등록자 신분이었으나 2018년 JLPGA 투어 제도 변경에 따라 그해 상금 시드 유지 선수에게 주는 정회원 혜택을 받았다.

윤채영의 성공 비결은 풍부한 경험과 기복 없는 플레이에 있었다. 그리 화려한 플레이는 아니지만 세계 최강을 자랑하는 KLPGA 투어에서 11년간 꾸준한 성적을 유지할 만큼 탄탄한 기본기를 갖췄다. 풍부한 경험에서 우러난 관록의 플레이는 낯선 일본 코스에서도 힘을 발휘했다.

윤채영은 플레이에 맛과 색깔을 입힐 줄 안다. 구질을 자유자재로 구사한다. 평상시는 방향 컨트롤을 위해 페이드를 구사하는데, 상황에 따라서는 드로우도 잘 친다. 낯선 코스에서도 꾸준한 성적을 낼 수 있었던 또 다른 비결이다.

거리보다 방향 컨트롤이 장기라는 점도 일본 코스에서 통했다. 2018년 드라이브샷 평균 비거리는 85위였으나, 페어웨이 안착률은 6위에 오를 만큼 빼어난 정확도를 뽐냈다. 2019년에도 드라이브샷 평균 비거리는 81위, 페어웨이 안착률은 6위를 차지, 정확도 게임의 승부사임을 다시 한 번 증명했다.

그에게 일본 진출은 숙명이었다. 일본 무대 첫 경험이었던 2014년 야마하 레이디스 오픈 가쓰라기에선 일본 코스와 투어 환경에 미묘한 끌림을 느꼈다. 2017년 JLPGA 투어 데뷔 후에는 적응이라는 말이 무색할 만큼 일본 생활에 자연스럽게 스며들었다.

몇 가지 적응이 필요했던 건 공사 구분이 확실한 일본인의 라이프 스타일과 좁고 답답한 호텔 생활 정도였다. 윤채영은 매주 호텔을 옮겨 다니며 투어 생활을 했다. 대회 일정이 없는 주는 한국으로 돌아왔다. 그렇지 않은 날은 대부분 호텔에서 시간을 보냈다. 혼밥에도 익숙해졌다.

일본 음식은 대부분 입에 잘 맞았다. 평소에도 일본 음식을 즐겨 먹는다. 낫토納豆(삶은 대두를 발효 숙성시켜 만든 일본의 발효식품)는 현지인보다 더 좋아한다. 낫토를 젓가락으로 마구 비벼서 거품을 충분히 만들어낸 뒤 달걀까지 풀어 넣어 먹을 정도다. 일본 생활을 시작하면서 거의 매일 낫토를 먹었다. 한국 음식이 생각날 땐 한국 식당을 찾아다니기도 했다.[9]

JLPGA 투어 데뷔 첫해부터 많은 갤러리가 따라붙었다. 처음엔 대부분 남성 팬이었는데, 2018년부터는 여성 팬도 눈에 들어왔다. 그들에게 '왜 윤채영을 응원하냐'고 물었더니 '예쁜 스윙이 부럽다', '스타일이 멋있다', '피부가 깨끗해서 좋다' 등 미모와 패션·뷰티에 끌린다는 답변이 다수였다.

윤채영의 에이전시 윤상준은 "(JLPGA 투어는) 한국과 달리 30세 이상 현역 선수가 많아 동기 부여가 된다. 대회장 이동 거리도 그다지 길지 않아 체력 소모가 적다. 후원사(일본 데뷔 당시는 한화큐셀)의 적극적인 지원도 컸다"며 윤채영이 서른을 넘긴 나이에도 일본에 안착할 수 있었던 배경을 설명했다.

결코 쉽지 않은 결정이었다. 서른을 넘긴 나이에 타지에서 새로운 도전을 시작하기란 말처럼 쉬운 일이 아니다. 기술은 말할 것도 없고 체력도 내리막길에 접어든 나이였기에 더 많은 노력이 요구됐다.

KLPGA 투어는 2010년대 후반부터 연간 30개 이상 대회가 열릴 만큼 호황을 누렸다. 상금순위 50위 이내에만 들어도 한 시즌 대회 상금으로 1억 2,000만 원 이상을 번다. 시드를 가진 거의 모든 선수는 기업과 클럽, 의류 후원까지 보장된다. 윤채영이 일본에 진출하지 않았다면 존경받는 베테랑으로서 이 모든 혜택을 누리며 안정된 투어 생활을 이어갈 수 있었다.

선수들의 경기력을 등에 업고 양적 성장을 이룬 KLPGA 투어는 질적 성장이 동반되지 않았다는 점을 지적하고 싶다. 대회장 안에 모든 연습 환경을 갖춰 선수들이 경기에만 전념할 수 있도록 한 일본에 비하면 개선해야 할 것이 많다. 인정하기 싫어도 사실이 그렇다. 한국에서 인정받던 베테랑 선수가 일본으로 떠난 이유를 생각해보면 답이 쉽게 나온다.

국내 투어에선 서른이란 나이가 프로골퍼 인생 끝자락처럼 느껴진다. 프로골퍼로서 30대는 20대 선수들에게서 볼 수 없는 깊이 있는 플레이가 가능한 나이다. 힘에 의존하지 않고 영리한 코스 매니지먼트로 타수를 줄여가는 아기자기한 플레이도 기대할볼 수 있다. 이지희, 전미정, 안선주, 신지애처럼 30세 이후 일본에서 농익은 경기를 펼친 한국 선수들만 봐도 베테랑의 존재 이유를 분명하게 알 수 있다.

일본이 극찬한 파워 페이더, **이민영**

일본 후쿠오카컨트리클럽 와지로코스는 한국인 우승 텃밭이다. JR 가고시마혼센鹿児島本線 홋코다이마에福工大前역과 규산다이마에九産大前역 인근 조용한 마을에 자리한 이 골프장은 1952년 문을 연 규슈 명문이다. 굴곡이 심한 구릉 코스로 페어웨이가 좁고 그린이 까다로워 당대 최고의 샷메이커가 아니면 우승은 꿈도 꾸지 못한다.

이 코스에선 2012년부터 JLPGA 투어 호켄노마도구치 레이디스가 열렸다. 2020년까지 8명의 챔피언이 배출됐는데, 5번이나 한국 선수가 우승 트로피를 가져갔다. 훈도킨 레이디스라는 대회명으로 치러진 2012년엔 박인비가 우승했고, 2014년과 2015년은 이보미, 2016년 신지애, 2019년 5월엔 이민영이 당대 최고의 샷메이커임을 우승으로서 입증했다.

이민영의 우승은 각별한 의미가 있었다. 2018년 3월 개막전 다이킨 오키드 레이디스 골프 토너먼트 이후 1년 2개월간의 침묵을 깨고 장식한 JLPGA 투어 통산 4번째 우승이었다. 2018년 말 허리 부상 이후 첫 우승이기도 했다. 일본 언론은 '샷메이커 이민영의 부활'이라며 의미를 부여했다.

이민영은 1년 여 만의 우승이었음에도 불구하고 마치 맡겨놓은 우승컵을 찾아가는 선수 같았다. 그만큼 우승 트로피를 든 모습이 자연스럽게 느껴졌다. 시즌 초부터 컨디션이 좋아 보였다. 언제 어떤 대회에서 우승을 해도 전혀 놀랄 일이 아니었다.

후쿠오카컨트리클럽 와지로코스는 이민영의 플레이 스타일과 궁합이 잘 맞는다. 이 대회 역대 우승자들은 샷 정확도가 뛰어난 선수들이라는 걸 앞에서도 언급했다. 단 한 차례도 이변은 없었다. 2019년에도 이변은 일어나지 않았다.

샷 감이 좋았다. 대회 사흘간 그린 적중률 79.629%로 2위를 기록할 만큼 전체적으로 안정된 게임을 했다. 최종 3라운드 18번홀(파5)에서는 애매한 지점에 놓인 3m 거리 위닝 퍼트를 자신 있게 컵 속에 밀어넣으며 승리를 자축했다. 2017년에도 이 대회에서 준우승을 차지했던 터라 자신감도 있었다.

경기 외적인 면을 봐도 흥미로운 게 많다. 후쿠오카컨트리클럽 와지로코스는 프로골퍼들에게 피로감이 덜한 지리적 특성을 지녔다. 후쿠오카공항에서 대회장까지 자동차로 약 25분 거리다. 선수나 관계자들은 대회장 인근 AZ호텔에서 숙박을 하는데, 자동차로 6~7분이면 도착한다. 숙박 요금이 합리적인 데다 시설도 괜찮다. 번화가 하카타博多나 덴진天神도 20분이면 갈 수 있다.

대회장에서 가까운 호텔은 이점이 많다. 도로 위에서 버리는 시간을 줄일 수 있다. 악천후로 경기가 중단되더라도 호텔로 돌아가 휴식을 취하면 된다. 2017년 일본여자프로골프선수권대회 코니카 미놀타 컵에서 우승한 이지희도 가까운 호텔 덕을 톡톡히 봤다. 마지막 날 악천후로 3시간가량 경기가 지연됐는데, 호텔로 돌아가 음악을 들으면서 체력을 비축했다.

후쿠오카는 미식의 도시로 알려질 만큼 먹을거리가 많다. 식사하기에도 편하다. 그래서 후쿠오카에서 열리는 대회는 선수들에게 인기가 좋다. 한국 선수들에겐 더 많은 이점이 있다. 후쿠오카공항에서 인천공항까지 비행시간은 1시간대로 나리타成田공항이나 하네다공항으로 가는 거리와 비슷하다. 대회를 마친 뒤에는 한국에서 휴식을 취한 뒤 다시 일본으로 떠나는 일정을 짜는 것도 괜찮다.

후쿠오카뿐만 아니라 미야자키나 구마모토도 비슷한 환경이다. '미야자키의 여왕'이라 불릴 만큼 미야자키에서 좋은 플레이를 했던 김하늘도 이러한 이유 때문에 규슈에서 열리는 대회를 좋아했다. 겨울철 해외 골프 여행 상품 중 후쿠오카나 미야자키가 아마추어 골퍼들에게 인기를 끌었던 이유도 이 때문이다. 한일 관계가 나빠지고 코로나19가 확산되면서 일본으로 가는 골프 여행 상품은 거의 사라졌다.

교통이 편리하다 보니 한국인 갤러리도 적지 않다. 2019년에는 이민영에게 반가운 손님이 찾아왔다. 스윙 코치 민해식이다. 이민영의 JLPGA 투어 데뷔에 다리를 놓은 인물이다. 이민영이 가장 믿고 따르는 존재이기도 하다. 민해식은 이민영이 허리 부상 회복 후 불안해하던 스윙에 확신을 심어줬다. 이 모든 조건이 맞아떨어진 대회가 2019년 호켄 노마도구치 레이디스다.

이민영은 1992년 3월 13일 경기도 부천에서 태어났다. 어릴 적 TV를 보다 골프에 흥미를 느꼈다. TV 속에서 본 동경의 대상이 누구였는지는 본인도 기억하지 못한다. '박세리가 아니었을까' 짐작만 할 뿐이다.

이민영의 아버지는 정육점을, 어머니는 화장품 가게를 운영했다. 골프를 배울 만큼 여유 있는 형편은 아니었다. 어느 날 아버지의 정육점을 찾아갔다. 뜬금없이 골프가 하고 싶다고 했다. 아버지는 묻지도 따지지도 않았다. 스포츠센터에 딸린 실내 골프연습장 이용권을 끊어줬다. 그곳이 이민영의 골프 인생 출발대가 됐다.

골프를 본격적으로 시작하면서 경기도 용인시 88컨트리클럽과 경기도 포천시 베어스타운 리조트 골프장에서 운동하는 일이 많았다. 가게 일로 늘 바빴던 부모님 도움은 받지 못했다. 어린 나이에 무거운 골프백을 메고 지하철과 버스를 갈아타며 집과 골프장을 오갔다.

골프 시작 전엔 태권도를 했다. 6살 때 태권도복을 입자마자 국가대표가 되는 꿈을 꿨다. 초등학교 1·2학년 어린 나이에도 합숙을 하며 대회에 나갔다. 결과는 좋지 않았다. 나갔다하면 맞고 들어왔다. 분해서 펑펑 운 일도 있다. 그날 관장으로부터 태권도를 그만두라는 청천벽력 같은 말을 들었다. 서러워서 또 울었다. 결과적으론 잘된 일이었다. 그때 태권도를 그만두지 않았다면 어떻게 됐을까. 향후 10년은커녕 한 치 앞도 알 수 없는 게 인생인 것 같다.

골프 입문 후는 탄탄대로가 펼쳐졌다. 대전체중 재학 시절이던 2007년에 주니어상비군이 됐고, 대전체고 재학 시절엔 2년간 국가대표 상비군을 지냈다. 2012년에는 KLPGA 투어에 정식 데뷔해 2015년 3월 신장암 수술을 받기 전까지 3승을 올리며 한국 여자 프로골프 간판으로 자리매김했다. 이듬해 7월 금호타이어 여자오픈에서는 신장암 수술 후유증을 극복하고 국내 투어 개인 통산 4승을 쌓았다.

목표는 LPGA 투어였다. 하지만 미국 진출 꿈을 접고 일본으로 향했다. 이유는 크게 두 가지였다. 스스로 실력이 모자라다고 느낀 것이 첫 번째였고, 신장암 수술 후 건강에 확신이 없었던 것이 두 번째다.

미국행을 포기한 뒤에는 목표가 사라졌다. 그때 민해식에게 일본 진출을 권유받았다. 민해식은 일본에서 대학을 나와 일본어를 잘했다. 현지 정보도 빨랐다. 지인도 많아서 일본 무대 적응에 도움을 받을 수 있을 거라 생각했다. 플레이 스타일이 일본 코스와 잘 맞을 거란 말을 듣고 더 이상 고민하지 않았다.

예상은 적중했다. 이민영은 일본 문화와 환경에 빠르게 적응했다. 흐릿했던 목표 의식도 제 빛깔을 찾아갔다. 골프에 대한 흥미도 되찾았다. 낯선 곳에 정착하면서 골프 외에도 머리를 식히거나 기분을 전환할 수 있게 됐다.

일본 진출 첫해였던 2017년 시즌 5번째 대회 야마하 레이디스 오픈 가쓰라기에서는 첫 우승을 신고했다. 3라운드부터 단독 선두로 나선 이민영은 장타자 와타나베 아야카와 우승 경쟁 끝에 한 타 차 정상에 올랐다. 7월 열린 닛폰햄 레이디스 클래식에서도 우승 트로피를 들었다. 김하늘을 6타 차 2위로 따돌린 완벽한 승리였다. 그해 2승으로 상금순위 2위, 메르세데스랭킹과 평균타수 3위에 올랐다. 연말 JLPGA

어워드에서는 감투상을 받았다.

2017년 JLPGA 투어에 데뷔한 또 한 명의 스타플레이어는 김해림이다. KLPGA 투어에서 활동하다 그해 7월 초청 선수로서 사만사타바사 걸스 컬렉션 레이디스 토너먼트에 참가해 깜짝 우승을 달성했다. 이 우승으로 JLPGA 투어 시드를 따내 그해 가을 일본여자오픈(공동 5위)부터 일본에서 뛰었다.

결과는 기대와 달랐다. 뚜렷한 활약을 펼치지 못했다. 한국에서처럼 날카로운 아이언샷도 보여주지 못했다. 이듬해 상금 시드 획득에도 실패했다. 2018년 11월 다이오제지 엘르에어 레이디스 오픈(공동 22위)은 일본에서 치른 마지막 대회다.

그에 반해 이민영은 한국보다 일본에서 더 좋은 경기를 했다. 흔치 않은 경우다. 2018년 개막전 다이킨 오키드 레이디스 골프 토너먼트에서는 일찌감치 시즌 첫 승이자 개인 세 번째 우승을 달성했다. 윤채영을 2타 차 2위로 밀어냈다. 그해 상금순위는 18위, 메르세데스랭킹 29위, 평균타수 12위를 차지했다. 데뷔 첫해보다 못한 성적이지만 시즌 중에 허리를 다쳐 고생했던 것을 감안하면 나쁘지 않은 성적이다.

허리 부상에서 자유로워진 2019년에는 한국인 에이스로 발돋움했다. 호켄노마도구치 레이디스 골프 토너먼트와 골프5 레이디스 프로 골프 토너먼트에서 우승하며 개인 통산 5승째를 장식했다.

이민영은 JLPGA 투어에서 샷이 가장 정확한 선수로 손꼽힌다. 2017년 그린 적중률 1위와 샷 종합평가 지수인 볼 스트라이킹(드라이빙 지수와 그린 적중률을 합산한 순위) 3년(2017~2019) 연속 1위가 그것을 입증한다.

특히 아이언샷에 강점이 있다. 투어프로 코치 쓰지무라 하루유키는 "(이민영은) 아이언샷이 최대 무기다. 구질인 파워 페이드는 안선주, 이보미 같은 드로우 히터가 많은 여자 투어에서 이채로운 볼거리다. 어드레스 때보다 시선이 더 오른쪽을 향할 만큼 몸이 완전히 닫힌 상태에서 임팩트가 이루어지기 때문에 파워 페이드가 만들어진다"[1]고 분석했다.

2019년 5월 후쿠오카에서 만난 민해식은 "플레이가 와일드하지는 않다. 코스를 영리하게 공략하면서 페어웨이를 지키고 그린 적중률을 높이는 콘셉트다. 일본 (골프장)은 나무가 많고 러프가 길어서 코스 매니지먼트를 잘 해야 좋은 타수가 나온다. 플레이 스타일이 일본 코스와 잘 맞을 거라 생각해서 권유를 했는데 솔직히 기대 이상이다"라며 만족감을 드러냈다.

단점은 퍼팅이다. 퍼트 성적만 놓고 보면 상위권 선수라고 할 수가 없다. 2승을 올린 2017년 파온 홀 평균퍼트는 1.7947개로 11위, 라운드당 평균퍼트 29.8261개로 45위에 머물렀다. 2018년에는 두 부문 순위가 41위와 71위까지 떨어졌다. 그런 상황에서도 그린 적중률 3위, 볼 스타라이킹은 1위를 지켰다. 상금순위 18위로 2년 연속 시즌 최종전 투어 챔피언십 리코컵 출전 자격을 얻은 비결이다.

그런 면에서 구옥희와 닮은꼴이다. 단 한 차례도 평균퍼트 10위 이내에 진입한 적이 없던 구옥희가 투어 통산 23승을 올릴 수 있었던 원동력도 당대 최고의 아이언샷에 있었다. 1996년부터 2002년까지 그린 적중률 3위 밑으로 내려간 일이 없을 만큼 높은 샷 정확도를 뽐냈다.

이민영에게 위기가 찾아온 건 2018년 11월이다. 다이오제지 엘르 에어 레이디스 오픈에서 허리를 다쳐 기권했다. 투어 챔피언십 리코컵 은 출전 자격을 갖추고도 참가하지 못했다. 그나마 다행이었다. 시즌 초반 부상을 당했다면 한해 농사를 몽땅 접어야 했다.

이듬해 1월 중순까지 골프채를 놓고 재활치료에 집중했다. 휴식 기에 연습이라곤 베트남에서 치른 3주짜리 전지훈련이 전부다. 그것도 재활치료와 병행한 것이어서 시즌 개막 전까지 관계자들의 마음을 졸 였다.[2]

부상과 훈련 부족에도 이민영의 샷 감은 떨어지지 않았다. 개막 전 다이킨 오키드 레이디스 골프 토너먼트에서 예선 탈락했지만 금세 감을 잡았다. 전체적인 경기 내용은 이전 두 시즌보다 성숙한 느낌까지 들었다. 마음의 여유를 되찾았는지 표정도 밝았다.

이민영 역시 일본 무대 데뷔 후 진화된 경기력을 피부로 느낀다 고 했다. 2019년 3월 미야자키에서 만난 그는 "일본에 와서 골프가 많 이 늘었다. 한국에 있을 때보다 세련된 느낌이다. 특히 그린 주변 플레 이가 깔끔해졌다"고 자평했다.

일본 데뷔 전부터 코스와 잔디 적응을 도와준 민해식의 조언이 컸다.

민해식은 국가대표 출신으로 니혼대학에서 골프를 전공했다. 오 야마 시호를 비롯해 마루야마 시게키, 가타야마 신고片山晋呉, 다지마 소 시, 미야모토 가쓰마사宮本勝昌 같은 스타 선수들이 니혼대학 골프부 출신이다.

이민영은 20살 때부터 민해식에게 지도를 받았다. 스윙뿐만 아니라 정신적으로도 의지가 됐다. 민해식은 대회장 주변 맛집도 많이 안다. 그를 따라 대회장 주변 맛집을 다니는 일도 재미가 쏠쏠했다. 기억나는 맛집이나 음식이 있냐고 물었더니 "후쿠오카에서 먹은 규카쓰(비후까스)가 대박"이라고 했다.

늘 맛좋은 음식만 골라먹는 건 아니다. 혼자 있을 땐 식사를 대충하는 편이다. 편의점에서 삼각김밥을 사다 혼자 먹을 때도 많다. 낯선 이국땅에서 이정도 고독은 감내해야 한다.

이민영이 일본에서 제 2의 황금기를 열 수 있었던 건 선수를 최우선하는 일본의 투어 환경과 무관하지 않다. 앞에서도 언급했지만 좀 더 구체적으로 예를 들어보겠다.

JLPGA 투어는 대회 기간에 비어 있는 홀을 드라이빙레인지로 조성한다. 실제 대회가 열리는 코스, 그것도 푸른 잔디 위에서 드라이버부터 웨지까지 모든 클럽을 점검할 수 있다. 타석과 골프공은 무료로 무한 제공된다. 어프로치와 벙커 연습장도 실전 코스와 똑같은 조건이다. 샷 연습을 위해 대회장 밖 연습장을 전전하던 한국 선수들이 JLPGA 투어 환경에 매료되는 건 당연한 일이었다.

갤러리 관전 환경도 좋다. 대회장과 인근 전철역을 오가는 무료 셔틀버스가 정해진 시간에 수시 운행된다. 페어웨이 한복판엔 갤러리 플라자를 조성해 지역별 특산물과 먹을거리, 가벼운 쇼핑을 즐길 수 있다. 갤러리 플라자에는 뜨거운 햇볕이나 비를 피할 수 있는 대형 텐트가 설치된다. 그곳에서 음식을 먹으며 휴식을 취하거나 대형 스크린을 통해 경기를 관전한다. 페어웨이와 벙커는 어린아이들 놀이터로 변신한다. 국내 대회장처럼 갤러리 이동로를 끊임없이 지나다니는 카트도 거의 없다. 갤러리 관전 환경이 좋은 만큼 대회장을 찾는 갤러리가 많다. 많은 갤러리가 선수들을 응원한다. 응원의 힘은 좋은 경기력으로 이어진다.

'그렇게 안 해도 한국 여자골프는 세계 최강이다'라고 생각하는 사람이 있다면 한마디만 해두고 싶다. 우리는 골프 선진국이 아니다. 여자 선수들의 경기력만 강한 여자골프 강국일 뿐이다. 산업이 진보하지 못하면 일본의 손에서 영원히 벗어나지 못한다.

일본 프로골프 투어 환경을 무조건 따라하자는 게 아니다. 우리보다 못한 건 무시하면 된다. 잘하는 건 참고하든 벤치마킹해서 우리 것으로 만들어야 한다. 그것이 완전한 극일이다.

다시 이민영의 이야기를 하겠다. 이민영의 또 다른 성공 비결은 과하지도 모자라지도 않은 목표 설정이었다. 데뷔 첫해 2승으로 상금 순위 2위에 오른 이민영은 2년 차 목표를 무리하게 상향 조정하지 않았다. 부상으로 출전하지 못하는 대회가 없도록 하는 것이 목표라고 했다. 우승도 좋지만 거기에 매달리고 싶진 않다는 것이다.

이민영은 영리하면서 성취동기가 대단히 높은 선수다. 성취동기란 어려운 과제를 성공적으로 수행하려는 욕구를 말한다. 성취동기가 높은 사람일수록 적절한 목표설정, 즉 성취 가능성이 적절한 수준의 과제를 선택한다. 예를 들면 터무니없이 어려운 목표를 설정하거나 쉽게 달성할 수 있는 목표를 세우는 것이 아니라 성취 가능성과 실패 가능성이 반반 또는 약간 어려운 목표를 잡는다. 대부분 성공 가능성이 50%일 때 목표 달성을 위해 가장 적극적인 모습을 보인다.[3]

이민영의 일본 생활을 좀 더 구체적으로 들여다보겠다. 사는 곳은 도쿄 미나토구 시나가와역 근처 맨션이다. 시나가와역은 도쿄 제2의 터미널이라 불릴 만큼 교통 요지이자 번화가다. 소니 본사도 근처에 있다. 처음엔 오다이바お台場가 한눈에 내다보이는 호화로운 집이었다. 지하 주차장에 들어가면 입이 떡 벌어질 만큼 비싼 차들이 즐비해 있다. 기가 죽는다. 사람 냄새나 따뜻한 느낌은 전혀 없다. 젊은 나이에 거만해지는 기분이 싫었다. 얼마 지나지 않아 근처 오래된 맨션으로 이사하면서 사치스러운 집과 이별했다. 이사한 집은 역세권인 데다 도로 교통도 좋았다. 오히려 마음이 편했다.

일본 진출 전에는 현지에서 집을 구해 살아보는 게 로망이었다. 살아보니 불편한 게 많았다. 온돌이 아니라서 춥게 느껴졌다. 따뜻한 봄날인데도 집은 추웠다. 집밖이 더 따뜻했다. 집은 한국이 좋다는 걸 외국에 나가 살면서 알게 됐다.

성격은 읽기가 쉽지 않다. 경기 중엔 포커페이스다. 침착해 보인다. 실제론 변덕이 심하고 충동적인 면이 있다. 감정 기복도 심한 편이다. 들쑥날쑥한 성격 때문에 일본에서 힘든 시기를 보낼 수도 있다는 생각을 했는데, 투어 생활을 슬기롭게 했다. 일본 진출 초기 찾아온 우승 기회를 놓치지 않은 건 이민영의 저력이면서 행운이었다.

대회장을 옮겨 다니면서 맛집과 관광지를 찾는 것도 좋아한다.

기억나는 관광지가 있었냐고 물었더니 망설임 없이 가고시마 이부스키(모래찜질)를 꼽았다. 바람이 차가운 날이라도 모래 안은 따뜻했다. 뭉쳐 있던 근육이 녹아내리는 기분이었다고 한다. 모래찜질 효과였을까. 그 주(2017년 3월) 열린 티포인트 레이디스 골프 토너먼트에서 공동 8위를 차지해 일본 진출 후 최고 성적을 냈다. 2주 뒤 야마하 레이디스 오픈 가쓰라기에서는 JLPGA 투어 첫 우승을 달성했다. 자신의 골프 인생에서 가장 기억에 남는 우승이 됐다. 첫 우승 전까지는 일본에서 신인으로 다시 시작하는 상황이었다. 프로암에도 출전하지 못해 나름 자존심이 상해 있었다.

민해식은 전미정의 형부이자 스윙 코치인 김종철과 초등학교 동창이다. 겨울에는 함께 전지훈련을 가곤 했다. 이민영은 그것을 계기로 전미정과 자연스럽게 가까워졌다. 전미정은 이민영의 일본 생활 적응을 위해 많은 도움을 줬다. 이민영도 잘 따랐다.

전미정은 "(이)민영이는 특별히 챙겨주지 않아도 자기가 할 일을 알아서 잘하는 선수"라며 각별한 신뢰를 보였다. 평소에도 이민영에 대한 신뢰가 얼굴에 드러나곤 했다. 무뚝뚝한 성격이지만 이민영과 연습 라운드 때는 얼굴에서 웃음기가 사라지지 않을 만큼 편안해 보였다.

일본 데뷔 초기 일본어 실력은 음식점에서 주문만 가능한 수준이었다. 깊이 있는 대화는 못했다. 일본어를 따로 공부하지는 않았다. 언어 문제로 고민을 하지도 않았다. 일본어를 못해도 주변에서 알아서 챙겨줬다.

JLPGA 투어엔 1992년생(빠른 '93년생 포함) 모임이 있었다. 함께 식사를 하며 정보를 공유하고 친분을 쌓는 모임이다. JLPGA 투어에서 동갑내기 선수들의 정기 모임은 1992년생이 유일했다. 배희경, 나리타 미스즈, 요시바 루미, 고즈마 고토노香妻琴乃, 피비 야오Phoebe Yao가 주요 멤버다.

이민영은 이 모임에 나가 일본 선수들과 친분을 쌓으며 정보를 얻었다. 일본어를 익히는 데도 큰 도움이 됐다. 과거 1~2세대 선수들이 겪었던 설움은 없었다. 일본도 변화했다. 개방과 소통을 중시하는 젊은 선수들이 투어를 이끌면서 한국에 대한 인식도 과거와는 완전히 달라졌다.

이 모임의 막내는 요시바 루미다. 빠른 '93년생이다. 음식점을 예약하거나 궂은일은 그가 도맡아 했다. 2016년 닛폰햄 레이디스 클래식에서 우승한 요시바 루미는 2017년과 2018년 드라이브샷 평균 비거리 1위를 차지한 JLPGA 투어 대표 장타자다. 신장은 162cm로 크지 않지만 어드레스에서 볼을 좀 더 왼쪽에 두고 어퍼 블로로 스윙해 비거리를 늘리는 것이 장타 비결이다.

생활의 안정은 경기력에도 긍정적인 변화를 일으켰다. 2019년 이민영의 플레이엔 이전에 없던 여유가 보였다. 플레이 기복은 거의 사라졌다. 한 가지 아쉬운 건 연장전 전패라는 불명예 기록이다. 2020년까지 5승을 달성하는 동안 준우승을 11차례나 했다. 2017년은 5번으로 가장 많았고, 2019년에도 세 번이나 있다. 11차례의 준우승 중 세 번은 연장전 패배다. 2018년 7월 다이토켄타쿠·이헤야넷 레이디스에선 황아름과 연장전 승부 끝에 졌고, 2019년 시세도 아넷사 레이디스 오픈에서는 시부노 히나코에게 패했다. 같은 해 NEC 가루이자와72 골프 토너먼트에서도 아나이 라라와 연장전 끝에 우승을 내줬다.

아나이 라라는 2019년 JLPGA 투어 평균 비거리 1위에 오른 장타왕이다. 일본 기자들은 이민영과 아나이 라라의 연장전 승부 전부터 이민영의 연장전 2전 전패를 거론하면서 아나이 라라의 승리를 조심스럽게 점치기도 했다.

11차례의 준우승을 부정적인 시각으로 바라볼 필요는 없다. 그런 과정을 거치면서 뒷심과 뚝심을 단련했다. JLPGA 투어 데뷔 전과 비교하면 전혀 다른 선수로 성장했다. 한국에선 4승을 올렸다 해도 2016년 상금순위 7위가 최고 성적이었다. 일본 투어 성공 가능성도 높게 점쳐지진 않았다.

막상 뚜껑을 열어보니 달랐다. KLPGA 투어에선 데뷔 첫 우승까지 3년 가까운 시간이 필요했지만 일본에선 한 달 밖에 걸리지 않았다. KLPGA 투어에서 수립한 개인 최고 상금순위와 통산 우승 기록도 세 시즌 만에 전부 뛰어넘었다. 철저한 자기 관리 속에서 갈고닦은 기량이 성적으로 나타났다.

이민영의 골프 인생은 톱니바퀴처럼 착착 맞아 돌아갔다. 실력이 출중한 노력파였고, 운도 따랐다. 후원사 문제도 크게 신경 쓰지 않았다. 대부분 국내 기업은 해외 진출 선수에게 후원을 꺼려한다. 후원하더라도 '양국 투어 병행'이 전제 조건으로 깔리는 경우도 있다. 2015년 카드회사 후원을 받고 일본으로 넘어간 정재은이 그랬다. 이민영의 메인 후원사였던 한화큐셀은 일본에 현지법인을 두고 있어서 국내 투어 선수들과 똑같은 조건으로 이민영을 후원했다. 국내 대회 의무 출전 조항도 없었다.

이민영에게 일본은 기회의 땅이었다. 신장암 수술과 미국 진출 포기 후 목표 의식을 잃어가던 그였다. 그런 상황에도 방황하거나 흐트러진 모습을 보이지 않았다. 낯선 무대를 재도약 발판으로 삼아 오히려 골프 인생 황금기를 열었다. 타고난 성실성에 철저한 자기 관리와 끊임없는 자기 계발이 더해지면서 한국에 없던 새로운 이민영이 탄생했다. 아름다운 도전이란 말이 가장 잘 어울리는 선수다.

열도를 잠재운 일본 킬러들,
유소연·장정·전인지·김효주

2019년 10월 2일 일본 미에현. 코코파 리조트클럽 하쿠산 빌리지 골프 코스 클럽하우스에 19명의 여자 프로골퍼 레전드가 모였다. 일본여자 오픈 역대 우승자다. 챔피언스 디너 행사장이다. 히구치 히사코, 시오타니 이쿠요, 다니 후쿠미 등 과거 JLPGA 투어 주역이 자리했다. 낯익은 얼굴도 있었다. 2018년 일본여자오픈을 제패한 유소연이다.

JLPGA는 역대 일본여자오픈 우승자의 영예를 기리기 위해 2010년부터 챔피언스 디너 행사를 열고 있다. 유소연에겐 남다른 의미가 있는 행사였다. 중국(2009 중국여자오픈), 미국(2011 US여자오픈), 캐나다(2015 캐나다 퍼시픽 여자오픈)에 이어 일본여자오픈까지 석권한 세계 유일의 4개국 내셔널 타이틀 보유자였기 때문이다.

한국 선수가 일본여자오픈 정상에 오르기까지는 적잖은 시간이 필요했다. 1968년 첫 대회가 열렸으니 2002년 고우순이 한국인 처음으로 우승하기까지 무려 34년이나 걸렸다. 2006년엔 장정이 한국인 두 번째 우승 소식을 알렸고, 이지희(2008)와 송보배(2009)도 뒤를 이어 우승컵을 품에 안았다. 2015년엔 전인지가 우승했다.

유소연은 2006년 도하 아시안게임 여자골프 단체전과 개인전 금메달 주역이다. 2011년 US여자오픈 우승 후 LPGA 투어에 데뷔해 이듬해 신인상을 받았다. 세계랭킹 1위(2017년)도 경험했다. 2020년까지 KLPGA 투어에서 10승(메이저 1승), LPGA 투어에서 6승(메이저 2승)을 장식했다.

LPGA 투어를 호령하던 그가 일본 필드를 처음 밟은 건 2015년 10월 일본여자오픈이다. 대회장은 이시카와현 가타야마즈골프클럽 하쿠산코스였다. 유소연은 참가 선수 중 세계랭킹이 가장 높은 5위였다. 당연히 가장 많은 스포트라이트를 받았다. 비바람이 몰아친 대회 첫날부터 단독 선두로 나서면서 더 많은 주목을 받았다. 수준이 다른 플레이로 일본 골프 팬들의 감탄사를 이끌어냈다.

가장 어려운 홀로 손꼽혔던 18번홀(파4·423야드)에서는 205야드 남기고 5번 아이언으로 두 번째 샷을 시도해 핀 2m 지점에 붙인 뒤 손쉽게 버디를 잡아냈다. 갤러리들은 혀를 내둘렀다. 이날 18번홀 버디는 유소연을 포함해 4명뿐이었다. 최종 성적은 공동 14위였지만 일본 골프 팬들에게 깊은 인상을 남긴 대회임에 틀림없다.

3년 뒤 일본여자오픈에 다시 도전했다. 대회장은 지바현 지바컨트리클럽 노다코스였다. 유소연은 세계랭킹 4위였다. 이번에도 1라운드부터 단독 선두로 나섰다. 그러나 일본 언론은 2016년과 2017년에 우승한 하타오카 나사의 3년 연속 우승 가능성에 집중했다. 하타오카 나사는 2016년 아마추어로서 처음으로 일본여자오픈을 제패했다. 미야자토 아이의 대회 최연소 우승 기록도 갈아치웠다. 2017년부터는 미국 무대에 데뷔해 2020년까지 3승을 달성했다.

유소연은 대회 둘째 날 선두 자리를 내줬지만 3라운드에서 3타를 줄여 공동 선두가 됐다. 마지막 날은 하타오카 나사를 3타 차로 뿌리치고 정상에 올라섰다.

그는 내셔널 타이틀 킬러다. 일본여자오픈에선 더 강했다. 2020년까지 세 차례 출전해 우승 1회, 준우승 1회(2019년)를 차지했다. 익숙지 않은 일본 필드에서도 제 기량을 펼쳐 보일 수 있었던 건 영리한 경기 운영 덕이다. 대담하게 플레이하되 절대 무리하지 않았다. 스스로 정한 코스 매니지먼트에 따라 플레이하면서 야금야금 타수를 줄였다.

클럽 선택도 영리했다. 2018년 일본여자오픈 당시 샷 감이 썩 좋지는 않았다. 드라이버는 더 불안했다. 대안으로 스푼(3번 우드)을 들었다. 그는 티샷 시 스푼으로 260야드, 페어웨이에선 230야드까지 보낼 수 있다고 했다. 대회 마지막 날 9번홀(파4)에서도 스푼으로 티샷을 했고, 147야드를 남긴 두 번째 샷은 8번 아이언으로 핀 2.5m 지점에 세워 버디를 챙겼다. 이날 톱10 선수 중 9번홀 버디는 유소연이 유일했다.

대회 마지막 날 유소연과 마지막 조에서 경기한 기쿠치 에리카는 "유소연은 빈틈이 없는 선수"라고 말했다. 대회 기간 내내 유소연을 밀착 취재한 일본 기자들도 약속이나 한 듯이 똑같은 말을 했다. 일본인들은 유소연의 똑 부러진 말과 행동에 약간의 위화감 같은 걸 느꼈는지도 모른다.

『중앙일보』 기자 성호준은 "유소연은 매우 똑똑한 선수다. 인터뷰에서 한 가지를 질문하면 알아서 여러 가지를 얘기해준다. 골프를 잘 모르는 기자의 질문에도 재치 있는 말로 답하는 우문현답의 도에 올랐다. 그래서 기자들은 그를 인터뷰 대상으로 매우 좋아한다"[1]고 했다.

유소연은 LPGA 투어에서 활동하면서도 일본여자오픈을 관심 있게 봐왔다. 2016년과 2017년 하타오카 나사의 우승은 물론이고 2007년 모로미자토 시노부, 2013년 미야자토 미카 우승도 TV를 통해 지켜봤다고 했다. 중국, 미국, 캐나다 내셔널 타이틀을 차례로 석권한 그로서는 일본 내셔널 타이틀이 욕심나지 않을 수 없었다.

그는 일본여자오픈 우승으로 얻은 것이 많다. 한국과 미국, 일본 투어에서 전부 우승한 13번째 선수가 됐다. 2020년엔 한국여자오픈까지 제패해 장정, 전인지, 신지애에 이어 4번째로 한미일 3국 투어 메이저대회 우승자로서 이름을 올렸다. 내셔널 타이틀은 5개국으로 늘어났다. 누구도 허물기 어려운 금자탑이다.

JLPGA 비회원으로서 일본여자오픈을 제패한 첫 번째 한국 선수는 장정이다. 2006년 일본여자오픈에서 우승해 한미일 3국 메이저대회 우승이라는 대기록을 작성했다. 그때까지 구옥희와 고우순이 한미일 3국 투어 대회 우승을 달성했지만 3국 투어 메이저대회를 전부 우승한 선수는 없었다.

대전중앙초등학교 6학년 때 골프를 시작한 장정은 메이저 사냥꾼으로 성장했다. 유성여고 2학년이던 1997년에는 아마추어 신분으로 국내 최고 권위 메이저대회 한국여자오픈 정상에 올랐다. 1998년에는 김주연, 조경희와 국가대표로서 방콕 아시안게임에 출전해 단체전 은메달, 개인전 동메달을 목에 걸었다.

아마추어 시절 펄펄 날던 장정은 프로 데뷔 후 다년간 우승과 인연을 맺지 못했다. 2000년 LPGA 투어에 데뷔해 6년차에야 첫 우승 꿈을 이뤘다. 기다림이 컸던 만큼 대어를 낚았다. 2005년 메이저대회 브리티시 여자오픈이다. 단숨에 월드스타 대접을 받았다. 2006년 6월에는 웨그먼스 우승으로 통산 2승을 장식했다.

그해 가을 일본으로 메이저 사냥을 떠났다. 아마추어 시절이던 1998년 일본여자아마추어골프선수권대회에 출전해 준우승한 일이 있지만 프로 데뷔 후 일본 필드를 밟은 건 처음이었다. 대회장은 오사카 이바라키茨木컨트리클럽이었다. 1948년 11월 문을 연 이 골프장은 1960년 11월 서코스가 완성되면서 동·서코스 36홀 규모가 됐다. 오사카에서 가장 오래된 골프장으로 알려졌다.

출발은 좋았다. 첫날 3언더파를 쳐 2위 그룹에 한 타 차 단독 선두로 나섰다. 둘째 날과 셋째 날에는 2위와 간격을 벌리며 선두 자리를 굳게 지켰다. 마지막 날은 미야자토 아이와 우승을 다퉜다. 일본 팬들은 미야자토 아이의 역전 우승을 기대하며 대회장으로 몰려들었다. 주말·휴일 3·4라운드 경기에서 유료 입장객은 3만명이 넘었다. 장정은 대담했다. 시종일관 안정된 플레이로 미야자토 아이를 압도하며 와이어 투 와이어를 완성했다.

장정이 일본여자오픈에서 빼어난 플레이를 펼칠 수 있었던 원동력은 안정된 퍼트에 있었다. 대회 마지막 날 챔피언 조에서 맞대결한 장정과 미야자토 아이는 1번홀(파4)에서 똑같이 5m 파 퍼트를 남겨뒀다. 장정은 파 퍼트를 성공시킨 반면 미야자토 아이는 실수를 범했다. 2

번홀(파5)에서도 희비가 엇갈렸다. 장정은 4m 버디 퍼트를 성공시켰지만 미야자토 아이는 3m 버디 퍼트도 넣지 못했다. 타수는 더 벌어졌다. 14번홀(파3) 그린에서는 쉽지 않은 오른쪽 브레이크를 정확하게 읽고 버디를 잡아냈다. 평상시에도 퍼트가 좋았던 장정이지만 이날은 퍼팅 브레이크를 유난히 잘 읽었다.[2]

그는 작은 신장임에도 불구하고 드라이버로 240~250야드를 날렸다. 드라이브샷 자세에선 신장이 작은 선수들에게서 자주 나타나는 오버스윙 같은 무리한 움직임을 발견할 수 없었다. 크게 무리하지 않고 힘의 강약 조절을 잘했다. 골프채의 원심력도 잘 이용했다. 부족한 비거리는 정교한 아이언샷과 퍼트로 만회했다.

신장은 152cm다. 2005년 브리티시 여자오픈 우승 후 인터뷰에선 153cm라고 강조해 웃음을 안겼다. 어느 쪽이든 골프선수로서 작은 신장이다. 14개의 골프채 중 가장 긴 드라이버 길이가 보통 45인치(114.3cm)이니 자신의 신장만큼이나 긴 도구를 다루는 일이 쉽지는 않았을 듯하다.

슈퍼땅콩으로 불렸던 김미현도 157cm로 장정보다 4~5cm는 컸다. 일본에는 장정만큼 작은 선수가 제법 많다. 2000년대 중반 일본 여자골프를 이끌었던 미야자토 아이와 요코미네 사쿠라, 2017년과 2019년 상금왕에 오른 스즈키 아이는 모두 155cm다. JLPGA 투어 최단신 바바 유카리는 149cm였지만 통산 3승이나 장식했다. 밀레니엄 세대 기대주 후루에 아야카古江彩佳는 153cm인데도 드라이버를 잘 다룬다.

장정은 알려진 것처럼 웃음이 많고 밝은 성격을 지녔다. 2006년 일본여자오픈에 출전했을 때도 똑같았다. 그러나 무엇인가 하나를 시작하면 끝을 봐야 하는 성격이라서 두 가지 일을 같이 하지는 못했다. 2014년 은퇴 후에는 TV 객원 해설위원을 잠깐 맡은 일이 있는데, 또 다시 하나에 몰두하면서 스트레스가 시작됐다. 자신이 가장 중요하게 여겼던 아이 엄마 역할을 제대로 하지 못했기 때문이다. 그래서 해설위원 일은 오래 하지 않았다.

큰 대회에선 유난히 강했다. 한미일 3국 투어에서 개인 통산 4승을 올렸는데, 그중 3승은 메이저대회다. 프로 데뷔 첫 우승을 메이저대회에서 장식했고, 일본에서 첫 우승도 메이저대회였다. 한미일 3국 메이저대회를 전부 우승한 첫 번째 선수도 장정이다.

장정의 LPGA 투어 성공은 국내 선수는 말할 것도 없고 미야자토 아이 같은 일본 선수들의 아메리칸 드림에도 훌륭한 길라잡이가 됐다. 안선주나 신지애도 그의 활약이 좋은 본보기였다.

장정보다 강력한 메이저 킬러는 전인지다. 2020년까지 국내에서 9승(메이저 3승), LPGA 투어 3승(메이저 2승), JLPGA 투어 2승(메이저 2승)을 올렸다. 통산 14승이다. 그중 메이저대회는 7승이나 된다.

전인지는 1994년 전북 군산에서 태어났다. 2011년 국가대표로 활약했고, 2012년 KLPGA 드림 투어를 거쳐 2013년 정규 투어에 데뷔했다. 첫 우승 무대는 2013년 한국여자오픈이다. 2014년엔 3승을 달성했고, 2015년 가장 화려한 시즌을 보냈다. 비회원으로서 미국과 일본 내셔널 타이틀을 석권해 한미일 3국 메이저대회를 전부 제패했다. 일본에서는 월드 레이디스 챔피언십 살롱파스컵과 일본여자오픈을, 미국에선 최고 권위 메이저대회 US여자오픈을 우승했다. 국내에서도 5승을 거둬 대상과 다승, 상금왕, 평균타수 타이틀을 모조리 휩쓸었다. 이모든 것이 한 시즌에 이루어졌다.

첫 번째 일본 무대 도전은 2015년 5월 월드 레이디스 챔피언십 살롱파스컵이었다. 시즌 첫 메이저대회인데다 골든위크에 열려 일본 골프 팬들의 관심이 대단했다. 하지만 전인지는 크게 주목받지 못했다. LPGA 투어에서 활약하던 김인경을 비롯해 제시카 코다^{Jessica Korda}, 미야자토 아이, 이보미 등에 언론의 관심이 쏠려 있었다.

그런 분위기는 하루도 지나지 않아 바뀌었다. 6언더파를 쳐 선두 이보미에 한 타 차 공동 2위를 마크했기 때문이다. 보기 없이 버디만 6개를 낚아 단숨에 우승 후보로 주목받았다. 둘째 날에는 2타를 더 줄여 단독 선두로 나섰고, 셋째 날부터는 2위와 타수를 벌리며 여유 있게 우승 트로피를 들었다. JLPGA 투어 첫 출전 대회, 그것도 메이저대회를 우승으로 장식했다. 그때 전인지의 나이는 20세 273일로 대회 최연소 우승 기록도 세웠다. 이 기록은 2019년 5월 시부노 히나코가 20세 178일로 우승하기 전까지 최고 기록이었다.

5개월 뒤 다시 일본 무대에 섰다. 이번에는 일본여자오픈이 열린 이시카와현 가타야마즈골프클럽 하쿠산코스였다. 일본 호쿠리쿠 지방 명문이다. 2008년 일본여자프로골프선수권대회 코니카 미놀타컵에서 신현주가 우승한 코스다.

5개월 전과 비교하면 전인지의 위상은 천양지차였다. 그 사이 국내 무대에서 3승(메이저 1승)을 더했고, 7월에는 US여자오픈을 제패한 터라 월드스타가 되어 있었다. 당시 그의 세계랭킹은 11위였지만 함께 출전한 유소연(5위), 펑산산(6위), 김효주(7위)보다 더 주목받았다.

승부는 마지막까지 예측이 어려웠다. 3라운드까지 선두에 3타 뒤졌으나 최종 4라운드 마지막 홀에서 극적인 일이 일어났다. 17번홀(파3)까지 2위 그룹 전인지, 이미향에 한 타 차 단독 선두였던 기쿠치 에리카가 2.5m 퍼트를 실수해 3명이 동타를 이뤘다. 전인지는 4차 연장까지 가는 혈투 끝에 우승을 차지했다. 당시 나이는 21세 55일로 미야자토 아이가 보유했던 최연소 메이저대회 2승 기록마저 뛰어넘었다. 이 기록도 2017년 하타오카 나사가 일본여자오픈을 18세 261일로 2연패하면서 2년 만에 낡은 기록이 됐다.

2016년엔 LPGA 투어에 정식 데뷔해 시즌 마지막 메이저대회 에비앙 챔피언십을 제패했다. LPGA 투어 첫 우승과 두 번째 우승을 메이저대회에서 장식한 선수는 1998년 박세리 이후 18년 만이었다.

일본 언론은 전인지를 '스윙의 교과서'라 불렀다. 그럴 만도 했다. 군더더기가 없이 기본에 충실했다. 게다가 스윙이 크고 화려했다. 175cm의 큰 신장인 데다 폴로스루까지 길게 가져가서 일반적인 여자 선수 스윙과는 비교가 되지 않았다. 일본에선 좀처럼 찾아볼 수 없는 호쾌한 스윙이었다.

2015년 일본여자오픈에서 전인지의 스윙에 문제가 전혀 없었던 건 아니다. 어떤 선수라도 스윙에 몇 가지 문제점은 있기 마련이다. 전인지는 백스윙톱 위치가 올라가거나 손목이 일찍 풀리는 현상이 나타났다. 실제로 샷 실수가 몇 차례 나왔다. 그때마다 쇼트게임을 잘해서

타수를 까먹지 않았다.

클럽 세팅은 신의 한수였다. 그는 우승 인터뷰에서 8번 아이언을 빼고 19도 유틸리티 클럽을 넣었다고 했다. 오직 18번홀(파4·423야드)만을 염두에 둔 선택이었다. 코스가 길고 까다로워서 세컨드 샷 때 만만치 않은 상황이 벌어질 수 있기 때문이다. 19도 유틸리티 클럽은 18번홀에서 진행된 3·4차 연장전에서 사용해 우승을 견인했다.

전인지는 눈치가 빠른 선수다. 일본어는 전혀 못했지만 기자들이 어떤 대답을 원하는지 알고 대응하는 모습이 보였다. 일본 기자들에게 빠지지 않는 질문이 있다. "일본 음식 어떠냐?"라는 것인데, 그들이 원하는 답변은 뻔하다. 전인지는 거리낌 없이 "일본에 올 때마다 맛있는 음식을 먹을 수 있어서 좋다"고 했다. 특히 낫토는 매일 먹을 만큼 좋아한다고 말해 일본 기자들의 환심을 사기도 했다. 늘 밝은 표정으로 기자들과 일일이 눈을 맞추며 이야기하는 모습도 인상적이다. 기자들의 머리 위에 올라가 있는 것 같은 느낌도 받았다.

경기 중 갤러리와 교감하는 모습은 스타 선수 중에서도 최고다. 홀과 홀 사이 자연스럽게 만들어진 갤러리 터널을 통과할 때마다 팬들과 하이파이브를 하거나 주먹 인사를 하며 18홀 내내 즐기는 모습을 보였다. 매 라운드 종료 후 인터뷰에서는 "갤러리의 따뜻한 응원에 큰 힘을 얻었다"고 했는데, 갤러리들이야말로 전 세계 어디에서도 볼 수 없는 전인지식 팬 서비스에 깊은 감동을 받았다.

일본 사가현佐賀県에서 물리치료사로 일하는 하시마 구니히로橋間邦浩는 전인지의 한국 대회는 물론이고 태국 같은 아시아 투어까지 원정 응원을 하는 열혈 팬이다. 전인지의 따뜻한 인간미에 반했다.

그에게 전인지의 매력에 대해 물었더니 아주 긴 답변이 돌아왔다. 요약하면 다음과 같다.

"플레이 결단력이 빠르고 퍼트를 잘한다. 2016년과 2017년 혼다 LPGA 타일랜드에 출전한 (전)인지 프로를 응원하기 위해 태국에 갔다. 2017년에는 대회장에서 (전)인지 프로와 짧게 이야기를 나눌 수 있었는데, 1년 전에도 태국까지 와서 응원했던 사실을 기억하고 있었다. 진정으로 팬을 소중하게 생각하는 선수라는 걸 느꼈다. 2019년 부산에서 열린 BMW 레이디스 챔피언십에서는 경기 후 연습 그린 주변에서 비를 맞으며 기다리던 팬들에게 먼저 다가가 사인을 해줬다. 어떤 선수가 이렇게 하겠나. 진심으로 감동을 받았다."

전인지는 2015년 JLPGA 비회원으로서 메이저대회에 세 차례 출전해 두 번이나 우승 트로피를 품에 안았다. 2013년 한국여자오픈 우승과 2015년 7월 US여자오픈, 같은 해 10월 일본여자오픈까지 한미일 3국 내셔널 타이틀 메이저대회를 모두 석권한 건 전인지가 첫 번째다. 스타 부재로 고민에 빠져 있던 일본 골프계로선 붙잡고 싶은 선수였으나, 이듬해 미국으로 떠났다.

메이저대회는 아니지만 단 한 번의 우승으로 일본 열도를 발칵 뒤집어놓은 선수가 있다. JLPGA 투어는 2010년 이후 한국 선수 강세가 두드러지게 나타났다. 국내 에이스 안선주와 이보미가 나란히 JLPGA 투어에 데뷔했고, 김영과 강수연은 미국에서 일본으로 활동 무대를 옮겼다. 박인비는 미국 무대와 병행하면서 적지 않은 상금을 챙겨갔다.

2010년 한국 선수가 올린 승수는 15승이다. 한국 여자골프 해외 진출 시발점이 된 1984년 이후 최고 성적이었다. 2012년에는 16승을 올려 2년 만에 한 시즌 최다승 기록을 갈아치웠다. 그중 가장 인상적인 대회를 꼽으라면 단연 산토리 레이디스 오픈 골프 토너먼트다. 16세 아마추어 신분이던 김효주의 이야기다.

1995년 7월 14일 강원도 원주에서 태어났다. 원주 교동초등학교 1학년 때 골프를 시작해 2010년부터 3년간 국가대표를 지냈다. 2013년 말에는 정식으로 KLPGA 투어에 데뷔해 신인상을 수상했다.

프로 데뷔 전인 2012년에는 KLPGA 투어 롯데마트 여자오픈과 대만여자프로골프TLPGA 투어 스윙잉스커츠 오픈, JLPGA 투어 산토리 레이디스 오픈을 차례로 제패해 '프로 잡는 아마추어'로 불렸다. 2020년까지 KLPGA 투어에서 통산 12승(메이저 4승), 미국에서 3승(메이저 1승), 일본에서 1승을 올려 한미일 3국 투어 우승을 완성했다.

2012년 여름에는 일본 여자골프 역사에 씻을 수 없는 굴욕을 안겼다. 일본의 명문 코스 효고현 고베시 롯코六甲국제골프클럽에서 열린 산토리 레이디스 오픈 골프 토너먼트가 그 역사적인 무대다.

이 대회는 매년 인터내셔널 오픈 대회로 치러져 아시아·오세아니아 지역 톱랭커 아마추어가 출전한다. 2012년엔 김효주를 비롯해 12명의 아마추어가 출전자 명단에 이름을 올렸다. JLPGA 투어 톱랭커 스즈키 아이, 히가 마미코, 오카야마 에리도 아마추어 시절 이 대회를 거쳤다.

대회 첫날은 류 리쓰코, 아리무라 지에와 같은 조에서 경기해 공동 27위(1언더파)를 마크했다. 2라운드에서도 한 타를 줄여 공동 16위에 자리했다. 데일리 베스트(4언더파)를 기록한 3라운드에서는 2위까지 뛰어올랐다. 중간합계 6언더파로 선두 핫토리 마유服部真夕와는 7타 차였다. 우승을 바라보기는 어려웠다.

마지막 날, 믿을 수 없는 일이 일어났다. 2번홀(파4)에서 15m 어프로치샷 칩인 버디를 시작으로 전반에만 버디 7개를 성공시켜 선두로 나섰다. 후반에도 버디 4개를 더해 JLPGA 투어 18홀 최소타(11언더파 61타) 신기록을 수립하며 역전 우승했다. 그때 김효주의 나이 16세 332일로 미야자토 아이가 보유했던 최연소 우승 기록(18세 101일)을 훌쩍 뛰어넘었다.

JLPGA 투어 역사를 통틀어 아마추어 우승자는 김효주가 세 번째다. 투어 제도 시행 전인 1973년 기요모토 다카코清元登子가 도요토미 레이디스에서 우승했고, 미야자토 아이는 2003년 미야기TV컵 던롭 여자오픈 정상에 올랐다. 외국인 아마추어는 김효주가 처음이었다.

누구도 예상하지 못한 결과였다. 일본은 충격에 빠졌다. 이 대회 전까지 13개 대회 중 7승을 외국인에게 빼앗긴 상황이었다. 그중 6승은 한국인이 가져갔다. 일본 기자들 사이에선 외국인 강세에 푸념이 쏟아졌다. 더구나 고교생 아마추어 김효주에게 우승컵을 내줘 마지막 남은 자존심에도 심각한 상처를 입었다.

일본 선수들의 인터뷰를 보면 충격이 어느 정도였는지 짐작할 수 있다. 7타 차 역전패를 당한 핫토리 마유는 자신의 플레이가 한심했다며 자책했다. 그러면서 그는 "(김효주가) 훌륭한 경기를 했다. 우리도 그 이상으로 노력해야 한다는 것을 느꼈다"고 말했다.

공동 3위를 차지한 이치노세 유키는 "모두가 비슷한 생각이겠지만 프로로서 부끄럽다. (김효주는) 아마추어였지만 그에게 배운 것이 많다"며 착잡한 마음을 추슬렀다.

일본은 거물 신예 김효주를 영입하기 위해 발 빠르게 움직였다. JLPGA는 김효주가 일본 투어에 데뷔하면 나이 제한 규정(만 18세)을 풀어주겠다는 제안을 했다. 당시 국내 투어는 프로 대회에서 우승을 해도 QT를 통과해야 풀시드가 나왔다. 국내 규정과 비교하면 파격적인 대우임에 틀림없다. 그러나 김효주는 일본에 가지 않았다. 국내에서 활동하다 미국으로 진출했다. 김효주의 일본 데뷔를 장담하던 JLPGA는 다시 한 번 큰 충격을 받았다.

김효주는 전형적인 골프 천재다. 연습량은 많지 않지만 집중력이 좋다. 훈련도 영리하게 한다. 당시는 아마추어였으나 일본 선수들보다 뛰어난 스윙을 했다. 스윙 밸런스는 물론이고 어떤 상황이라도 당당하게 경기에 임했다. 아마추어라고 믿기 어려운 경기력이었다. 장시간 존에 들어 플레이한 것으로 보인다. 경기 후 인터뷰에서도 "아직도 꿈을 꾸고 있는 것 같다. 버디가 너무 많이 나와 불안한 마음도 있었다"고 털어났다.

2014년에는 에비앙 챔피언십을 제패했다. 여전히 큰 대회에서 더 강한 모습을 보였다. 전성기가 줄곧 이어진 건 아니다. 2016년 1월 LPGA 투어 퓨어실크 바하마 클래식 우승 이후에는 4년 넘게 우승과 인연이 없었다. 2019년 6월 일본 니가타현新潟県에서 열린 요넥스 레이디스 골프 토너먼트는 후원사 초청으로 출전해 우승을 노렸으나 공동 2위에 머물렀다. 같은 해 11월 열린 토토재팬 클래식에서도 2위를 차지했다. 호시탐탐 노렸던 JLPGA 투어 출전권도 손에 넣지 못했다. 2020년 KLPGA 투어 롯데 칸타타 여자오픈 우승까지 힘든 시간을 보냈다. 그런 상황에서도 성실한 플레이를 펼쳤다. 매너도 성숙했다. 국내 골프 팬들은 아낌없는 박수를 보냈다. 2012년 여름, 일본 열도를 흔들던 어린 김효주의 폭풍 같은 성장에 찬사가 쏟아졌다.

마지막 3세대 골프여제, **배선우**

일본 홋카이도의 푸른 하늘이 배선우를 축복했다. 이틀간 찌푸렸던 하늘에선 구름이 걷히고 강한 햇볕이 쏟아져 내렸다. 2019년 8월 홋카이도의 늦여름은 배선우를 위한 계절이었다. 기타히로시마시北広島市 삿포로札幌국제컨트리클럽 시마마쓰코스에서 열린 메이지초콜릿컵 이야기다.

배선우와 메이지초콜릿컵의 기묘한 인연은 정확히 10년 전인 2009년 7월로 거슬러 올라간다.

한국인 간판 전미정은 같은 코스에서 열린 이 대회를 우승으로 장식했다. 2위 고가 미호를 6타 차로 따돌린 완벽한 승리였다. 당시 우승상금은 1,620만 엔(약 1억 7,000만 원)이었는데, 부상으로 메이지제과 제품 10년 치가 나왔다.

초콜릿을 좋아하던 어린 배선우는 이 장면을 TV로 지켜봤다. 눈을 의심했다. 벌어진 입을 다물지 못했다.

"와아아!"

감탄사가 밀려나왔다. 한동안 입만 벌린 채 말을 잇지 못했다. 메이지제과 하면 초콜릿이 가장 먼저 떠올랐다. 자그마치 10년 치였다. 그때부터 배선우의 목표는 일본 투어 진출이 됐다. 다소 엉뚱하지만 사실이다.

10년이 흘렀다. 어린 배선우는 한국 여자골프를 대표하는 선수로 성장했다. 목표했던 일본 무대를 누볐다. 그리고 약속의 땅 삿포로국제 컨트리클럽 시마마쓰코스에 섰다.

진땀 승부가 펼쳐졌다. 2라운드까지 테레사 루에 2타 앞서 가던 배선우는 마지막 날 3타를 줄였지만 5언더파를 몰아 친 테레사 루와 공동 1위로 경기를 마쳤다. 연장전이다.

테레사 루는 기세등등해보였다. 멘탈이 강하고 뒷심이 좋기로 정평이 있던 그였다. 그로선 놓칠 수 없는 대회였다. 2017년 투어 챔피언십 리코컵 이후 우승 맛을 보지 못했던 터라 굶주린 사자 같은 눈을 하고 있었다. 1989년 투 아이유 이후 30년 만의 대만인 우승도 걸려 있었다.

승부는 의외로 싱겁게 끝났다. 승리의 여신이 배선우를 향해 웃었다. 연장전 첫 홀부터 버디가 나왔다. 테레사 루는 고개를 떨궜다. 배선우는 시상식에서 우승 부상으로 스바루 포레스터 프리미엄 자동차와 10년간 꿈꿨던 메이지제과 제품 10년 치를 받았다. 홋카이도의 늦여름은 처음부터 배선우를 위한 계절이었다.

JLPGA 투어는 우승자에게 주는 부상이 화려하기로 유명하다. 고가의 자동차를 부상으로 주는 대회가 많다. 2019년 악사 레이디스 골프 토너먼트에선 벤츠 A클래스, NEC 가루이자와72 골프 토너먼트에선 스바루 포레스터, 일본여자프로골프선수권대회 코니카 미놀타컵에선 혼다 센싱이 부상으로 나갔다.

부상으로 받은 자동차는 가족이나 지인에게 선물하는 경우가 많다. 돈으로 환급받기도 한다. 돈으로 환급할 경우 자동차 가격의 60%를 후원 기업으로부터 받는다. 대회에 따라서는 현금으로 환급이 되지 않는 경우도 있다. 그럴 경우 고가의 자동차는 천덕꾸러기가 되고 만다. 2017년 리조트 트러스트 레이디스에서 우승한 강수연은 우승 부상으로 재규어 승용차를 받았는데, 1년간 팔지 않는 조건이었다. 개인 명의 주차장이 없으면 자동차 등록도 되지 않아 주차장을 빌려 1년 동안 보관하다 팔았다.

배선우는 메이지초콜릿컵에서 JLPGA 투어 마수걸이 우승을 따냈다. 일본 진출 이후 그린 부적응으로 애를 먹었던 그였으나 이 대회에선 언제 그랬냐는 듯 매 홀 고감도 퍼트 실력을 뽐냈다. 활짝 핀 얼굴에선 그간의 부담감 따위는 읽을 수 없었다.

첫 우승까지는 결코 쉽지 않은 과정이었다. 세 차례의 준우승과 두 차례의 공동 3위를 경험하면서 번번이 우승 문턱에서 미끄러졌다.

데뷔 시즌 첫 달이 고비였다. 냉탕과 온탕을 오갔다. 관계자들은 애가 탔다. 개막전 다이킨 오키드 레이디스 골프 토너먼트에선 이틀간 5오버파를 쳐 일찌감치 짐을 싼 반면 요코하마 타이어 골프 토너먼트 PRGR 레이디스컵에선 대회 최종일 우승 경쟁을 펼치며 공동 6위에 이름을 올렸다. 이어 열린 티포인트×에네오스 골프 토너먼트에선 다시 한 번 예선 탈락하며 고배를 마셨으나 악사 레이디스 골프 토너먼트에선 안정된 모습으로 13위에 자리했다.

코스도 환경도 낯선 타지 무대였다. KLPGA 투어 간판이라도 데 뷔 시즌부터 매 대회 상위권을 유지하기란 쉬운 일이 아니었다.

그가 데뷔 시즌을 화려하게 장식할 수 있었던 원동력은 무엇일 까. 절정의 샷 기술과 탄탄한 기본기, 빠른 그린 적응, 긍정적인 마인드, 환경 적응력 등을 꼽을 수 있다.

첫 번째 절정의 샷 기술부터 따져보자. 그는 국내에서 4승을 달성 한 실력자다. 2018년엔 하이원리조트 여자오픈과 메이저대회 하이트 진로 챔피언십에서 정상에 오르며 상금순위 2위를 차지했다. 일본에서 도 데뷔 첫해 메이저대회를 우승했다.

절정의 샷 기술이 뒷받침한 결과였다. 2019년 티샷 능력을 나타 내는 드라이빙 지수(드라이브샷 평균 비거리와 페어웨이 안착률 합산 수치)와 볼 스트라이킹 순위에서 전부 2위를 차지, 이민영에 이어 샷 비거리와 정확도가 가장 뛰어난 선수로 평가받았다.

쓰지무라 하루유키는 "이민영은 페이드 히터지만, 배선우는 안전 을 추구하는 드로우 히터다. 이상적인 스윙 궤도를 그린다. 드로우 구 질을 원하는 아마추어 골퍼들에게 추천하고 싶은 스윙이다"[1] 라고 설명 할 만큼 구질이 안정돼 있었다.

한국에서는 쇼트게임도 정상급이었다. 2018년 그린 적중률은 4 위(79.2398%)였는데, 파3홀에서는 2위(82.2368%)를 찍었다. 핀에서 가까 울수록 더 정확한 샷을 날렸다. 거기에 냉철하고 빠른 판단력을 더해 절정의 샷을 뽑어낼 수 있었다.

두 번째는 탄탄한 기본기다. 배선우는 골프 가족이다. 초등학교 4

학년 때 골프를 시작해 할아버지, 할머니, 아버지와 함께 라운드를 하곤 했다. 대원외고 2학년이던 2011년에 국가대표 상비군이 됐고, 이듬해엔 국가대표로 활약했다. 엘리트 코스를 밟으면서 기본기를 쌓았다.

2012년부터는 KLPGA 점프(3부) 투어와 드림 투어를 차례로 거치며 프로 세계를 밑바닥부터 경험했다. 2013년 하반기엔 정규 투어에 데뷔했다. 2016년 5월 E1 채리티 오픈 첫 우승부터 2018년 국내 통산 4승(메이저 2승)을 달성할 때까지 세계 최강 KLPGA 투어의 간판으로 군림했다. 기본기는 의심의 여지가 없다.

세 번째는 그린 적응력이다. 일본 데뷔 후 세 개 대회를 치르는 동안 두 차례나 컷 탈락한 이유는 그린 부적응이 원인이었다. 2019 시즌 세 개 대회의 라운드당 평균퍼트는 52위(30.9)였다. 국내에서 기록한 성적(2017년 29위·2018년 32위)에도 미치지 못했다. 국내와는 전혀 다른 그린 빠르기와 롤링에 제대로 적응하지 못했음을 알 수 있다.

JLPGA 투어 데뷔 초기 일본에서 만난 배선우는 역시나 그린 적응이 가장 어렵다고 털어놨다. "같은 금잔디라도 한국과는 많이 달라 헷갈린다"는 말까지 했다. 그는 "큰 샷은 차이가 없지만 그린이 쉽지 않다. 한국에서 본 경사와는 다른 것 같다"며 어려움을 토로했다.

그렇다고 의기소침하거나 침체된 모습은 보이지 않았다. 한국에서도 여름 이후 상승세를 탔던 만큼 좋아질 것이란 확신을 가지고 있었다. 얼굴에도 자신감이 보였다.

그가 옳았다. 데뷔 시즌 초반에 나타났던 퍼팅 불안은 경기를 치를수록 안정감을 보였다. 그린 부적응이란 말이 무색할 만큼 빠르게 적응했다. 2019 시즌 종료 시점 배선우의 평균퍼트(파온 홀)는 7위(1.7881)였다.

네 번째는 쿨한 성격이다. 배선우의 성격에 대해선 잘못 알려진 것이 많다. '대범하지 못하다', '소심하다', '뒷심이 부족하다' 같은 부정적인 이미지다. 국내에서 프로 데뷔 후 다년간 우승을 못해 이 같은 평가를 받았다. 특유의 안정된 플레이가 소심하고 대범하지 못한 성격으로 비쳐진 듯하다.

실제 성격은 그렇지 않다. 선수들의 플레이 스타일은 대부분 샷 기술이나 체력 요소가 영향을 준다. 성격과는 상관관계가 많지 않다. 배선우의 안정된 플레이와 대범하지 못한 성격도 상관관계가 없다. 큰 대회에서 더 좋은 경기를 했던 과거 성적이 그것을 대변한다.

배선우는 긍정적이고 쿨하다. 시원시원하다. 주관이 뚜렷하다. 지난 일에 연연하지 않는다. 그런 성격이 배선우를 지탱해왔다. 일본 투어 데뷔 전인 2018년 KLPGA 투어에서는 단 한 차례도 컷 탈락하지 않았다. 그만큼 기복 없는 플레이를 했다. 일본에서는 데뷔 시즌 초반 주춤했지만 시즌 종료 시점 평균타수를 5위(70.6235)까지 끌어올렸다.

마지막 다섯 번째는 새로운 환경에 대한 적응력이다. 배선우는 어릴 적부터 일본 대중문화를 자유롭게 접했다. 일본어도 독학했다. 덕분에 일본이 낯설지 않았다. 의사소통도 크게 무리가 없었다. 일본 문화나 환경 적응은 문제가 되지 않았다.

일본어 공부를 시작한 계기는 일본 아이돌 그룹 아라시Arashi의 팬이 되면서다. 한영중학교 2학년 때 관람했던 아라시 내한공연이 어린 배선우의 마음을 훔쳤다.

아라시는 일본 대형 연예기획사 자니스^{Johnny} 사무소 소속 5인
조 남성 아이돌 그룹이다. 1999년 데뷔해 일본에서 큰 인기를 끌었다.
2008년에는 내한 공연을 펼치기도 했다.

2010년 이후 KLPGA 투어에 데뷔한 상위권 선수는 일본 무대를
크게 동경하지 않는다. LPGA 투어에 진출한 한국 선수 우승 소식이 끊
이지 않는 만큼 'JLPGA 투어는 우리보다 한수 아래'라는 인식이 밑바
닥에 깔려 있다. 국내 투어 규모도 커지면서 무리해서 해외로 나가야할
이유가 없어졌다.

그런 상황에서도 배선우가 일본 진출을 결심한 건 2015년부터 3
년간 일본 아이치현 미요시즈好컨트리클럽에서 열린 퀸즈컵(한일 여자프
로골프 국가 대항전을 대신해 2015년부터 3년간 열린 이벤트 대회)에 출전하면서
다. 퀸즈컵은 한국과 일본, 유럽, 호주 여자 프로골프 투어 대항전이다.
팀 KLPGA에선 이보미(2015), 신지애(2016), 김하늘(2017)이 차례로 캡틴
을 맡았다. 배선우는 3년 연속 이 대회에 출전했다. 세 선수에게 JLPGA
투어 진출 뜻을 밝히며 자문을 구했다. 신지애는 "언니가 있을 때 빨리
와"라며 배선우의 일본 진출에 결정타를 날렸다.²

팀 KLPGA는 퀸즈컵에서 한 차례 우승하고 두 차례 준우승했다.
팀 JLPGA가 두 번 우승했다. 2016년 한국에 완패하면서 경기 방식을 많
이 바꿨다. 한국 선수들이 강한 싱글 매치를 2라운드에 편성해 일본 선
수들과 맞대결을 최소화했다. 이변 가능성이 높은 포섬 매치(팀당 하나의
공으로 플레이)는 최종일 결승전 경기 방식으로 채택해 승리를 거뒀다.

배선우는 이 대회에서 3년간 4승 4패를 기록했다. 일본 선수와 매치에서는 2016년 와타나베 아야카에게 1업(싱글 매치)으로 승리했고, 2017년엔 스즈키 아이와 대결해 싱글 매치와 포섬 매치에서 전부 패했다.

일본에 정식으로 데뷔한 건 2019년이다. QT를 통과한 음나연, 이솔라와 함께 JLPGA 투어에 도전했다. 원래는 2017년 일본 진출을 목표했는데, '좀 더 준비할 시간을 갖자'는 아버지 배승희의 제안을 받아들여 데뷔가 2년 늦어졌다.

배선우가 JLPGA 투어에 데뷔한 2019년은 황금세대의 약진이 두드러졌다. 연간 39개 대회 중 13승을 황금세대가 가져갔다. JLPGA 투어 판도를 완전히 장악했다. 시부노 히나코는 4승으로 메르세데스랭킹 1위에 올랐고, 하타오카 나사와 가쓰 미나미는 2승, 고이와이 사쿠라, 가와모토 유이河本結, 이나미 모네, 하라 에리카, 아사이 사키淺井咲希는 1승씩을 차지했다. 2016년부터 3년간 45승(메이저 7승)을 쓸어 담은 한국 선수들이 시즌 9승에 그친 결정적인 원인이었다. 한 시즌 10승을 넘지 못한 건 2011년(8승) 이후 8년 만이다.

배선우의 우승 문턱에도 늘 황금세대가 있었다. 시즌 첫 메이저 대회 월드 레이디스 챔피언십 살롱파스컵에서는 3라운드까지 선두를 달리다 마지막 날 시부노 히나코에게 역전을 당했다. 시부노 히나코는 그해 브리티시 여자오픈 우승으로 일본에서 하루아침에 슈퍼스타가 됐다. 일본 여자 선수의 LPGA 투어 메이저대회 우승은 히구치 히사코(1977년) 이후 42년 만이다. 일본 사회가 시부노 히나코에 열광하는 건 당연하다. 시즌 막판엔 신지애, 스즈키 아이와 상금왕 경쟁을 펼쳐 2위를 차지하기도 했다.

2019년 일본여자프로골프선수권대회 코니카 미놀타컵 1~2라운드에서 시부노 히나코와 같은 조로 경기한 박인비는 이렇게 평가했다.

"일본선 젊은 선수들의 활약이 대단하다. 세대교체가 순조롭게 이루어지고 있다. 그 중심에 시부노 히나코가 있다. 잠재력이 상당한 선수다. 경험만 더 쌓으면 좋은 선수로 성장할 것 같다."

배선우는 그해 5월 열린 리조트 트러스트 레이디스에서도 황금세대 하라 에리카와 연장전 승부 끝에 준우승했다. 공동 3위를 차지한 주쿄TV·브리지스톤 레이디스 오픈에서는 역시 황금세대 가쓰 미나미가 우승했고, 가와모토 유이가 준우승했다.

10월 열린 후지쓰 레이디스에선 아마추어 후루에 아야카가 우승했다. 밀레니엄 세대 혹은 플래티넘Platinum 세대로 불리는 후루에 아야카는 그해 11월 프로로서 정규 투어에 뛰어들었다. 코로나19로 파행 운영된 2020년엔 3승이나 했다. 플래티넘 세대까지 JLPGA 투어에 합류하면서 일본 여자골프는 완전한 세대교체를 이뤘다. 창립 이래 가장 강력한 전력이다.

일본은 2000년 이후 한국에게 빼앗긴 아시아의 리더 자리를 되찾기 위해 주니어 유망주 육성에 엄청난 힘을 쏟아왔다. 그 결실이 황금세대와 플래티넘 세대다. 엇비슷한 실력자가 무더기로 쏟아져 나오면서 과거처럼 한 두 명의 스타플레이어에 의존하거나 몇몇 한국 선수에게 주목할 이유도 없어졌다. 골프 팬들 사이에선 한국 여자골프처럼 월드랭킹 상위권을 휩쓸 수 있다는 기대감도 커졌다. 안신애의 섹시퀸 선풍이 언제 그랬냐는 듯 잠잠해진 것도 황금세대 영향이다.

배선우는 황금세대 틈바구니에서 한국의 골프여제로 성장했다. 첫 우승 이후 배선우의 플레이엔 안정감이 더해졌다. 미야기TV컵 던롭 여자오픈 골프 토너먼트 준우승, 히구치 히사코 미쓰비시전기 레이디스 골프 토너먼트 5위, 이토엔 레이디스 골프 토너먼트 3위 등 매 대회 우승을 넘봤다. 시즌 최종전 투어 챔피언십 리코컵에서는 개인 통산 두 번째 우승을 장식하며 JLPGA 투어 신성이 됐다.

그해 30개 대회에 출전해 1억 2,755만 4,556엔(약 13억 원)을 벌었다. 상금순위는 4위, 메르세데스랭킹 5위를 차지하며 화려한 데뷔 시즌을 마무리했다.

그는 JLPGA 투어 데뷔 전부터 주목받았다. 세 차례의 퀸즈컵을 통해 존재감을 드러낸 데다 KLPGA 투어 상금순위 2위(2018년)의 실력자라는 사실을 일본 선수들도 잘 알고 있었다. 일본 언론은 그의 첫 우승 시점에 관심의 초점을 맞추고 있었다.

재일동포 스포츠 라이터 김명욱은 "배선우는 일본에서 결과를 낼 만한 확실한 실력과 실적이 있다. 그의 활약에 처음부터 기대감을 보인 일본 골프 팬도 많았다"[3]고 설명했다.

배선우에게 KLPGA 투어와 JLPGA 투어의 다른 점이 무엇이냐고 물었더니 "일본은 선수들이 기량을 최대한 발휘할 수 있도록 해준다"고 했다. 그만큼 투어 환경이 좋다는 얘기다. 선수들의 활약에 힘입어 단기간에 양적 성장을 이룬 KLPGA 투어가 선수들로부터 높은 점수를 받지 못한다는 건 진중하게 생각해볼 일이다.

일본의 체계적인 투어 시스템과 환경 뒤엔 숨은 공로자들이 있다. 자원봉사자다. JLPGA 투어는 대회마다 약 200명의 운영 요원이 동원된다. 그중 자원봉사가 차지하는 비율은 50%(100명)다. 나머지는 대회 운영사 직원과 아르바이트가 맡는다. 아르바이트 연령은 보통 40대까지로 제한돼 있어서 50세 이상은 자원봉사로서 참여해야 한다. 자원봉사는 급여가 전혀 없지만 늦게 신청하면 자리가 없을 만큼 인기가 좋다.

일본 야마가타현山形県에 사는 정년퇴직자 모리야 아키토森谷昭仁는 매년 3~4개 프로골프 대회장에서 자원봉사를 한다. 이유는 단순하다. 골프를 좋아하고 선수들을 가까이에서 볼 수 있기 때문이다.

모리야 아키토의 말을 요약해봤다.

"자원봉사를 하면서 돈을 받지는 않지만 무료로 대회장에 들어갈 수 있고, 아침과 점심이 제공(도시락)된다. 게다가 선수들 사인도 우선적으로 받을 수 있다."

자원봉사 신청은 대회별 공식 사이트에서 대회 시작 3개월 전부터 접수받는다. 선착순이다. 서둘러 신청을 해야 원하는 업무를 맡을 수 있다. 가장 인기 있는 포지션은 스코어보드 피켓을 들고 선수들을 따라 걷는 일이다.

다시 배선우의 이야기를 해보자. 경기 외적인 면을 들여다보면 재밌는 일이 많다. 우선 대인관계는 원만하다. 일본 선수들이 먼저 다가와 말을 건넨다. 마쓰다 레이, 가쓰 미나미, 하라 에리카 같은 황금세대가 대부분이다. 이들에겐 일본인 특유의 소극적인 모습이나 경계심

따위는 없어 보인다.

황금세대 선수들은 한국 대중문화와 한국 음식, 한국어에도 관심이 많다. 마쓰다 레이와 하라 에리카는 더 그렇다. 배선우는 데뷔 초기 두 선수와 연습 라운드를 한 적이 있다. 한국어를 배우고 싶다고 해서 단어를 몇 가지 가르쳐 준일이 있다고 했다. 자신도 일본어를 배워야 했기에 한국어 단어와 일본어 단어를 서로 가르쳐주기도 했다.

마쓰다 레이는 골프공에 자신의 이름 '레이'를 한글로 적을 만큼 한국을 좋아한다. 한국 화장품과 화장법, 패션 스타일에도 관심이 많다. 일부 일본 팬들에게는 '부모 중 한 명이 한국인이거나 한국어를 잘하는 선수'로 알려졌다. 사실이 아니다. 일본에는 선수와 관련된 뜬소문이 대단히 많다.

마쓰다 레이는 일본 시가현 출신으로 부모가 모두 일본인이다. 한국어는 단어 몇 개만 아는 수준이다. 드라이브샷 비거리가 길고 그린 적중률이 높지만 퍼트에 약점이 있어서 2020년까지 우승과 인연을 맺지 못했다.

배선우는 일본에서 호텔 생활을 한다. 일본 데뷔 후 가장 힘든 일이 호텔 생활이라고 했다. 대회장을 제외하면 대부분 호텔 방에서 시간을 보내기 때문이다. 일본 호텔은 한국이나 미국보다 좁고 시설이 별로다. 방에 들어서면 '작다'는 말이 가장 먼저 나온다. 답답하다.

그는 답답한 호텔 생활을 이겨내기 위해 편의점에 자주 들렀다. 그곳에서 소소한 행복을 누렸다. 데뷔 초기에는 더 자주 갔다. 짧은 시간 편의점을 둘러보면서 나름의 욕구를 채웠다. 이런 모습에선 긍정적이면서 낙천주의 성격이 엿보인다.

하지만 또 다른 일상을 들여다보면 그렇지도 않다. 짬이 날 때마다 여행을 하거나 맛집을 찾아다닐 법도 한데, 일본 생활에 완벽하게 적응할 때까지는 여유를 부리고 싶지 않다고 했다. KLPGA 투어 활동 당시는 머리 색깔을 자주 바꾸면서 기분 전환을 했다. 일본 데뷔 초기엔 그런 모습을 전혀 볼 수 없었다. 이 역시 새로운 환경에 완벽하게 적응하지 못한 상황에서 여유를 부리고 싶지 않아서라고 했다. 완벽주의의 전형이다. 낙천주의와 완벽주의라는 두 얼굴의 성격을 지녔다. 골프 선수로선 이상적인 성격이다.

지금부터는 약간 심각한 이야기를 해볼까 한다. 2019년 JLPGA 투어의 또 다른 이슈는 투어 제도 개혁이다.

JLPGA는 2018년 시즌 개막을 앞두고 투어 제도 개혁안을 발표했다. 일본은 한국 선수들이 좋은 성적을 올릴 때마다 투어 제도 개혁안을 내놓았다. 2018년 초에도 다르지 않았다. 투어 제도 개혁안을 단기간에 갑작스럽게 꺼내든 건 아니다. 오랜 시간 치밀하게 준비한 카드를 만지작거리며 발표 시점을 저울질했다. 그 시점이 2018년 초였다. 한국 선수들은 2015년부터 3년간 무려 47승을 쓸어 담았다. 어떻게든 변화가 필요했다.

새롭게 바뀐 투어 제도에서는 JLPGA 정회원만 QT에 출전할 수 있다. 정회원이 아니라도 QT만 통과하면 투어 1년 출전권을 준 단년등록제 폐지를 의미했다.

QT 제도가 처음 시행된 건 2002년이다. 그때부터 QT 통과 선수는 JLPGA 회원이 아니라도 단년등록자 신분으로 투어에서 활동할 수 있었다. 배선우도 JLPGA 비회원으로서 QT를 통해 데뷔했다. 단년등록자 신분이었다. 2019년 홋카이도 메이지컵 우승으로 정회원이 됐다.

그렇다면 JLPGA는 왜 투어 제도를 또다시 바꾼 것일까. 제도적 허점을 보완하고 내실을 다지기 위해서다. 단년등록자 신분으로 QT에 출전하는 일본인은 해마다 늘고 있고, 자국에서 프로테스트에 합격한 외국 선수는 아예 JLPGA 프로테스트를 거치지 않고 투어에서 활동했다. 선수 관리와 통제가 어려웠다. 더욱이 외국(한국) 선수들이 크게 늘어나면서 일본 어린 선수들의 출전 기회가 줄어들었다는 점을 심각하게 봤다.

단년등록자라도 우승을 하거나 상금 시드를 유지할 경우 다음 시즌부터 정회원 자격을 주는 융통성은 발휘했다. 수년째 단년등록자로서 JLPGA 투어에서 활약했던 한국 선수들은 그나마 한숨을 돌렸다. 배선우를 비롯해 이민영, 김하늘, 이보미, 배희경, 윤채영도 바뀐 투어 제도에 따라 프로테스트를 거치지 않고 정회원이 됐다. 이민영은 2017년 4월 데뷔 첫 우승과 함께 정회원 자격을 얻었고, 같은 달 김하늘은 사이버 에이전트 레이디스 골프 토너먼트 우승을 차지하며 JLPGA 정회원 명단에 이름을 올렸다. 이보미는 2015년과 2016년 상금왕에 오르며 7년간 통산 20승을 달성할 때까지 비회원이었으나 2017년 8월 CAT 레이디스에서 통산 21번째 우승을 차지하고서야 정회원이 됐다.

배선우는 일본 데뷔와 동시에 황금세대의 출연·세대교체, 투어 제도 개혁이라는 어수선한 상황과 맞닥트렸다. 누구보다 치열하게 경쟁했다. 그의 빼어난 재능은 주머니 속 송곳처럼 세상을 향해 뚫고나왔다.

철저한 준비성의 승리다. 기록이 입증하는 최고의 루키였다. 고우순(1994), 한희원(1999), 안선주(2010), 박인비(2010), 이보미(2012), 이민영(2017)에 이어 한국인 7번째 정식 데뷔 시즌 2승 이상을 거둔 슈퍼루키로 이름을 남겼다. 투어 챔피언십 리코컵에서도 정상에 올라 박인비, 이보미에 이어 한국인 세 번째 루키 시즌 메이저 챔피언이 됐다. 21개 대회 연속 오버파 없는 경기와 60대 타수 라운드 수 1위(42회)도 배선우가 데뷔 시즌 달성한 진기록이다. 다년간 치밀하게 일본 진출을 준비해온 결실이다. 고진영, 박성현, 전인지 같은 또래 선수들이 미국으로 활동 무대를 옮겼지만 마이웨이 의지를 굽히지 않았다. 마지막 3세대 골프여제 배선우 시대다.

Why?

일본 여자골프 제도 변경, 왜 개악일까

JLPGA 투어 제도 개혁은 일본의 자국 선수 보호를 위해 불가결한 카드였을까.

JLPGA는 '골프 팬들이 단년등록자와 정회원의 차이를 어려워했다는 점이 투어 제도 개혁 이유'라고 설명했다.

궁색한 해명이다. 갑작스런 투어 제도 변경은 외국 선수뿐만 아니라 일본 선수들에게도 큰 혼란을 가져왔다. 2016년 일본여자아마추어골프선수권 챔피언 다카하시 사야카高橋彩華는 "언젠가는 바뀔 거라 생각했지만 투어 제도 개혁이 생각보다 이른 감이 있다"[1]며 당혹감을 내비쳤다.

JLPGA 투어 제도 개혁은 발표와 동시에 많은 허점을 노출했다. 정회원을 늘려 단기간에 안정된 운영은 가능할지 몰라도 긴 안목에선 경기 질 향상에 한계가 있어 보인다. 개악이다. 이유를 세 가지만 들어보겠다.

첫 번째는 패자부활전이 없다. 투어 제도 개혁의 가장 큰 구멍이다. 이전 제도에선 프로테스트에 불합격해도 QT라는 패자부활전이 있었다. 바뀐 투어 제도에서는 프로테스트에 불합격하면 모든 기회가 날아간다. 1년간 백수다.

QT는 각본 없는 드라마다. 더 이상 물러날 곳이 없는 극한 상황에서 스타가 탄생하기도 한다. 미카시마 가나ᄐヶ島かな와 미우라 모모카는 QT를 통해 탄생한 스타플레이어다. 특히 미우라 모모카는 2017년 프로테스트에 불합격하고도 QT를 통과해 2018년 미녀 골퍼 선풍을 일으켰다. 투어 흥행에 불을 지폈다.

두 번째는 좁아진 대회 출전 관문이다. 투어 제도 변경 발표 당시 단년등록자 신분이던 시노자키 마나篠崎愛는 "단년등록자를 없앤다는 건 결국 강한 선수만 남기겠다는 것인가"[2]라며 불만을 감추지 않았다.

당연한 불만이다. 다수의 하위권 선수는 투어 제도 변경의 희생양이 됐다. 대회 출전 관문이 오히려 좁아졌기 때문이다. 고바야시 히로미가 투어 제도 개혁 당시 내세웠던 '더 많은 선수에게 평등한 기회 제공'과도 부합하지 않는다.

마지막 세 번째는 세계화에 역행이다. 외국 선수는 일본에서 정회원이 되는 순간 여러 규제에 발이 묶인다. 타국 투어 병행이 어려워진다. 결국 일본 투어에 진출하려는 외국 선수는 망설일 수밖에 없다. 투어 수준의 상향평준화는 기대하기 어렵다.

일본은 1990년대 후반 지독한 흥행 부진을 2002년 문호 개방으로 돌파했다. 실력파 한국 선수들이 대거 데뷔하면서 질적으로 큰 성장을 이뤘다. 그러나 황금세대의 출현으로 자신감을 얻은 일본은 외국인에게 다시 빗장을 질러버렸다. 아시아 넘버원을 지향하는 JLPGA 투어의 자충수다.

끝나지 않은 극일의 역사

"왜 일본인가."

한국 여자골프의 실종된 기록과 조각난 역사 퍼즐을 맞추는 과정에서 숱하게 맞닥뜨린 질문이다. 국내 기업의 후원 선호도가 가장 높은 KLPGA 투어나 세계 최고 무대라 일컫는 LPGA 투어를 잠시 미뤄두고 일본 취재에 집중한 이유는 크게 세 가지로 요약할 수 있다.

첫 번째는 한국 골프의 실종된 기록과 역사적 재평가 필요성 때문이다. 일본은 한국 남녀 프로골프선수들이 세계를 향해 도전한 첫 무대다. 여자 선수는 말할 것도 없고, '코리안 탱크' 최경주의 PGA 투어 진출에도 중요한 단초를 제공했다.

오랜 기간 이어진 일본 현지 취재는 헝크러진 역사 퍼즐을 맞춰가는 중요한 과정이었다. 1세대 선수들의 흔적은 빛바랜 흑백 사진처럼 아득한 추억과 향수를 불러일으켰다. 그 속에서 발견한 20대 후반 젊은 개척자 구옥희는 우리에게 익숙한 중년의 프로골퍼 구옥희와 많이 달랐다. 파란중첩했던 그의 삶 구심점엔 국경도 이념도 세대도 초월해버린 프로골퍼의 신념이 꿈틀대고 있었다. 그 굳은 신념은 세계 최강 한국 여자골프 선수들의 뿌리가 되어 승리 유전자를 움트게 했다. 그것이 한국 여자골프의 뿌리이자 위대한 도전 역사다. JLPGA 투어 도전 역사를 배제하고 한국 여자골프 역사를 논할 수는 없는 일이다.

두 번째는 한국 여자골프 도전 역사에 대한 자긍심을 일깨우는 데 있다. 한국 여자골프가 세계를 향해 첫 발을 내디딘 1982년 대한민국은 여자 프로골퍼가 10명도 채 되지 않는 불모지였다. 미국과 일본은 고사하고 대만보다도 훨씬 뒤떨어져 있었다.

그러나 우리는 기적을 일으켰다. 구옥희는 국제무대 도전 6년 만에 일본과 미국 투어를 모두 제패하는 쾌거를 이뤘다. 구옥희의 신념을 이어받은 2세대 주역 박세리, 김미현, 박지은, 한희원, 장정 등은 LPGA 투어 무대를 호령했다. 신지애, 박인비, 유소연, 박성현, 고진영은 월드랭킹 1위를 경험했고, 안선주, 전미정, 이보미는 일본에서 상금왕에 올랐다. 명실공히 세계 최강이다.

전 세계 어느 나라에서도 유례를 찾아볼 수 없는 초고속 성장이다. 불모지나 다름없던 국내 무대를 떠나 세계를 향해 내달린 우리 선수들의 타고난 재능과 도전 정신, 성실성, 인내력이 위대한 결실을 맺었다. 그 위대한 역사에서 실종된 기록이 있다면 LPGA 투어라는 거대한 그림자에 가려진 40년간의 극일 몸부림이다.

마지막 세 번째는 '골프 산업이 없는 골프 강국'이라는 형용 모순을 지적하고 싶다. 한국 여자골프는 세계 최강이란 수식어를 얻었지만 골프 산업 측면에선 미국과 일본 수입에 의존할 수밖에 없는 빈약한 구조적 결점을 안고 있다.

특히 대對 일본 무역은 굴욕이라 할 만큼 불균형이 심각하다. 국내에 유통되는 골프 용품은 대부분 수입품이다. 그중 70% 이상은 일본 브랜드가 점유하고 있다. 극일이라는 말이 무색하다. 경기력은 이미 일본을 뛰어넘었으나 우리 선수들이 사용하는 장비에는 대부분 일본 브랜드 로고가 박혀 있다. 경기에서 승자는 대한민국일지 몰라도 골프 산업에서 승자는 여전히 일본이다.

취재 과정에서 만난 골프채 장인 지바 후미오千葉文雄는 이시카와 료, 가타야마 신고, 아오키 이사오 같은 톱 플레이어들의 단조 아이언을 제작한 대장공이다. 국내에 유통·판매되는 고가 골프채 브랜드 중에는 그의 손을 거친 제품이 많다. 국내 프로골퍼나 유명인도 단조 아이언 주문 제작을 위해 그를 찾아가는 경우가 종종 있다고 한다.

지바 후미오는 고학력자도, 부유한 환경에서 자란 금수저도, 유명 골프채 제조회사 출신도 아니다. 옛 시골 대장간을 연상케 하는 작고 낡은 공방에서 망치 하나로 꿈을 담금질하던 시골 청년이었다. 고스펙이 넘쳐나는 우리 사회엔 지바 후미오만큼 열정과 신념을 가진 청년이 없었던 걸까. 필드 위 영웅들에게 국산 브랜드 로고가 박힌 골프채 하나도 손에 쥐어주지 못한 우리 사회에 극일이라는 말이 어울리기는 한 것인가.

극일 의지 자체가 없었는지도 모른다. '일본 제품은 전부 명품'으로 통하던 시절이 있었다. 일부 골프 용품 수입상들은 일본어 광고 문안을 한글로 번역하지 않은 채 신문이나 매거진에 그대로 내보내는 일도 있었다. 일본 브랜드임을 인증하기 위한 일종의 친일 마케팅이다. 그래도 잘 팔렸다. 일본어는 몰라도 일본 제품은 틀림없으니 묻지도 따지지도 않고 구매하는 사람이 많았다. 2000년대 중반까지만 해도 그랬다.

본문에서 수차례 지적한 프로골프 대회장 환경과 투어 시스템 개선도 시급하다. 국내 상위권 선수들의 해외 진출 러시는 단순히 더 큰 무대를 향한 욕망이 아니다. 국내 투어에서 비전을 찾지 못하고 해외로 떠나는 선수가 의외로 많다. 선수들의 눈부신 활약에 힘입어 호황을 맞은 KLPGA 투어가 선수들의 투어 환경과 시스템 개선에 소극적이라면 더 이상의 발전은 기대하기가 어렵다. '글로벌 넘버원'은 한낱 망상일 뿐이다.

역사의 반복성을 지적하지 않을 수 없다. 한국 여자골프 해외 진출 역사를 들여다보면서 안타까운 사실 하나를 발견했다. 전혀 다른 환경에서 활동한 1~2세대 선수와 3세대 선수가 미묘하게 닮은 길을 걸어왔다는 점이다. 사람과 환경만 바뀌었을 뿐이지 그들이 걸어온 길은 역사의 반복성이라는 굴레를 벗어나지 않았다. 경기력 향상과 대회 성적만을 최우선 목표로 삼는 '엘리트 체육=국위선양'이라는 고착된 인식이 문제의 근본이다.

훌륭한 선수는 있지만 훌륭한 행정가나 경기위원이 없고, 세계적인 선수는 있으나 세계적인 코스 설계가나 골프채 명장은 존재하지 않는다. 여자 선수들의 경기력을 제외하면 어느 한 분야도 내세울 만한 것이 없다. 산업 인재 육성 불균형이 불러온 결과다.

역사의 반복성은 역사라는 거울 앞에서 올곧은 평가와 반성에 인색했던 우리 사회의 치명적인 모순을 일러주고 있다. 그 위대한 거울 앞에서 아직 끝나지 않은 극일의 역사를 들여다보라. 한국 여자골프의 위대한 도전 역사가 보인다. 결코 가볍지 않은 극일의 과제가 보인다.

주석

한국 여자골프의 어머니, 구옥희

1 「韓国レジェンドをしのぶ会に多くのプロが参集」, 『パーゴルフPLUS』, 2013.9.20.
2 「韓国女子ゴルフ界のパイオニア、具玉姫が死去」, 『ゴルフダイジェストオンライン』, 2013.7.12.
3 한장상, 『군자리에서 오거스타까지』, 에이엠지커뮤니케이션, 2007, 206~207쪽.
4 정재영, 「감나무채로 210m…LPGA 한국인 첫 우승 여자 골프 전설 구옥희」, 『중앙일보 SUNDAY』, 2018.8.18.
5 안문석, 『대통령과 골프』, 인물과사상, 2015, 133쪽.
6 太刀川正樹, 「日本でも活躍 具玉姫の急死で広まった自殺説のドロドロ」, 『日刊ゲンダイDIGITAL』, 2017.1.18.

골프 한류의 숨은 조력자, 김애숙

1 「金愛叔、3人プレーオフを制して開幕戦勝利！」, 『ゴルフダイジェストオンライン』, 1998.3.8.
2 遠藤淳子, 「ゴルフ界初の日韓国際結婚」, 『東京スポーツ』, 1995.1.18.
3 위의 글.

한국 여자골프 살림꾼, 이영미

1 최유희, 「〔파워브랜드〕 일화 '맥콜'」, 『서울파이낸스』, 2019.4.5.
2 「李英美、ガマンの逃げきり優勝」, 『ゴルフダイジェストオンライン』, 1998.5.31.
3 정현순·홍준희, 『골프, 당신은 멘탈을 볼 수 있는가?』, 대한미디어, 2015, 266~270쪽.
4 오상민, 「〔오상민의 사람수첩〕 1990년대 이영미 플레이가 그리운 이유」, 『레저신문』, 2019.4.23.

미완의 골프 천재, 원재숙

1 허진석, 『스포츠 공화국의 탄생』, 동국대 출판부, 2010, 40쪽.

'1990년대 이보미' 신소라

1 「次から次へと襲い来る病気やケガと闘い、シン・ソーラが涙の6年ぶりツアー優勝」, 『週刊ゴルフダイジェスト』, 2002.6.18.
2 나이토 유지, 「화려한 드라이버 도감 신소라의 드라이버샷」, 『슈퍼골프코리아』, 2003.10월호.
3 위의 글.
4 「黄玉珍はキープ。シンソーラが首位に並ぶ」, 『ゴルフダイジェストオンライン』, 1998.6.26.

5 정현순·홍준희, 『골프, 당신은 멘탈을 볼 수 있는가?』, 대한미디어, 2015, 269쪽.

6 정순태, 『巨人의 황혼』, 조갑제닷컴, 2015, 158~159쪽.

한국인 첫 일본여자오픈 챔피언 고우순

1 니시우에 마사토시, 「여자 프로골프계에서 우수한 타력을 자랑하는 고우순 프로가 선보이는 보디턴 드라이버샷 I」, 『슈퍼골프코리아』, 2003.5월호.

2 오상민, 「(오군의 재팬 골프 리뽀또) 일본여자오픈, 잊힌 51년의 기억」, 『RPM9』, 2018.9.27.

일본·미국 투어 신인왕 석권, 한희원

1 제이 윤, 『전문투어코치 윤 프로의 골프투어 다이어리』, 인크리스, 2014, 100~102쪽.

2 위의 책.

3 한희원이 2016년 1월 JTBC골프 〈레이브 레슨 70〉에 출연해 한 말.

4 제이 윤, 『전문투어코치 윤 프로의 골프투어 다이어리』, 인크리스, 2014, 100~102쪽.

5 나이토 유지, 「화려한 드라이버 도감 한희원의 드라이버샷」, 『슈퍼골프코리아』, 2003년 5월호.

1970년대 생 마지막 현역 선수, 이지희

1 塩谷育代, 「38歳の李知姫 まだまだ勝ち星を積み上げる力は十分にある」, 『日刊現代デジタル』, 2017.3.3.

2 「(辻にぃスイング見聞) 生涯賞金11億円超 李知姫はフットワークとテンポで振る」, 『ALBA』, 2017.12.24.

3 오상민, 「(오상민의 현장X파일) 통산 상금 120억 이지희는 자기관리 여왕」, 『레저신문』, 2019.4.22.

4 위의 글.

5 아리아나 허핑턴, 정준희 역, 『수면혁명』, 민음사, 2016, 306~307쪽.

6 위의 책.

7 최경주, 『코리안 탱크, 최경주』, 비전과리더십, 2012, 106~107쪽.

8 玉木充 「李知姫がツアー記録となる18年連続のシード権」, 『ゴルフダイジェストオンライン』, 2018.11.20.

9 塩谷育代, 「38歳の李知姫 まだまだ勝ち星を積み上げる力は十分にある」, 『日刊現代デジタル』, 2017.3.3.

전 재산 들고 현해탄 건넌 신현주

1 배국남, 『왜 손석희인가』, 동아시아, 2019년, 102~109쪽.

2 위의 책.

3 오상민, 「(오상민의 사람수첩) 신현주 일본 골프해설 왜 호감일까」, 『레저신문』, 2019.5.6.

4   위의 글.

짧지만 강렬한 존재감, 김소희 · 송보배 · 임은아

1   오상민, 「일본 열도를 녹이는 9인의 한국낭자군②」, 『슈퍼골프』, 2007.12월호.
2   최영욱 · 이병기 · 구봉진, 『스포츠 행동의 심리학적 이해』, 대한미디어, 2002, 132~148쪽.
3   「宋ボベ　スロープレーで１８４万円"損失"」, 『スポニチ Annex』, 2011.3.7.
4   月橋文美, 「女子ゴルフ、開幕戦で浮かんだ「スロープレー問題」」, 『日本経済新聞』, 2011.3.9.

일본 무대 직행 3세대 히어로, 황아름 · 이나리

1   「〔辻にぃ見聞〕黄アルムの9年ぶりVはスイング改善にあり！3週連続トップ5、小祝さくらの今後に注目」, 『ALBA』, 2018.7.31.
2   「黄アルム「交通死亡事故」起こしても応援団が離れないワケ」, 『日刊ゲンダイ』, 2015.6.21.

규동을 좋아한 골든 그랜드슬래머, 박인비

1   성호준, 『맨발의 투혼에서 그랜드슬램까지』, 나남, 2013, 301~303쪽.
2   고형승, 「박인비가 내딛는 조용한 한발」, 『골프다이제스트』, 2016.12월호.
3   한은구, 「박인비 아버지 박건규씨 단독 인터뷰 "손목 코킹 못한 인비…중1때 골프 접을 뻔"」, 『한국경제』, 2013.7.25.
4   武川玲子, 「〔コラム〕夫から大きな支えを得て、結婚後初勝利の朴仁妃」, 『パーゴルフ＋PLUS』, 2014.11.3.
5   武川玲子, 「朴仁妃のお手本は宮里藍だった」, 『パーゴルフ＋PLUS』, 2013.7.2.
6   林洋平, 「朴仁妃はキャリアグランドスラムを達成しているのかという論争」, 『ゴルフダイジェストオンライン』, 2019.7.28.

한국인 첫 상금왕, 안선주

1   오상민, 「〔오군의 재팬 골프 리뽀또〕 안선주 슬럼프 극복과 매니지먼트」, 『RPM9』, 2018.8.27.
2   岸和也, 『LPGA 2019 OFFICIAL MEMBERS GUIDE』, ぴあMOOK, 2019, 6~7쪽.
3   위의 책.
4   위의 책.

한→미→일 섭렵한 골프 달인들, 김영 · 강수연

1   오상민, 「〔오군의 사람수첩〕 바람 같은 여전사 강수연, 아직 끝나지 않은 이야기」, 『RPM9』, 2018.10.22.

대체불가 골프 한류 주역 이보미

1 慎武宏, 「韓国人選手がこぞって日本ツアーに参戦するワケ」, 『Sportiva』, 2013.3.7.
2 오상민, 「〔오군의 재팬 골프 리뽀또〕 이보미를 위한 성찬(盛饌)」, 『RPM9』, 2018.5.21.
3 武蔵野千, 「イ・ボミ スイングと賢いコースマネジメントが強力武器」, 『日刊ゲンダイDIGITAL』, 2017.9.20.
4 「今季未勝利の絶不調…イ・ボミのスイングを徹底解析する」, 『日刊ゲンダイDIGITAL』, 2018.10.27.
5 金明昱, 「〔イ・ボミ独占告白〕 初めて味わった挫折、復活に向けて支えてくれた交際相手のこと…」, 『YAHOO NEWS』, 2018.12.21.
6 오상민, 「〔오상민의 현장〕 이보미 흥행 논리의 허실」, 『레저신문』, 2018.12.3.
7 秋田義和, 「キャディは恋人？イ・ボミと清水重憲氏のコンビ解消を申ジエはこう見た〔記者の目〕」, 『ALBA』, 2018.9.10.

일본 어린이들의 우상, 신지애

1 신지애·박은몽, 『16살, 절실한 꿈이 나를 움직인다』, 다산에듀, 2012, 187쪽.
2 오상민, 「〔오상민의 현장〕 서른 살 신지애 플레이의 마성」, 『레저신문』, 2018.11.26.
3 오상민, 「〔오상민의 현장X파일〕 신지애는 '존'의 마술사」, 『레저신문』, 2019.4.29.
4 오상민, 「〔오상민의 현장〕 서른 살 신지애 플레이의 마성」, 『레저신문』, 2018.11.26.
5 오상민, 「〔오군의 재팬 골프 리뽀또〕 신지애 손목 테이핑의 비밀」, 『RPM9』, 2018.9.10.
6 月橋文美, 「女子ゴルフ、開幕戦で浮かんだ「スロープレー問題」」, 『日本経済新聞』, 2011.3.9.
7 오상민, 「〔오군의 재팬 골프 리뽀또〕 신지애·안선주, 세기의 기록 경쟁」, 『RPM9』, 2018.10.1.

'미야자키의 여왕'이 된 김하늘

1 오상민, 「〔오상민의 현장 JLPGA〕 우승보다 아름다운 김하늘의 준우승 세리머니」, 『이투데이』, 2016.5.4.
2 「V圏内の常連なのに キム·ハヌルはなぜ勝ちきれないのか」, 『日刊ゲンダイDIGITAL』, 2016.3.26.
3 고다마 미쓰오, 김재열 역, 『타이거 우즈에게 배우는 승자의 심리학』, 물푸레, 2003, 204~205쪽.
4 오상민, 「〔오군의 재팬 골프 리뽀또〕 김하늘 슬럼프의 마성」, 『RPM9』, 2018.7.16.

日 남성 팬 매료시킨 패셔니스타, 안신애·윤채영

1 오상민, 「안신애 섹시퀸 선풍도 한류일까」, 『레저신문』, 2018.10.23.
2 金明昱, 「〔"セクシークイーン"アン·シネ独占インタビュー〕「プロゴルファーとして私が日本でやり残したこと」」, 『YAHOO JAPAN ニュース』, 2018.12.27.
3 白石大地, 「アン·シネ、8打罰ショックで棄権…クラブ超過翌日気づいた」, 『サンスポ』, 2017.10.21.
4 위의 글.

5   金明昱, 「〔"セクシークイーン"アン・シネ独占インタビュー〕「プロゴルファーとして私が日本でやり残したこと」」, 『YAHOO JAPAN ニュース』, 2018.12.27.

6   堀尾研仁, 「アン・シネのスイングを大解剖！（アプローチを解説）」, 『ゴルフダイジェストオンライン』, 2017.7.7.

7   오상민, 「〔스포츠 미녀 스타의 경제학〕최윤희·박미희 '얼짱' 1세대부터 현재까지」, 『이투데이』, 2014.8.8.

8   오상민, 「〔오군의 재팬 골프 리뽀또〕인기 상종가 윤채영의 비애」, 『RPM9』, 2018.5.28.

9   윤채영이 2019년 8월 1일 YouTube 채널 『ringolf』〈元祖！韓国美女プロゴルファー登場。ゴルフのことを色々聞いちゃいました！〉에 출연해 한 말.

일본이 극찬한 파워 페이더, 이민영

1   辻村明志, 「イ・ミニョン　パワーフェードを生み出す秘訣は目線にあり〔辻にぃスイング見聞〕」, 『ALBA』, 2018.12.18.

2   오상민, 「〔오상민의 사람수첩〕일본 언론은 왜 이민영을 극찬할까」, 『레저신문』, 2019.4.1.

3   최영욱·이병기·구봉진, 『스포츠 행동의 심리학적 이해』, 대한미디어, 2002년, 81~95쪽.

열도를 잠재운 일본 킬러들, 유소연·장정·전인지·김효주

1   성호준, 『맨발의 투혼에서 그랜드슬램까지』 나남, 2013, 23~24쪽.

2   고다마 미쓰오, 「'퍼팅달인'이 되기 위한 성공 메시지」, 『슈퍼골프』, 2008.11월호.

마지막 3세대 골프여제, 배선우

1   「彗星のごとく現れた生粋のドローヒッター　ペ・ソンウが描く理想の"インサイドイン"〔辻にぃスイング見聞〕」, 『ALBA』, 2019.12.28.

2   오상민, 「〔오상민의 현장〕천당과 지옥 사이 배선우」, 『레저신문』, 2019.4.4.

3   金明昱, 「ツアー初優勝のペ・ソンウ。日本文化が大好きで「長くプレーしたい」」, 『Sportiva』, 2019.8.20.

일본 여자골프 제도 변경, 왜 개악일까

1   「現シード選手も戦々恐々　LPGAのQT既定変更で海外選手が日本から激減する！？」, 『ALBA』, 2018.2.26.

2   위의 글.